novum pro

Robert Huber

Vom Flüchtling zum Direktor

Erinnerung an ein bewegtes Leben

novum pro

Bibliografische Information
der Deutschen Nationalbibliothek:

Die Deutsche Nationalbibliothek verzeichnet diese Publikation in der Deutschen Nationalbibliografie. Detaillierte bibliografische Daten sind im Internet über http://www.d-nb.de abrufbar.

ISBN 978-3-99048-484-5
Lektorat: Dr. Annette Debold
Umschlagfoto: Robert Huber
Umschlaggestaltung, Layout & Satz:
novum Verlag
Innenabbildungen: Robert Huber (125)

Die vom Autor zur Verfügung gestellten Abbildungen wurden in der bestmöglichen Qualität gedruckt.

Gedruckt in der Europäischen Union auf umweltfreundlichem, chlor- und säurefrei gebleichtem Papier.

www.novumverlag.com

Für Höhni

INHALTSVERZEICHNIS

WARUM DIESES BUCH?

Als unser Sohn Carsten fünf oder sechs Jahre alt war, fragte ihn seine Mutter: „Was willst du einmal werden, wenn du groß bist?“ Da keine Antwort kam, half sie nach: „Pilot oder Rennfahrer?“ Nach kurzer Bedenkzeit kam die Antwort: „Kann ich nicht auch nichts werden, wie Api?“ Api, das war ICH.

Jemand, der kein Maurer, kein Tischler, geschweige denn Pilot oder Rennfahrer war, morgens aus dem Haus ging und abends nach Hause kam in dem immer gleichen Anzug, aber wechselnden Krawatten, der auf entsprechende Fragen nur antwortete: „Ich habe den ganzen Tag geredet und viel Kaffee getrunken!“ Was konnte der Beruf eines solchen Mannes sein?

Die Wissenslücke darüber, wer ich bin und was ich beruflich gemacht habe, ist sicher heute nicht mehr ganz so groß wie damals. Diese kleine Geschichte hat mich aber angeregt, meine „Erinnerungen“ zu Papier zu bringen für den Fall, dass sich meine Kinder, Schwiegertöchter oder Enkelkinder einmal für diese Themen interessieren sollten.

Also habe ich mich an den Computer gesetzt und aufgeschrieben, woran ich mich noch erinnern konnte. Nach so vielen Jahren kann man sich leider, oder Gott sei Dank, nicht mehr an alles erinnern! Es handelt sich also nicht um eine Familiengeschichte mit ausgewogenen und recherchierten Fakten – nein, es ist eine sehr persönliche und ohne Zweifel lückenhafte Darstellung meines Lebens. Nie stand mir vor Augen, dass dieser Text je publiziert werden sollte oder auch nur von einer anderen Person gelesen werden müsste. Trotzdem hoffe ich auf eine nachsichtige Aufnahme bei jenen, die dieses Buch je in die Hand bekommen sollten.

Maria Enzersdorf, den 20. September 2013

Pécs
Komló
Pécsvárad
Szigetvár
Szentlőrinc
Siklós
Mohács
Baja
Bácsalmás
Madaras
Bóly
Villány
D. Miholjac
Beli Manastir
Sombor
Stanišić
Conoplja
Bezdan
Batina
Bački Breg
Svetozar Miletić
Č. Kljajićevo

ICH, ROBERT HUBER …

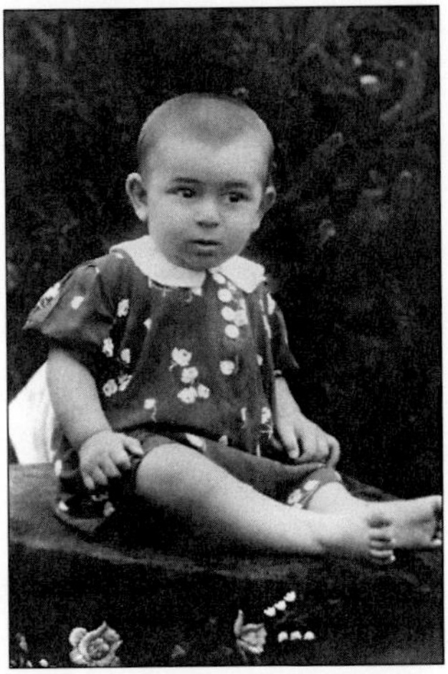

… wurde am 11. März 1938 auf Páprád-Puszta, einem Bauernhof in Südungarn geboren.

Wieso in Ungarn? Nun, weil unsere Vorfahren väterlicherseits seit Generationen in Ungarn lebten, und das kam so: Die Türken waren im Zuge ihrer Eroberungen 1683 das zweite Mal bis Wien vorgedrungen. Als sie aus Österreich und aus Ungarn vertrieben worden waren, ließen sie ein verwahrlostes und ausgeplündertes Ungarn zurück. Maria Theresia, die zugleich Königin von Ungarn war, lud daher Bauern aus Österreich, aber auch aus Deutschland ein: Sie sollten sich in Ungarn ansiedeln und am Wiederaufbau des Landes beteiligen. Das umfasste insbesondere auch die Trockenlegung der umfangreichen Sümpfe.

Es war wohl ein mühsames Unterfangen, das sich in dem Ausdruck niederschlug: „Die erste Generation fand den Tod, die zweite die Not und erst die dritte das Brot!“

Wie Vater in seinen „Erinnerungen“ schreibt, stellte Jakob Huber mit seiner Frau Anna Maria Schmidt und mit sechs Kindern am 22. April 1722 den Antrag, aus der Leibeigenschaft entlassen zu werden, um nach Ungarn zu emigrieren. Jakob war zwar Wagner und gehörte daher nicht zu der gesuchten Kategorie „Bauer“: Er schaffte es aber dennoch, eine Genehmigung zu erhalten, und machte sich auf den Weg. Er und seine Familie wurden noch im Jahre 1722 in Hajós/Ungarn als Siedler registriert.

Die Orte, die bei den vielen noch folgenden Umzügen eine Rolle spielten, hießen: Hajós, Nádudwar, Vaskút, Pócsa-Puszta,

Réti-Puszta, Pulykavár und Páprád-Puszta. Es wurden Bauernhöfe gekauft und verkauft, aber auch gepachtet. Zum Teil, wenn die Objekte zu groß waren, taten sich mehrere Verwandte zusammen, um das Projekt zu stemmen.

Die Familie blieb aber immer innerhalb der sogenannten „Schwäbischen Türkei", ein Gebiet, das durch die Donau, die Drau und den Balaton (Plattensee) begrenzt wird. In der Schwäbischen Türkei lebten viele deutsche Familien, zuletzt etwa 200 000 in ca. 300 Gemeinden. Das entsprach in etwa 20 % der Gesamtbevölkerung. Es gab viele rein deutsche Dörfer, in denen die Deutschen nur untereinander heirateten. In vielen Fällen sprachen sie trotz der langen Zeit, die sie in Ungarn lebten, oft nur gebrochen Ungarisch. Das galt zum Beispiel auch für meine Großmutter.

ELTERN UND GROSSELTERN

Meine Großmutter, Marianna Huber, war 16 Jahre alt, als sie heiratete, und zwar meinen Großvater Jakob Huber. Großmutters Mädchenname lautete auch Huber, und die beiden waren miteinander sehr indirekt verwandt. Sie gingen aus den zwei Linien hervor, die die beiden ursprünglich emigrierten Brüder hervorgebracht hatten. Jetzt – 200 Jahre später – kamen die Linien in diesem Punkt wieder zusammen.

Der Vater des Bräutigams soll meine Großmutter noch gewarnt haben: „Kend, mit dem werscht viel erlewa. Des is a böser Mensch!" Großmutter ließ sich aber nicht von ihrem Vorhaben abbringen und heiratete meinen Großvater. Er muss ein fescher Mann gewesen sein, bekannt für sein herrisches Auftreten, für seine Pferde und seine Kutsche, mit denen er das Publikum zu beeindrucken wusste. Die Arbeit hat er wohl eher anderen überlassen, was seinem gesellschaftlichen Erfolg aber nicht abträglich war.

Meine Großeltern hatten drei Kinder: meinen Vater Jakob, meinen Onkel Hans und die Julitante.

Über Onkel und Tante weiß ich nicht viel zu berichten. Onkel Hans hatte in Ungarn einen kleinen Lebensmittelladen. Nach der Flucht nach Deutschland schlug er sich als Lagerarbeiter durch. Später hat sich seine Frau von ihm getrennt und ihm auch ihre beiden Kinder (ein Mädchen und einen Jungen) entfremdet. Im Alter hat er sein Gedächtnis verloren und seine letzten Jahre in einem Pflegeheim in der Nähe von Stuttgart verbracht.

Meine Tante hat nach ihrer Scheidung von Josef Ferth nicht wieder geheiratet. Sie ist nach dem Zweiten Weltkrieg nach

Meine Großeltern, Julitante, Vater Jakob und Onkel Hans

Meine Mutter in Tracht

Kalifornien in die USA ausgewandert und hat den Kontakt zu unserer Familie einschlafen lassen, obwohl Vater sich um sie bemüht hatte. Auch sie muss schon vor langer Zeit das Zeitliche gesegnet haben.

Vater lebte mit seiner Familie in Pulykavár, das zur Heimatgemeinde meiner Mutter, Lakócsa, gehörte. Dort haben sich Vater und Mutter kennengelernt. Es war üblich, dass im Herbst Erntehelfer aus den umliegenden Dörfern angeheuert wurden. In der Regel waren es Kroaten, die weiter im Süden ihre Bauernhöfe bewirtschafteten und sich auf diese Weise ein Zubrot verdienten. So half auch meine Mutter auf dem Hof meines Großvaters bei der Einbringung der Ernte. Es war bei der Kukuruzernte (Maisernte), als Vater und Mutter sich zum ersten Mal begegneten: Mutter hat meinem Vater einen Kukuruzkolben hingehalten mit der Bemerkung: „Ist das nicht ein wunderschöner Kukuruzkolben?“, worauf mein Vater antwortete: „Ja, er ist genauso schön wie du!“ (Auf Ungarisch muss das um einiges charmanter geklungen haben als in der deutschen Übersetzung!)

Mein Vater Jakob

Noch gab es Zweifel aufseiten meines Vaters, zumal als Alternative eine wohlhabende Bauerntochter in Bereitschaft stand. Das war die Option, die meine Großeltern bevorzugt hätten. Eine Heirat mit einem kroatischen Mädchen wäre eine höchst ungewöhnliche Entscheidung gewesen, gewissermaßen der erste Fall, in dem eine Nicht-Deutsche in unsere Familie einheiraten würde.

Meine Mutter Magdalena

Geheiratet wurde am 1. Mai 1934 in Lakócsa, dem Ort, aus dem Mutter stammte, und gefeiert wurde im engsten Familienkreis in Pulykavár, auf dem Bauernhof, auf dem meine Großeltern lebten. Vater nahm im deutschen Bauernverband eine wichtige Funktion ein, und so wurde das Thema „Deutschtum in Ungarn" bei jeder sich bietenden Gelegenheit, auch zu Hause, heftig diskutiert. Mich trieb in all den Jahren die Frage um: Wie konnte Vater, der sich so offensiv zum Deutschtum bekannte und diese Position in einer herausgehobenen Stellung offensiv vertrat, ein kroatisches Mädchen heiraten? Da ich mir keine plausible Erklärung vorstellen konnte und daher Angst vor einer unakzeptablen Antwort hatte, traute ich mich nie, diese Frage an ihn zu

Die drei Grazien

Hilde, Mutter und ICH

richten. Er sagte zwar immer mal wieder, dass Mutter „Deutsche" geworden sei, aber ich konnte mir unter dieser Aussage nichts Vernünftiges vorstellen.

Die Auflösung kam erst vor wenigen Jahren nach der Lektüre des Buches von Paul Lendvai, „Die Ungarn". In diesem Geschichtswerk wird beschrieben, dass sich die Politik in Ungarn damit begnügte, dass die Minderheiten magyarische Namen annahmen und sich zum Magyarentum bekannten, um anerkannte Magyaren zu werden. In Analogie konnte meine Mutter Deutsche werden, indem sie ihren (Vor-) Namen änderte und sich zum Deutschtum bekannte. Ohne Zweifel hat ihr dabei ihr Sprachtalent geholfen, da sie in kürzester Zeit perfekt Deutsch lernte.

Die Pacht in Pulykavár lief ab, und so machte sich Vater auf die Suche nach einem geeigneten Nachfolge-Objekt. Er wurde schließlich in Páprád fündig und pachtete im Oktober 1937 den nahe gelegenen Páprád-Puszta. Es war ein sehr großes Gut, das der Schulstiftung „Maria Theresia" gehörte.

Die ungarische Familie Szomor war bereits Pächter, konnte aber nicht den ganzen Hof übernehmen. Sie war daher bereit, ein Drittel des Gutes an meinen Vater abzugeben. Das entsprach einer landwirtschaftlich nutzbaren Fläche von 92 ha. Es waren dann die Großeltern, die dieses Drittel bewirtschafteten.

So zogen meine Eltern, die Großeltern und später, nach ihrer Scheidung, auch noch die Julitante mit ihrem Sohn Albert in das kleine Häuschen auf dem Páprád-Puszta. Aus Platzgründen wurde der Haushalt gemeinsam geführt, und so konnten Spannungen zwischen den Hausfrauen nicht ausbleiben. Hinzu kam, dass meine Großeltern nach wie vor nicht begeistert waren von der Wahl meines Vaters und seine Ehe mit meiner Mutter weiterhin ablehnten.

Ganz unerträglich wurde es, als Vater eine Stelle als Gebietsbauernführer in Fünfkirchen angenommen hatte und nach Pécs zog. Mutter musste sich jetzt allein behaupten. An dem gespannten Verhältnis änderte sich auch nichts, nachdem meine Mutter drei Kinder zur Welt gebracht hatte: meine Schwester Hilde, dreieinhalb Jahre später mich und noch ein Jahr später meine Schwester Erika. Am schlimmsten empfand meine Mutter die mangelnde Unterstützung durch ihren Mann: Er hat bei den zahlreichen Auseinandersetzungen immer die Partei seiner Mutter ergriffen, anstatt zu seiner Frau zu stehen.

Es wurde erst besser, als Vater eine größere und sehr schöne Wohnung in Fünfkirchen gefunden hatte und die Eltern im Januar 1942 einen eigenen Hausstand gründen konnten. Es handelte sich um ein alleinstehendes Haus mit vier Zimmern, Bad und Küche.

Als ich sechs Jahre alt war und in die Schule gehen sollte, musste ich die Großeltern und den Páprád-Puszta verlassen und zu meinen Eltern nach Fünfkirchen ziehen.

Zur Wohnung gehörte auch ein wunderbarer Garten mit Rosenstöcken und Nelkenrabatten entlang der

Meine Schwester Erika

Gehwege. Zur Straße hin gab es einen hohen Zaun und ein Tor aus Eisenstäben, die oben mit einer Art Pfeilspitze endeten. Ich kann mich noch gut daran erinnern, wie ich einmal beim Versuch, den Zaun zu überklettern, in den Spitzen hängen blieb. Das hätte böse ausgehen können, hätte mich unsere Nachbarin nicht rechtzeitig entdeckt und aus der misslichen Lage befreit.

MEINE KINDHEIT

ICH im Alter von drei Jahren

Zurück zum Anfang: Geboren wurde ich – wie bereits erwähnt – am 11. März 1938 auf dem Páprád-Puszta, Komitat Vajszló. Dies war und ist ein alleinstehender Bauernhof zwischen Fünfkirchen (auf Ungarisch: Pécs) und der kroatischen Grenze. Von Fünfkirchen zur kroatischen Grenze sind es ca. 60 km und bis zum Bauernhof ca. 30 km.

Es gibt auch einen Ort Páprád, von dem sich der Name des Bauernhofes herleitet, den ich aber seinerzeit nicht weiter beachtet habe. An der Hauptstraße, die an dem Ort vorbeiführte, gab es ein Wirtshaus. Dazu gehörte eine ins Auge fallende Kegelbahn, die sich zwischen der Durchgangsstraße und dem Wirtsgebäude befand. Die Kegelbahn fiel deshalb auf, weil sie in einer hölzernen Schnecke endete, die dafür sorgte, dass die Holzkugel, mit der gekegelt wurde, vor den Kegeln wieder auf die Bahn fiel. Dort konnte sie aufgenommen werden, ohne dass die stehen gebliebenen Kegel umgestoßen wurden.

Vom Ort Páprád kommend zog sich ein Bächlein durch die Felder und näherte sich bis auf einige Hundert Meter dem Bauernhof. Das Bächlein wurde gesäumt von einer langen Reihe Spitzpappeln, die am Wasser des Baches bestens gediehen. Sie waren im Frühjahr ein beliebtes Kletterobjekt, in dem wir Kinder nach Vogelnestern suchten. Die Straße nach Vajszló war ein anderes beliebtes Ziel: Sie wurde nämlich von einer Allee aus Maulbeerbäumen gesäumt, die im Herbst nicht nur köstliche blaue und gelbliche Früchte feilboten, sondern auch genügend Löcher und Verstecke für Vogelnester bereithielten. Im Winter boten sie einen trostlosen Anblick, da sie von ihren Ästen befreit waren, die mit den Blättern für die Seidenraupenzucht gebraucht wurden.

Auch im Winter gab es viel zu tun: In einer Senke hinter den Wirtschaftsgebäuden versammelten sich die Saatkrähen. Es waren Zugvögel aus Sibirien, die die frostige Kälte ihrer Heimat verließen, um den Winter in einem wärmeren Klima weiter im Süden zu verbringen.

Mit einem kunstvollen Gebilde aus einem kräftigen Stock, auf dem ein Maiskolben angebracht war, sollten die Krähen angelockt werden. Unmittelbar unter dem Kolben brachte ich einen Kranz von Drahtschlingen an, in denen sich die Vögel verfangen sollten. Offensichtlich kannten die schlauen Vögel diesen Trick bereits. Jedenfalls gelang es mir nicht, auch nur einen einzigen Vogel zu fangen. Dafür rammte ich mir bei einem der Inspektionsbesuche einen riesigen Dorn in den Fuß, der von den dort stehenden Akazienbäumen stammte.

Zwei mächtige Spitzpappeln markierten den Eingang von der Hauptstraße zum Bauernhof, der etwa hundert Meter von der Straße entfernt lag. Auf der linken Seite befand sich eine Einfriedung mit Sträuchern für die Hühner. Sie erweiterte sich in einen offenen Hof, in dem sich der gesicherte Hühnerstall befand. Allerdings war er nicht gut genug gesichert, denn der Fuchs forderte ab und zu seinen Anteil.

Neben dem Stall gab es ein Gartentor, das nach draußen führte. Dort tauchten manchmal Zigeuner auf, die die Großmutter mit den Worten anbettelten: „Marjanbees, gib mir a Stickel Henglfleisch." Und Großmutter mit ihrem guten Herzen gab.

Wir hatten noch mit einer anderen Kategorie von Zigeunern zu tun: den Kesselflickern und jenen, die aus Baumstämmen mit großem Geschick Tröge anzufertigen wussten. Die Tröge wurden zur Fütterung und zur Tränke von Pferden, Kühen und Schweinen benötigt.

Die Zigeuner hatten nicht den besten Ruf, was sicherlich auch damit zusammenhing, dass sie nicht sesshaft waren. Vater erzählte von einem Projekt, mit dem man den „armen" Zigeunern festen Wohnraum schaffen wollte. Es wurde eine kleine Siedlung von Häusern für eine Gruppe von Zigeunern errichtet. Eine Zeit lang ging es auch gut: Die Zigeuner bezogen die Häuser und wohnten dort zur allgemeinen Zufriedenheit. Eines Nachts aber waren alle ausgezogen und verschwunden.

In der Nähe des Durchgangs vom Haus in den besagten erweiterten Hof gab es einen eher niedrigen Zwetschgenbaum, der hervorragend zum Klettern geeignet war. Bei einer meiner Turnübungen bin ich mit dem Kopf voraus auf einer Scheibtruhe gelandet, die unter dem Baum stand. Das war übrigens nicht das einzige Loch, das mein armer Schädel im Laufe der Jahre zu ertragen hatte.

Im hinteren Teil dieses Hofes gab es ein Bauwerk, das von der Stirnseite gesehen einem „A" glich, mit einem Dach, das mit Stroh gedeckt war und bis zum Boden reichte. Dieses seltsame Bauwerk diente im Sommer als Kühlschrank für Milch, Rahm und andere zu konservierende Lebensmittel. Im Winter wurden aus einem nahe gelegenen Weiher große Eisblöcke herausgeschnitten, in eine Vertiefung im Boden geschüttet und zur Isolierung mit reichlich Stroh bedeckt. In diesem standen dann die Kannen und Töpfe mit den zu kühlenden Lebensmitteln.

Am Ende der Einfahrt, mit dem Rücken zur Hauptstraße, befand sich das Wohngebäude. Davor stand einer dieser typischen ungarischen Ziehbrunnen. Dahinter erstreckten sich Gemüsegärten, die den Knechten und Mägden, die auf dem Hof arbeiteten, gehörten. Sie wohnten in einem länglichen Gebäude, das direkt an die Gemüsegärten angrenzte.

In der Verlängerung des Zufahrtsweges befanden sich Ställe für das Vieh und Schuppen für die Maschinen und Gerätschaften. Das Hauptgebäude – wiewohl eher klein – wurde von der ungarischen Familie Szomor bewohnt sowie von meinen Großeltern und natürlich von mir! Jede Familie bewirtschaftete ihren Teil des gepachteten Gutes selbstständig, wobei es zwischen den beiden Familien nie einen Konflikt gegeben hat. Im Gegenteil, beide Familien pflegten ein freundschaftliches Verhältnis.

Das Wohngebäude lag etwas zurück. Es war einstöckig und hatte an der Vorderseite zwei Eingänge für die beiden Familien. Die Tür führte direkt in die geräumige Wohnküche, in der sich links neben der Eingangstür ein Herd befand. Dieser wurde zum Heizen und zum Kochen verwendet. Meine Großmutter liebte es, in der Dämmerung, ohne Licht, in der Küche zu sitzen. Ich schloss mich ihr oft genug an und freute mich an dem zuckenden Lichtschein, der aus dem nicht ganz dicht schließenden Herdtürchen herausleuchtete.

Ich muss einen Großteil meiner Kindheit auf Páprád-Puszta verbracht haben, auch dann noch, als meine Eltern bereits in Fünfkirchen lebten. Meine Großmutter – in dieser Hinsicht keine Ausnahme – muss mich ordentlich verwöhnt haben. Sie hat mich zum Beispiel bis zu einem Alter von sechs Jahren immer noch an- und ausgezogen – sehr zum Missfallen meiner Mutter. Auf Vorhaltungen pflegte sie zu antworten: „Bis zum achtzehnten Lebensjahr ziehe ich ihn an und aus, dann kommt er zum Militär. Dort wird das sein ‚Putzer' (Offiziersdiener) erledigen, und wenn er nach der Militärzeit heiratet, wird es seine Frau tun."

Zu Hause sprachen wir Deutsch. Wenn wir Kinder aber draußen im Hof oder auf der Straße mit anderen Kindern spielten, war die Umgangssprache selbstverständlich Ungarisch. Wir wuchsen also zweisprachig auf.

Mein Vater war ein begeisterter Jäger und nahm mich gelegentlich mit auf Treibjagden. Ich fand das langweilig, verabschiedete mich alsbald und ging nach Hause, nicht ohne mir enttäuschte Kommentare anhören zu müssen. Wir alle möchten halt zu gerne, dass unsere Kinder unsere Vorlieben teilen, und mein Vater war keine Ausnahme.

Eines schönen Nachmittags gingen mein Vater und ich hinter den Wirtschaftsgebäuden über die Felder. Er erzählte mir beiläufig etwas über Schonzeiten, in denen nicht gejagt werden durfte. Er hatte gerade darauf hingewiesen, dass Störche überhaupt unter Naturschutz stünden. Und schon kam einer vorbeigeflogen. Er, nicht faul, legte an und schoss ihn ab, nicht ohne sich zu vergewissern, dass uns niemand beobachtet hatte.

Eines Tages waren wir beide mit dem Pferdewagen in die Kreisstadt Vajszló gefahren, um etwas zu erledigen. Auf dem Heimweg kamen wir an einem Wirtshaus vorbei, das einsam an der Straße lag. Mein Vater hielt kurz entschlossen an und verschwand in der Eingangstür. Er ließ mich draußen allein auf dem Kutschbock zurück. Ich wartete und wartete, bis es mir zu lange wurde. Ich stieg vom Bock und machte mich zu Fuß auf den Heimweg. Auf halbem Wege holte mich mein Vater mit dem Pferdewagen ein und hielt mir eine Standpauke. Ich denke, dass er sich Sorgen gemacht hatte. Ich durfte wieder zusteigen, und so fuhren wir den Rest des Weges schweigsam nach Hause.

Ich habe natürlich auch die Eltern meiner Mutter kennengelernt und Zeit auf ihrem Bauernhof in Lakócsa verbracht. Ich bekam einen Spieß mit Wiederhaken und einem Holzgriff. Mit ihm konnte ich Heu aus einem geschichteten Heuhaufen rupfen, um damit die Tiere zu füttern. Dieser Haken gehörte mir allein und lag immer für mich bereit.

Sehr beeindruckt hat mich eine Schlittenfahrt in den Wald, wo Bäume gefällt werden sollten. Ich hatte weiter nichts zu tun, als nur den Männern bei der Arbeit zuzuschauen. Mir wurde kalt und kälter. Als wir nach Hause fuhren, war ich zum Eisklumpen erstarrt.

Daheim angekommen, wurde ich ausgezogen und in ein Bett mit vielen „Tuchenden“ gesteckt, damit ich wieder warm werden sollte. Es gab aber weder eine Heizung in dem Zimmer, noch hatte ich einen als Wärmpfanne dienenden, warmen Dachziegel mit ins Bett bekommen. Es hat eine Ewigkeit gedauert, bis ich wieder aufgetaut war.

AUF DER FLUCHT

Flüchtlingswohnung in Ibn bei Oberndorf/Österreich

Die Schule in Fünfkirchen dauerte für mich ganze zwei Monate. Dann zeichnete sich deutlich ab, dass der Krieg, der seit sechs Jahren wütete, für Deutschland verloren gehen würde. Ungarn, ursprünglich ein Verbündeter Deutschlands, hatte in der Erwartung dieser Entwicklung die Seiten gewechselt. Meine Eltern hatten daher beschlossen, die Initiative zu ergreifen und zu fliehen, um die Familie aus der Gefahrenzone zu bringen.

Aufgrund der anhaltenden Spannungen zwischen der deutschsprachigen Bevölkerung und den Magyaren war zu erwarten, dass die Volksdeutschen vertrieben werden würden. Die Volksdeutschen hatten einen anderen Lebensstil als die Magyaren: Fleiß und Tüchtigkeit waren Werte an sich, während die Magyaren eher zu einem leichteren Lebensstil neigten. Dieser Unterschied musste auf die Dauer zu Spannungen führen.

Es gab Zeiten, in denen der magyarische Anteil an der Gesamtbevölkerung nur 38 % betrug. Auch daher erklärt sich der Druck der Regierung auf die Minderheiten, sich „magyarisieren" zu lassen. Das provozierte natürlich den erbitterten Widerstand der Volksdeutschen, die sich in Anbetracht der Geschichte als legitime und den Magyaren gleichberechtigte Bürger Ungarns betrachteten.

Das ist auch wohl einer der Gründe, warum Vater als Gebietsbauernführer im deutschen Bauernbund gearbeitet hat. Diese Organisation, wie alle in der Welt, bildete eine starke Lobby (würde man heute sagen), die die Interessen insbesondere der deutschen Bauern vertrat: wirtschaftlich, fachlich, aber auch und vor allem volkstumsmäßig. Forderungen waren: eigene deutsche Schulen bis hin zu Hochschulen, deutsche Radiosendungen und ganz allgemein die Respektierung der eigenen Sitten und Gebräuche.

Vater hatte einen guten Überblick über die politischen Verhältnisse und war – in Anbetracht der näher rückenden Kriegsereignisse – vorausschauend genug, um rechtzeitig die nötigen Maßnahmen zur Flucht zu ergreifen.

Die Großeltern schlachteten sechs Schweine, packten das geräucherte Fleisch und weitere Gegenstände, wie zum Beispiel eine Wanduhr, die meiner Großmutter am Herzen lag, in drei Pferdewagen und machten sich im November 1944 auf den Weg gen Westen. Das meiste allerdings passte nicht in die Wagen und musste notgedrungen zurückbleiben.

Meine Mutter und wir drei Kinder machten uns auch im November 1944 auf den Weg. Wir beluden einen offenen Güterwaggon mit Möbeln und anderen wichtigen Gütern. Dazu gehörte ein aufgestellter Ofen, der uns in der Kälte gute Dienste leistete. Und auf ging's, um den Weg gen Westen mit der Bahn zurückzulegen.

Vater, als Mitarbeiter des Deutschen Bauernverbandes, blieb zurück, um den Transport der übrigen Deutschen – soweit auch sie flüchten wollten – zu organisieren. Die Meinungen der anderen Deutschen waren durchaus geteilt: Viele konnten sich trotz guten Zuredens nicht entschließen, zu fliehen und alles zurückzulassen. Sie meinten: „Es wird schon nicht so schlimm werden!" Vater hat sich dann, als die russische Front immer näher kam, auch auf den Weg gemacht und ist mit den verschiedensten Verkehrsmitteln in Richtung Österreich abgereist: Teilweise wurde er von abrückenden Militärfahrzeugen ein Stück des Weges mitgenommen, dann wieder konnte er auf einem Leiterwagen ein Stück mitfahren. Schließlich erwarb er ein Fahrrad, das ihm gute Dienste leistete. Auch „Schusters Rappen" kamen voll auf ihre Kosten!

So waren wir also auf getrennten Wegen auf der Flucht: In nicht zu großen Etappen zogen wir durch Westungarn nach Österreich, denn – wie wir Kinder spotteten: „Wenn der Endsieg doch noch gelingt, dann ist der Heimweg nicht so weit!"

Unterwegs wurden die Pferdewagen, mit denen meine Großeltern flüchteten, samt den Pferden für den Kriegseinsatz requiriert. Vater war beeindruckt davon, dass Pferde und Wagen trotz der Kriegswirren von der Wehrmacht ordnungsgemäß bezahlt wurden. So fanden sich die Großeltern mit den noch übrig gebliebenen Habseligkeiten bei uns im Zug wieder.

Eines Abends war wieder einmal Fliegeralarm ausgelöst worden. Das geschah mit den Sirenen, die noch heute verwendet werden, jetzt aber zum Zusammenrufen der Feuerwehr. Wir stiegen in den Keller eines Hauses, wagten uns aber nach einiger Zeit wieder an die Oberfläche. Dort konnten wir ein eindrucksvolles Schauspiel mit ansehen: Hoch droben am Himmel flogen Bomber, und darunter sah man kleine Wölkchen, die sich vermehrten. Diese stammten von den Flakgeschossen, die an ihrer höchsten Stelle explodierten. Da sie aber nicht hoch genug reichten, was die Flieger offenbar wussten, konnten sie die Flugzeuge nicht gefährden.

Ich hatte ein kleines Akkordeon bekommen und spielte mit meinen sechs Jahren offenbar schon einige Lieder. So wurde ich immer wieder angehalten, bei offener Waggontür den Umstehenden etwas vorzuspielen, was ich auch tat.

Mein Vater erwartete nichts Gutes von den Russen und versuchte alles, damit nicht diese, sondern die amerikanische Front uns überrollen sollte. Dies ist auch tatsächlich gelungen, und zwar in Oberndorf in Österreich. Trotzdem hatte es im Vorfeld noch Verwirrung und Angst gegeben, da unklar war, ob die Bevölkerung tatsächlich verschont bleiben würde. Zu unser aller Glück war das dann aber doch der Fall.

Einmal waren wir in einer Holzbaracke in Ibn bei Oberndorf untergebracht. Dort waren auch andere Familien untergekommen, mit deren Kindern wir spielen konnten. Die Baracke befand sich in einem Moorgebiet, in dem noch Torf gestochen und getrocknet wurde. In den so entstandenen kleinen Abwasserkanälen lebten Süßwasserkrebse, auf die wir es abgesehen hatten. Nichts ist zu klein, um beim Menschen den Jagdinstinkt auszulösen!

In der Nähe des Hauses, in dem wir wohnten, gab es eine zweistöckige Baracke aus Holz, die in besseren Zeiten der Verarbeitung des Torfs gedient hatte. Diese war auch ein beliebter Spielplatz, denn das Gebäude wurde zurzeit nicht benutzt.

Dort kletterte ich eines Tages auf einem Paternoster herum und griff in einen der oberen Behälter. Ich spürte einen Gegenstand und zog ihn heraus. Wie sich herausstellte, handelte es sich um eine Pistole mit allerlei Zubehör und passender Munition.

Ich erzählte zu Hause von meiner Entdeckung und ließ die milde Strafpredigt über mich ergehen. Später stellte sich heraus, dass mein Vater selbst die Pistole dort versteckt hatte. Er hatte sie wohl auf einer seiner Reisen durch gefährliches Kriegsgelände in seinem Rucksack mitgenommen. Sie sollte der möglicherweise erforderlichen Selbstverteidigung dienen. Er war sich der Gefahr bewusst, dass es höchst unangenehme Folgen haben würde, sollte die Pistole bei einer der vielen Personenkontrollen entdeckt werden. Diese Gefahr hatte er gut überstanden und jetzt die erste Gelegenheit ergriffen, um sich von dem gefährlichen Material zu trennen. Dass ich das vermeintlich sichere Versteck entdecken könnte, war nicht Bestandteil der Überlegungen gewesen.

Es gab auf der Flucht auch noch ein erfreuliches Ereignis: Am 26.8.1945 wurde uns in Braunau am Inn ein Bruder geboren. Er bekam den Namen Albert. Das ging so geräuschlos vor sich, dass wir Kinder nichts von Mutters Schwangerschaft oder Einlieferung in die Geburtsklinik in Braunau mitbekommen hatten. Ironischerweise ist Braunau auch der Geburtsort von Adolf Hitler.

Unser kleiner Bruder Albert

Es war an der Zeit, dass wir weiterzogen. Meine Mutter mit inzwischen vier Kindern, mein Vater und die Großeltern. Wir hatten einen Aufenthalt in Salzburg und standen mit unserem nach oben offenen Güterwaggon in einem Vorortbahnhof, eingekeilt zwischen einem Waggon vor uns und einem hinter uns.

Als die Sirenen Fliegeralarm ankündigten, machten wir uns auf den Weg in die umliegenden Hügel und Berge, wo wir uns mehr Sicherheit erwarteten. Ich ging mit meiner Großmutter in eine Richtung, meine Mutter mit meinen Geschwistern in eine andere, und Großvater blieb beim Waggon.

Großmutter und ich kamen an eine breite Straße, unter der sich eine dicke, stabile Wasserröhre befand. In dieser fühlten wir uns sicher und konnten in aller Ruhe auf die Entwarnung warten. Die kam auch nach einiger Zeit, und wir machten uns wieder auf den Rückweg. Überall sahen wir die Zerstörung, die die Bomben angerichtet hatten, bis hin zu den getöteten Verteidigern, die auf den Straßen herumlagen.

Unser Waggon war noch da, wenn auch an einer etwas anderen Stelle: Es war nämlich – so erzählte unser Großvater – ganz in der Nähe eine Bombe niedergegangen, und um zu verhindern, dass die Waggons Feuer fingen, hatte mein Großvater mit den

Männern der zwei anderen Waggons die Güterzugwagen aus der Gefahrenzone weggeschoben. Das war noch einmal gut gegangen. Später erfuhren wir, dass wir einen kleinen Anteil des größten Luftangriffs auf Salzburg abbekommen hatten.

ERLENMOOS

Wir zogen weiter nach Westen und überschritten die deutsche Grenze. Unsere erste Station in Deutschland war das Dorf Erlenmoos auf der Schwäbischen Alb. Das kleine Dorf lag zwischen Memmingen und Ochsenhausen, Kreis Biberach/Riß. Dort also kamen wir im Juni 1946 an.

Warum war die erste Station Erlenmoos?

Durch seinen Studienaufenthalt kannte Vater den Leiter der Landwirtschaftsschule in Ochsenhausen, Ökonomierat Kreh. An den hatte er sich gewandt mit der Bitte, ob er ihm nicht behilflich sein könnte bei der Suche nach einer Anstellung. Und tatsächlich bekam er eine Anstellung auf dem Gut, das allerdings keine Landbauschule mehr war: Ökonomierat Kreh hatte das Gut bei Einstellung der Lehrtätigkeit erwerben können und bewirtschaftete es als Bauernhof.

Vater suchte also eine geeignete Wohnung in der näheren Umgebung von Ochsenhausen und wurde in Erlenmoos fündig. Ein alter Bauer, mitten im Dorf, mit Namen Josef Wiest, der mit seiner Haushälterin zusammenwohnte und Platz hatte, war bereit, uns aufzunehmen. Vater hat später immer wieder mit Respekt und Anerkennung gesagt, wie sehr er diesen Mann bewunderte, der mit seinem guten Herzen eine achtköpfige Flüchtlingsfamilie bei sich aufnahm.

Das Haus war groß, aber ein wenig düster. Es gab ein Wohnzimmer, „die gute Stube", die aber nur bei ganz besonderen Gelegenheiten benutzt wurde. Normalerweise war sie mit einem Haken verschlossen und wurde bloß gelegentlich hergezeigt. Während der Jahre, die wir bei Josef Wiest lebten, gab es keinen einzigen Anlass, der die Benutzung des Wohnzimmers gerechtfertigt hätte.

Vor dem Haus war ein Misthaufen mit einer Grube für die Gülle. An der Giebelseite hatten die Eltern ein Stück Wiese urbar gemacht und einen Gemüsegarten eingerichtet, der meiner Mutter ganz besondere Freude machte. Sie nutzte und pflegte ihn gerne, wie sie das von zu Hause gewohnt war. Hinter dem Gemüsegarten lag ein Obstgarten mit Birnen-, Äpfel- und Zwetschgenbäumen. Es gab auch einen großen Walnussbaum, der sich besonders gut zum Klettern eignete.

Hinter dem Garten lag die Bäckerei Ruf, in der ein gleichaltriger Junge wohnte, der mein bester Freund wurde. So kam es, dass ich viel im Haus seiner Eltern verkehrte und einiges über das Bäckerhandwerk lernte: über das maschinelle Kneten des Teiges, das Aufteilen in die richtigen Größen, je nachdem es sich um Brote, Brötchen oder andere Backwaren handelte. Dann das Backen in den frühen Morgenstunden, damit das frisch duftende Ergebnis bereitlag, wenn die ersten Käufer noch vor dem Frühstück auftauchten. Mich haben die Laugenbrezeln besonders angezogen, und daher rührt wohl auch heute noch ihre Anziehungskraft auf mich.

Der Nachbarjunge und ich, wir spielten gerne in einer nahe gelegenen Senke, die voller Bäume und Sträucher war. Dort lebte auch ein Dachs, wie wir an der Höhle und den frischen Spuren erkennen konnten.

Im Nachsommer und Herbst verdienten wir uns ein Taschengeld, indem wir die Kühe der Bauern auf die abgemähten Wiesen zur Weide trieben und bis zum Abend hüteten. Dort konnten wir herrlich spielen: Flöten aus Weideruten schnitzen oder ein Spiel mit aus Pappelästen geschnitzten Spießen spielen. Natürlich gehörte auch das Anzünden eines Feuers dazu mit dem obligaten Rauchen von trockenen Gräsern in aus Zeitungspapier gedrehten Zigaretten. Ich erinnere mich auch noch an den intensiven Geruch des Heus, das auf Leiterwagen in die Scheunen gefahren wurde. Noch heute, wenn ich den Geruch von Heu rieche, kann ich mich in jene glücklichen Tage in Erlenmoos zurückversetzen.

Ich war damals schon ein guter Werfer, der Steine sehr weit werfen konnte. So zielte ich immer wieder auf Spatzen, die es in der Zeit noch reichlich gab. Einmal zielte ich auf einen, der gerade vorbeiflog, den ich aber leider nicht traf. Wohl aber traf ich die Scheibe im ersten Stock des dahinterliegenden Hauses. Es gab ein großes Geschrei der Bewohner, und am nächsten Tag sah ich Vater mit einer lädierten Fensterscheibe unter dem Arm zum Glaser marschieren. Er war nicht gerade erfreut, beschimpfte mich aber auch nicht, wie ich zu meiner großen Erleichterung feststellte.

In Erlenmoos, am anderen Ende des Dorfes, gab es auch eine Volksschule. Wegen der geringen Anzahl der Kinder wurden in einem Klassenzimmer jeweils zwei Klassen gleichzeitig und nebeneinander unterrichtet. Für das Gymnasium musste man dann schon ins nahe gelegene Ochsenhausen. Aber noch war es nicht so weit.

Natürlich tauchte auch die Frage auf, ob es nicht sinnvoll wäre, zu Hause Ungarisch zu sprechen. Wir Kinder würden dann zweisprachig aufwachsen, und das ohne große Mühe; denn wir drei Älteren hatten ja schon Ungarisch gesprochen. Vater war aber der Auffassung, dass es unlogisch wäre, an der ungarischen Sprache festzuhalten, nachdem man über dreihundert Jahre in Ungarn für die Erhaltung der deutschen Sprache gekämpft hatte. Aus heutiger Sicht vielleicht ein kurzsichtiger Standpunkt. Andererseits war der praktische Nutzen, der aus der Beherrschung der ungarischen Sprache zu erwarten war, eher gering.

Vater fuhr am Wochenende mit dem Fahrrad in die umliegenden Ortschaften, um Nähzeug – Nadeln, Zwirn, Knöpfe etc. – gegen Lebensmittel einzutauschen. Ich begleitete ihn das eine oder andere Mal und konnte feststellen und nachempfinden, wie zuwider ihm diese Art der „Bettelei“ war. Mir ging es nicht besser dabei. Das blieb mein ganzes Leben so.

Erlenmoos lag in der französischen Besatzungszone, und die Besatzungsmacht bemühte sich, wieder ein halbwegs normales Wirtschaftsleben möglich zu machen. So gründeten sie ein Amt für die Viehverwertung, dessen Aufgabe es war, die Versorgung der Bevölkerung mit Fleisch zu organisieren. Hier konnte Vater, der zunächst auf dem Bauernhof der früheren Landbauschule bei der Bewirtschaftung des Gutes mitgearbeitet hatte, eine Anstellung finden. Er war froh, den Ort zu verlassen, der ihm eine Unterordnung unter einen ungeeigneten Chef abverlangte, nämlich unter den Sohn von Ökonomierat Kreh, der die Bewirtschaftung des Gutes leitete. Wie er Herrn Kreh senior bei seinem Abschied mitteilte: „Man wird als Herr oder als Knecht geboren. Ich eigne mich nicht zum Knecht!"

HANDWEBEREI HUBER

Vater wollte sein Leben nicht in einem Angestelltenverhältnis beschließen. Als Bauer war er Selbstständigkeit gewohnt und konnte nicht davon lassen.

Bei Zusammenkünften mit Freunden und Bekannten wurde diskutiert, worauf sich der Aufbau einer neuen Existenz stützen könnte. Anlässlich einer dieser Gelegenheiten kam zur Sprache, dass es für junge Mädchen in ungarischen Familien auf dem Lande üblich war, ihre Aussteuer selber zu weben. Dies geschah auf Webstühlen, die in den Familien vorhanden waren, so auch bei den Eltern meiner Mutter. Es ergab sich die Frage, ob sich daraus nicht die Grundlage für eine neue Existenz gewinnen ließe. Das Ende vom Lied war, dass Mutter in Sindelfingen bei Stuttgart noch einmal die Schulbank drückte und schließlich auf der Webschule die Meisterprüfung absolvierte. Damit waren die Voraussetzungen für die Gründung der „Handweberei Huber" geschaffen.

Die Beschaffung von Webstühlen erwies sich als schwieriges Unterfangen, konnte aber mit einiger Mühe befriedigend gelöst werden. In Erlenmoos selbst konnten Räumlichkeiten gefunden werden, um die wenigen Webstühle aufzustellen und eine Näherei einzurichten. Das Geschäftsmodell, wie man heute sagen würde, sah vor, dass die Handweberei nach Maß gefertigte Kleider für Frauen herstellen sollte, die auf Messen verkauft würden. Mutter sollte die Modelle und die Webmuster entwerfen und überhaupt für die „Produktion" zuständig sein, während Vater den Verkauf und die Verwaltung mit Buchhaltung, Finanzen und Steuern übernehmen würde.

LAUPHEIM

Leider sollten die Holzbaracken, die für die französischen Besatzer errichtet worden waren, abgerissen werden, sodass meine Eltern nach neuen und vor allem größeren Räumlichkeiten Ausschau halten mussten. Sie wurden in Laupheim fündig. Dort hatte es während des Krieges einen Flughafen mit einer Flugzeugfabrik gegeben, die allerdings bombardiert und zerstört worden war. Einzig das Verwaltungsgebäude, das damals noch in einem Waldgebiet gestanden hatte und deshalb wohl übersehen wurde, war verschont geblieben. Hier fanden wir also die Wohnung, die wir brauchten und die Räumlichkeiten für die Weberei und die Schneiderei.

Wir übersiedelten noch vor Weihnachten 1948. Der hauptsächliche Nachteil für uns schulpflichtige Kinder war der drei Kilometer lange Weg zur Schule in Laupheim. Den mussten wir und andere Kinder, die in dem Gebäude wohnten, winters wie sommers zu Fuß zurücklegen. Später bekamen wir Kinder Fahrräder, was die Zurücklegung des Schulweges wesentlich erleichterte.

Finanziell müssen die Verhältnisse sehr eng gewesen sein, obwohl wir Kinder davon so gut wie nichts mitbekamen: Oft genug wurde sehnlichst ein bar zahlender Käufer erwartet, damit so die benötigten Lebensmittel für das Wochenende eingekauft werden konnten.

Für mich war das Flughafengelände der ideale Spielplatz. Vor dem Haus gab es eine 50 Meter breite Straße, die sich optimal zum Radfahren und Ballspielen eignete. Das Schönste aber waren die zahllosen, mit Wasser gefüllten Bombenkrater. Sie waren voller Frösche, auf die sich trefflich mit Steinen zielen ließ. Viel Mitleid konnten sie von uns Kindern damals nicht erwarten. Ihr Glück war, dass wir eher selten trafen. Ein Nebeneffekt war, dass wir die Generationenabfolge der Frösche studieren konnten: vom balzenden Frosch zu den Unmengen von Eiern, gefolgt von den Kaulquappen bis wieder hin zum Frosch.

Das Fahrrad war nicht nur Transportmittel zur Schule, sondern auch das Gefährt der Wahl, um Radtouren zu unternehmen. So erinnere ich mich an meine erste Radtour, die ich mit einem Freund an den Bodensee unternahm. Dieser war etwa 80 Kilometer entfernt.

Die erste Etappe führte uns durch Ravensburg in die Nähe von Friedrichshafen, wo wir im freien Gelände, nahe am See einen Platz zum Zelten suchten und fanden. Wir schnitten einen geeigneten, kräftigen Weidenstock und begannen, das mitgebrachte Dreieckszelt, das noch von der Wehrmacht stammte und die entsprechend grün-graue Mimikry-Farbe hatte, aufzubauen. Es stellte sich heraus, dass der Stock zu kurz ausgefallen war. Also suchten wir eine Verlängerung, die sich schließlich in Form einer größeren Metallbüchse fand. Wir schoben sie unter den Stock, und schon war die Höhe passend.

Nachts kam ein Gewitter auf mit Blitz und Donner und anschließendem Platzregen. Uns machte die Blechdose größte Sorgen, befürchteten wir doch, dass sie den Blitz anziehen könnte. In unserer Aufregung und Unerfahrenheit berührten wir die Zeltbahnen von innen mit der unvermeidlichen Folge, dass sie undicht wurden und das Wasser in das Zelt hineintropfte.

Gott sei Dank empfing uns am Morgen ein kräftiger Sonnenschein, in dem wir alles trocknen und unsere Reise guten Mutes fortsetzen konnten: Immerhin standen auf dem Programm noch Lindau, Konstanz und vor allem die für ihre mediterrane Vegetation berühmte Insel Mainau. Wenige Tage später landeten wir wieder wohlbehalten und um einige Erfahrungen reicher zu Hause.

EDENKOBEN

Die gesamte Familie

Die Schwäbische Alb hat ein recht raues Klima, und meine Mutter kam besonders schlecht damit zurecht. Also machte sich Vater auf die Suche nach passenden Räumlichkeiten, möglichst in einer klimatisch günstigeren Gegend. Über den Süddeutschen Rundfunk, der entsprechende Informationssendungen ausstrahlte, erfuhr er von einem Objekt, das in Edenkoben in der Pfalz angeboten wurde.

Das Objekt lag am westlichen Rand der 6000 Einwohner zählenden Stadt, direkt neben dem öffentlichen Schwimmbad, das von einem durchlaufenden Bach gespeist wurde. Dahinter waren gleich die Weinberge. Die Schule, das sogenannte Progymnasium, das nur bis zur mittleren Reife führte, war ca. 10 Minuten zu Fuß entfernt. Die zwei nächstgrößeren Städte Neustadt an der Weinstraße und die Garnisonstadt Landau waren jeweils 10 Kilometer nach Norden beziehungsweise nach Süden entfernt. Sie werden später noch eine Rolle spielen.

Die Räumlichkeiten im ersten Stock eines größeren Hauses entsprachen unseren Bedürfnissen, und Vater und Mutter beschlossen, das Angebot anzunehmen.

Das Haus, in das wir am 20. Mai 1951 einzogen, lag in der Watzengasse 11. Es hatte eine Einfahrt zu einem größeren Hof, an dessen hinterm Ende das Haus lag. Die Wohnung und der Betrieb lagen im ersten Stock mit einer schönen Aussicht auf die Haardt, einem etwa fünf Kilometer entfernten Mittelgebirge aus Buntsandstein. Mein Onkel blickte eines Tages aus dem Küchenfenster und meinte lakonisch: „Wie schön, dass man die Berge sehen kann, ohne sie besteigen zu müssen." Er verkannte völlig den Freizeitwert dieser schönen Gegend.

Es gab und gibt attraktive Ausflugsziele, etwa die Rietburg über Rhodt oder die Ludwigshöhe, die vom Bayernkönig Ludwig erbaut worden war. Dann noch die Kropsburg und etwas weiter weg das von ferne sichtbare „Hambacher Schloss", auf dem Turnvater Jahn seine historische Turnerbewegung gegründet hat. Überall, vor allem auch in den gemütlichen Weindörfern, konnte man typische Pfälzer Gerichte genießen, so die „Pfälzer Blut- und Lewerworscht", den Saumagen, aber auch den sogenannten „Weißkäs" (=Quark). Dazu passte der exzellente Pfälzer Wein. Das war nicht nur bei der einheimischen Bevölkerung geschätzt, sondern insbesondere auch bei den zahlreichen Besuchern aus Ludwigshafen, Mannheim und Karlsruhe, die an den Wochenenden in großen Scharen in die Pfalz zum Wandern und zum Genießen kamen.

Die Großeltern hatten sich von unserer Familie getrennt und einen anderen Weg genommen. Sie waren in Roßwälden, einem kleinen Ort in der Nähe von Esslingen bei Stuttgart untergekommen, ebenso wie mein Onkel Hans mit seiner Familie und auch noch anderen Flüchtlingen und Familien aus der weiter entfernten Verwandtschaft. Wir Kinder besuchten sie sehr oft mit Vater, der seine Mutter über alles liebte und überhaupt größten Wert auf den Zusammenhalt der Familie und der Verwandtschaft legte. Uns Kinder wurde das oft genug zu viel, und nicht selten murrten wir, wenn wir ihn wieder einmal auf so einem Besuch begleiten sollten. Oft war ich der Einzige, der mit ihm ging.

Mutter hatte sich von Anfang an aus naheliegenden Gründen entzogen, jedenfalls was Besuche bei den Großeltern betraf.

Bei den Besuchen führte Großmutter das Wort. Großvater saß meistens etwas abseits und rauchte still seine Pfeife, was ihn aber nicht vor Attacken seitens der Großmutter bewahrte. Man konnte überhaupt den Eindruck gewinnen, dass sie ihre früh begonnene Auseinandersetzung mit ihrem Mann in der neuen Umgebung unverdrossen fortführte.

DIE MUSIK

Die Musik hatte mich nicht mehr losgelassen, seit ich „die Menge" aus dem Waggon unterhalten hatte. Vater liebte Musik, obwohl er es nicht weiter als zu einer Fotografie mit einer Geige gebracht hatte. Ihn freute einfach, wenn in Gesellschaft beim Wein jemand ein Instrument hervorzauberte und Lieder spielte, die alle mitsingen konnten.

Ich hatte schon in Laupheim trotz der finanziell sehr engen Verhältnisse ein Akkordeon mit sechzig Bässen und den dazugehörigen Registern geschenkt bekommen. In Edenkoben sollte ich die Sache seriöser angehen. Es wurde ein Musiklehrer gesucht und gefunden, und ich besuchte wöchentlich die Unterrichtsstunde.

Dieter Rauch und Walter Lichti, zwei Klassenkameraden in Neustadt, spielten Klavier, und wir verabredeten uns, um gemeinsam zu musizieren. Es war wohl gut gemeint, aber eher eine klägliche Vorstellung im Wohnzimmer von Dieter Rauch. Weder Ausbildungsstand noch musikalisches Talent reichten aus, um den Tasten etwas halbwegs Anspruchsvolles zu entlocken.

Später bin ich dann auf Gitarre umgestiegen und kann heute noch „Lullaby of Birdland" begleiten. Zu großer Meisterschaft brachte ich es nicht. Saxofon war eigentlich das Instrument, das mich sehr anzog. Ich glaube, dass das viel mit der Gestalt des Instruments zu tun hatte. Allerdings spielte sicher auch eine wichtige Rolle, dass ich inzwischen den Jazz für mich entdeckt hatte, der mein Lebensgefühl und nicht nur meines perfekt zum Ausdruck brachte.

Schließlich bin ich beim Kontrabass gelandet und spielte in meinem Zimmer mit den berühmtesten Orchestern zusammen, sie im Radio, ich live auf dem Kontrabass.

Es ging mir beinahe so wie jenem Jungen, der mit seiner Mutter bei einem Musiklehrer auftauchte: Der Hans sollte ein Instrument lernen!

Mutter: „Herr Musiklehrer, der Junge soll ein Instrument lernen. Was schlagen Sie vor?"

Musiklehrer: „Geige ist ein schönes Instrument; es schult das Gehör, es gibt viel Literatur für das Instrument, und man kann mit Freunden kammermusizieren."

Mutter: „Und wie lange dauert das?"

Musiklehrer: „Mit fünfzehn Jahren müssen sie schon rechnen, bevor ein Anfänger die Geige passabel spielen kann."

Mutter: „Das dauert mir viel zu lange! Was gibt es sonst noch?"

Musiklehrer: „Dann lassen Sie den Jungen doch Klavier spielen lernen! Da sind die einzelnen Töne leichter zu finden, er kann sich selber begleiten und ist nicht auf die Mitwirkung anderer Musiker angewiesen."

Mutter: „Und wie lange dauert das?"

Musiklehrer: „So fünf bis sieben Jahre müssen Sie dafür schon veranschlagen, immer vorausgesetzt, dass der Junge Talent hat und fleißig übt."

Mutter: „Auch das ist mir viel zu lange! Gibt es nicht ein Instrument, das man in kürzerer Zeit erlernen kann?"

Musiklehrer: „Dann lassen Sie den Jungen doch Kontrabass lernen."

Mutter: „Und wie lange dauert das?"

Musiklehrer: „Darauf können Sie warten!"

Vater hatte ein ausgezeichnetes Verhältnis zum Direktor der Volksbank, musste aber in Anbetracht der knappen Finanzen monatlich eine Liste der Aufträge vorlegen, damit die Kredite verlängert werden konnten. Die Geschäfte entwickelten sich jedoch bald so positiv, dass nicht nur die Vorlage der Liste eingestellt werden konnte, sondern auch die Finanzierung einer Immobilie möglich wurde. Die Eltern konnten das Haus Nr. 56 in der Weinstraße erwerben, in das wir im August 1954 einzogen. Es hatte neben einer Wohnung für die Familie auch Räumlichkeiten, die den Betrieb aufnehmen konnten. Bald mussten die Betriebsräume allerdings erweitert werden, um mit der bereits erreichten und geplanten weiteren Expansion mitzuwachsen. In der erfolgreichsten Periode beschäftigte der Betrieb 35 Personen.

Zu einem Unternehmen wie dem unseren gehörte auch ein Auto. Das erste, ein „Opel P4“, noch aus der Vorkriegszeit, hatte längst das Zeitliche gesegnet und war durch einen „Gutbrod“-Zweitaktkombi ersetzt worden. Das war auch nötig, weil wir mit dem Wagen teilweise große Entfernungen überbrücken mussten.

So führte uns eine Reise nach Stockholm, die ich mit Vater mitmachen durfte. Da traf es sich gut, dass ich bereits mit sechzehn Jahren den Führerschein gemacht hatte. Einen großen Teil der Strecke durfte ich fahren, obwohl Vater oft genug ängstlich auf dem Beifahrersitz ausharrte. Für sein Gefühl war ich zu schnell unterwegs. Eine besondere Herausforderung war übrigens das Fahren in Schweden, das damals noch Linksverkehr hatte. Wir sind aber ohne besondere Vorkommnisse wieder heil nach Hause gekommen. Mein Vater ist dann bei der nächsten Anschaffung eines

Führerschein mit 16 Jahren

HISTORISCHE SPURENSUCHE

Vor 25 Jahren eine der ersten Geschäftsadressen der Stadt

EDENKOBEN: In der ehemaligen Handweberei Huber in der Weinstraße in Spitzenzeiten bis zu 35 Mitarbeiterinnen tätig

Von Unserem Mitarbeiter
Werner Hahn

Im Vorfeld der beabsichtigten Bebauung des Scharfenberger'schen Geländes hat die Stadt Edenkoben das Anwesen Weinstraße 56 unmittelbar neben dem ehemaligen *Patrizierhaus* und Gillet'schen Arbeiterheim erworben, um die nach Inkrafttreten des Bebauungsplans vorgesehene Zufahrt aus Richtung Westen zu sichern.

Das genannte Gebäude beherbergte vor einigen Jahrzehnten einen Betrieb: Die Handweberei Huber. Vom 1. Juni 1951 bis 30. Juni 1973 war das Unternehmen in der Branche weit über Edenkoben hinaus, beispielsweise in Schweden, Holland, England, Dänemark und Belgien ein Begriff.

Jakob Huber, dessen Urahnen 1722 *auf der Flucht vor der Leibeigenschaft nach Ungarn auswanderten*, und seine kürzlich verstorbene Frau Magdalena fanden dann den „gewerblichen Weg" nach Edenkoben zurück: zunächst über die Stationen Erlenmoos in Württemberg und Laupheim, wo das ehemalige Flugplatz-Casino als Web- und Schneiderei-Saal diente. 1958 erwarben die Hubers das einem Pfarrer Eckstein gehörende Anwesen Weinstraße 56, das aber räumlich die Vorstellungen für einen Gewerbebetrieb nicht erfüllte. Das Mietens'sche Anwesen direkt daneben (dort war die ehemalige Druckerei Anton Peter untergebracht) wurde „einverleibt", so daß der Gesamtgebäude-Komplex im Erdgeschoß der Handweberei im Obergeschoß der Schneiderei diente.

Bis zu 14 Webstühlen waren im Einsatz, die Handweberei Huber beschäftigte in Spitzenzeiten bis zu 35 Frauen im Web- und Schneidereibereich. Magdalena Huber war zuständig für den handwerklichen Part, während Ehemann Jakob den kaufmännischen Bereich betreute. „Meine Mutter hatte immer alle Muster entworfen, ganze Kollektionen zusammengestellt", erinnert sich Tochter Reinhilde Neu an Zeiten, als sie selbst und ihre drei Geschwister in den Gewerbebetrieb miteingespannt waren.

Auf Fachmessen, so Reinhilde Neu sichtlich stolz, sei immer wieder berichtet worden, „daß die Edenkobener Firma Huber stets Ware von hohem Niveau liefert und die Mode topaktuell ist." Die Auftragsbücher waren prall gefüllt, auf Messen wurden die ausschließlich privaten *Kundenwünsche* geortet: Die Hubers trugen allen Wünschen Rechnung.

Eine 45stündige Arbeitswoche und mehr war für die Weberinnen und Schneiderinnen keine Seltenheit, denn das Geschäft boomte. Magdalena Huber mit ihrem kreativen Talent hatte stets das richtige Händchen. „Wenn ich mit meinem Mann ausgehe, werde ich immer wegen meiner Kleidung bewundert", sagt Reinhilde Neu. Sie präsentiert ein kunstvoll gewebtes Kostüm mit feinen Mustern auf zartbeigem Stoff, während Witwer Jakob Huber (94) etwas wehmütig auf

So sah es einst in der Handweberei Huber aus - für die *Nachwelt festgehalten* von Kunstmaler Fritz Lederle. Vorn *links ist die Chefin* des Unternehmens, Magdalena Huber, am Webstuhl.

das Kleidungsstück schaut, das seine Frau entworfen und gefertigt hatte.

Tochter Reinhilde, mit dem Winzer und Weinhändler Erich Neu verheiratet, kommt noch 24 Jahre nach der altersbedingten Geschäftsaufgabe „etwas Wehmut" auf, wenn sie am Haus in der Weinstraße vorbeifährt. In Erinnerung an die Zeiten der „Handweberei Huber" in einem Gebäude, das damals eine der ersten Edenkobener Geschäftsadressen war.

Autos wieder zu der Marke Opel zurückgekehrt und dabei geblieben. Möglicherweise bestärkt durch den Werbeslogan: „Opel, der Zuverlässige".

DIE GESCHWISTER

Vater, Mutter, Albert, Erika, Jutta, ICH, Hilde, Erich.
Im Vordergrund: Anja, Christiane, Marc, Carsten und Ute

Inzwischen hatte meine Schwester Hilde die Leitung der Schneiderei übernommen. Sie hatte das Gymnasium in Landau besucht und war nach der mittleren Reife abgegangen, um eine Schneiderlehre zu beginnen, die sie auch erfolgreich absolvierte. Sie lernte Erich Neu kennen, einen gebürtigen Edenkobener, der einen Einzelhandel in Textilien betrieb und im Nebenerwerb Winzer war. Sie heirateten und bekamen zwei Töchter, Ute und Christiane.

Meine Schwester Erika hatte die mittlere Reife in Edenkoben und danach eine Ausbildung im Textilfach gemacht. Erst war sie auf der Fachschule in Sindelfingen, um dann ein Studium in der

Textilfachschule in Lambrecht in der Pfalz aufzunehmen. Dort lernte sie Werner Hettesheimer, ihren späteren Mann, kennen, der dasselbe Fach studierte. Sie bekamen zwei Kinder, einen Sohn und eine Tochter mit Namen Marc und Anja.

Mein jüngerer Bruder zog zum Studium nach Berlin. Er studierte an der Technischen Universität Verfahrenstechnik und schloss mit der Prüfung zum Diplom-Ingenieur ab.

Zwischenzeitlich heiratete er Heidemarie Masuth, mit der er drei Kinder, Franziska, Felix und Ferdinand, bekam. 1989 wanderte er mit der ganzen Familie nach Brasilien aus. Dort genießen sie heute ihre Rente und das gute Wetter.

DIE ZUKUNFT DES BETRIEBES

Nach arbeitsamen, aber erfolgreichen Jahren machten die Eltern sich Gedanken, wie es mit dem Betrieb weitergehen sollte. Da sie auch nicht mehr die Jüngsten waren, stellte sich die Frage nach einer passenden Nachfolge. Es lag nahe, diese nach einer angemessenen Probe- und Einarbeitungszeit Erika und Werner anzutragen. Leider ging das Experiment schief, und man trennte sich wieder mit einiger Bitterkeit, aber ohne ein dauerhaftes Zerwürfnis.

Die Eltern mussten sich noch einmal ordentlich in die Arbeit hineinknien, um den Betrieb wieder auf die Erfolgsspur zurückzuführen. Das gelang tatsächlich, und sie konnten ihn erfolgreich an ein junges Ehepaar verkaufen, das die Handweberei weiterführen wollte.

Schulklasse mit Prof. Emrich

Ich selbst ging auch auf das sogenannte Progymnasium in Edenkoben, um nach der sechsten Klasse an das neusprachliche und naturwissenschaftliche Gymnasium in Neustadt an der Weinstraße zu wechseln. Dies war notwendig, da die Schule in Edenkoben spätestens mit der mittleren Reife endete und ich das Abitur machen wollte. Anlass für den vorzeitigen Übergang bildete das folgende Ereignis, das mich zum Handeln zwang.

Ohne Vorankündigung wurde eine Sportstunde angesetzt. Ich hatte aber keine Turnsachen bei mir und bekam auch nicht die Erlaubnis, diese aus der nahe gelegenen Wohnung zu holen. Ich musste also unter anderem einen Hundertmeterlauf in Straßenschuhen absolvieren, und da ich geladen war, entfiel mir die Bemerkung: „So kann ich doch an der Sportstunde nicht teilnehmen, Mensch!“ Der Sportlehrer beurteilte diese Bemerkung als so gravierend, dass die Schule meinem Vater einen Brief schrieb und die Schulgeldbefreiung aufhob. Einen Monat später kam noch ein Brief, mit der meine Entfernung von der Schule angedroht wurde, sollte sich mein Betragen nicht dramatisch verbessern.

Da ich früher oder später doch nach Neustadt gehen wollte, beschloss ich, den Übergang vorzuverlegen. Aber als ich beim Direktor in Neustadt vorgesprochen hatte, lag ihm bereits ein Brief aus Edenkoben vor, in dem das ominöse Ereignis aus der Sicht der Schule dargestellt war. Daraufhin hat auch Neustadt mich nicht haben wollen.

Also machte ich mich – traurig, wie ich war – zu Fuß auf den etwa zehn Kilometer langen Heimweg. Auf halbem Wege kam mir mein Vater in seinem Auto entgegen, um mich mit nach Hause zu nehmen. Er überraschte mich mit der freudigen Nachricht, dass die Schule in Neustadt sich eines Besseren besonnen hatte und mir den Zugang nun doch noch erlaubte. Später stellte sich heraus, dass Herr Emrich – mein künftiger Klassenlehrer – interveniert und die Revision des ersten Beschlusses erreicht hatte.

Ich landete in der neusprachlichen Abteilung und habe beste Erinnerungen an diese Schule, obwohl mich eine gewisse Furcht vor Schule nie ganz verlassen wollte. Dabei war ich ein ganz passabler Schüler. Dazu hat sicher beigetragen, dass Freddy Heilmann, der Sohn unseres Hausarztes, mit mir den Weg teilte: mit der Straßenbahn von Edenkoben nach Neustadt und dann einen anschließenden Fußmarsch von ca. fünfzehn Minuten. Das bot eine ausgezeichnete Gelegenheit, den Lernstoff für den jeweiligen Tag zu repetieren. Das galt für Vokabeln in den Fremdsprachen oder auch für Gedichte und andere mündliche Aufgaben.

Unser Klassenlehrer war Herr Prof. Emrich. Er unterrichtete Deutsch und Latein. Von ihm stammen Aussprüche wie diese: „Das Gleiche ist dasselbe wie das Nämliche“ oder „Es gibt Menschen, die haben einen Horizont mit dem Radius null, und das nennen sie ihren Standpunkt“.

Er war ein strenger, aber gerechter Lehrer. Es wurde behauptet, dass er ein ehrgeiziger Soldat gewesen sei und seine Lebenseinstellung und sein Verhalten auch von seinen militärischen Erfahrungen geprägt seien. Er hatte ein Bein im Krieg verloren, ließ es sich aber nicht nehmen, mit uns Schulausflüge zu unternehmen. Wir fuhren mit dem Fahrrad und er auf einem Motorroller neben uns her. Dabei schreckten ihn auch gelegentliche Übernachtungen in Jugendherbergen nicht.

Die ersten Mädchen in unserer Jungenschule

Unvergesslich ist mir eine anhaltende Auseinandersetzung über Michael Kohlhaas von Heinrich von Kleist. Es ging um die Frage, ob der Fürst dem Michael Kohlhaas seine Taten verziehen hatte oder nicht. Da er auf einer Bestrafung von Michael Kohlhaas bestand, verneinte ich diese Frage. Auch der Hinweis auf die katholische Religion, die Vergebung kennt, unter Beibehaltung allerdings der sogenannten Sündenstrafen, die durch bußfertige Taten getilgt werden müssen, änderte meinen Standpunkt nicht.

Ein anderes Erlebnis rankt sich um ein Gedicht von Mörike. Wir sollten dieses Gedicht zu Hause lesen und dann am nächsten Tag gemeinsam in der Deutschstunde interpretieren. Während der dafür vorgesehenen Unterrichtsstunde versuchte Herr Emrich, aus uns die Gedanken zu dem Gedicht herauszukitzeln, aber da kam nicht viel. Daraufhin übernahm er selbst die Interpretation. Die tiefere Bedeutung des Gedichtes erschloss sich erst aus der Beziehung zu Mörikes Leben und zu seiner Zeit. Seufzend endete er mir der Bemerkung: „Man sieht eben nur, was man weiß!“, darauf anspielend, dass uns dieses Hintergrundwissen einfach gefehlt hatte.

Prof. Emrich führte uns in die deutsche Literatur ein. Dort habe ich Schriftsteller kennengelernt, die mich mein ganzes Leben begleitet haben. Dazu gehörten Namen wie Tucholsky, Büchner, Stefan Andres, Heinrich Heine und viele andere sowie natürlich die Klassiker. Oft genug seufzte er mit der Bemerkung: „Ich bin mir darüber im Klaren, dass die schulische Methode nicht geeignet ist, eine Liebe zur Literatur zu entwickeln. Es gibt aber in der Schule keine andere, und meine Hoffnung ist, dass Sie sich später an die Schriftsteller erinnern, die wir hier behandelt haben, und den Faden wieder aufgreifen." Und so war es dann auch bei mir.

Als wir ungefähr 14 Jahre alt waren, mussten die Klassenlehrer kurze Porträts von jedem Schüler anfertigen. Viele Jahre später hatten wir Gelegenheit, diese einzusehen, um mit Verblüffung festzustellen, wie präzise und zutreffend sie waren und bis heute Gültigkeit haben. Zu mir sagte Prof. Emrich bei der Rückgabe eines Aufsatzes: „Sie konzentrieren sich zu sehr auf das angepeilte Ergebnis, ohne links oder rechts zu schauen. So übersehen Sie möglicherweise wertvolle Alternativen." Dieser Hinweis hat mich nachhaltig geprägt und mein Herangehen an Probleme und an Aufgaben geformt.

Wir hatten einen strengen Französischlehrer, Herrn Prof. Watzke. Er hatte die Sprache in Frankreich gelernt, wo er während des Krieges als Dolmetscher gearbeitet hatte. Im Gedächtnis ist mir auch geblieben, dass der Auftrag bei jeder Vokabel, die wir nicht gelernt hatten, „dix fois" lautete. Das bedeutete, dass wir diese bis zur nächsten Französischstunde mit der deutschen Übersetzung zehnmal schreiben mussten.

Meine erste Fremdsprache war Französisch. Das hatte damit zu tun, dass Neustadt in der französischen Besatzungszone lag. Ich habe also neun Jahre Französisch gelernt und bei dem strengen Herrn Watzke ein recht hohes Niveau erreicht, wie ich bei meinen vielen Reisen in französischsprachige Länder feststellen konnte.

Herr Prof. Alt war unser Geschichtslehrer, dem es hauptsächlich auf Jahreszahlen ankam. Das vereinfachte ja auch die Wissensabfrage und die Benotung bei Prüfungsarbeiten. Er machte später Karriere und wurde zum Direktor der Schule ernannt.

Meine Erstkommunion

Englisch hatten wir bei häufig wechselnden Lehrern, was dem Lernerfolg nicht sehr zuträglich war. Musikunterricht hatten wir bei Herrn Prof. Gresser, der selber komponierte, unter anderem ein Singspiel, das wir in der Schule aufführten. Mein Verhältnis zu ihm war nicht frei von Spannung. Erstens, weil er zum Zynismus neigte, zweitens, weil ich meistens nicht wusste, wie viele Symphonien zum Beispiel Ludwig van Beethoven geschrieben hatte. Das alles wusste Gerhard Fuchs, der deshalb auch als sehr musikalisch galt. Meine Reputation änderte sich schlagartig, als wir seine Komposition einstudierten und ich mich hinter einem Kontrabass wiederfand: „Der Huber ist gar nicht so unmusikalisch, wie ich dachte.“ Übrigens haben wir auch die Carmina Burana von Carl Orff einstudiert und aufgeführt: Er war also doch ein ambitionierter Musikpädagoge, der überdies vor allem der zeitgenössischen Musik etwas abgewinnen konnte. Er pflegte zu sagen: „Das ist eine Frage der Gewöhnung. Wir sind auf die Klassiker eingestellt, aber wenn man die neue Musik regelmäßig hört, wird man ihre Schönheit hören und erkennen.“ Ich verdanke ihm jedenfalls viel von meinem Musikverständnis und meiner Liebe zu zahlreichen Werken der Klassik, die ich durch ihn kennengelernt habe.

Unser Religionslehrer war ein großer, beleibter Mann, der sehr dominant war. Er verkündete, dass man beim Beten konzentriert sein müsse und sich durch nichts ablenken lassen dürfe. Dazu kontrastierte das gemeinsame Gebet am Anfang jeder Religionsstunde, da er ununterbrochen an seinem Ärmel zupfte, auf die Armbanduhr schaute oder einfach aus dem Fenster sah. Einer seiner Lieblingssprüche war: „Wenn jemand ‚Mahlzeit' sagt, dem müsst ihr mit ‚Stuhlgang' antworten; denn aus ‚Gott segne die Mahlzeit' ist ‚Gesegnete Mahlzeit' geworden. ‚Mahlzeit' allein ist aber ein bedeutungsloser Ausdruck!"

Auch unser Biologielehrer ist mir noch lebhaft in Erinnerung. Er kam immer in einem abgewetzten, blauen Arbeitsmantel. In seiner Mappe hatte er gefaltete A3-Blätter, in die er bei jeder Unterrichtsstunde akribisch die Noten der mündlich geprüften Schüler eintrug. Er sprach mit einem bayerischen Akzent und kam ursprünglich auch aus Bayern. Er hatte immer darunter gelitten, dass er in der Pfalz nicht heimisch geworden war. Man munkelte auch, dass er in Wirklichkeit in die Pfalz strafversetzt worden sei, ein Usus, den es offenbar gegeben hat, als die Pfalz noch zu Bayern gehörte.

Sein ganzes Sehnen war also die Pensionierung, die ihm die Gelegenheit geben würde, wieder in seine geliebte Heimat zurückzukehren. Zu unserem größten Erstaunen erfuhren wir später, dass er auch in der „alten" Heimat unglücklich war. Offenbar war er seiner alten Heimat inzwischen entfremdet. Jedenfalls wurde er von den Einheimischen dort nicht mehr als einer der Ihren akzeptiert und war wieder der Außenseiter. Ein wahrhaft tragischer Fall!

Das Mädchengymnasium oder das „Lyzeum", wie es hieß, war im Krieg zerstört und noch nicht wieder aufgebaut worden. Daher benutzte das Lyzeum auch unser Schulgebäude. Die Regelung, die gefunden worden war, besagte, dass morgens und nachmittags unterrichtet wurde, dergestalt, dass wir – ursprünglich eine reine Jungenschule – und das Lyzeum uns im wöchentlichen Rhythmus abwechselten: Eine Woche hatten wir vormittags Schule und die Mädchen nachmittags, und die Woche drauf war es umgekehrt.

In den alten, mit Schnitzereien der Schüler versehenen Schultischen gab es noch Ausnehmungen, in denen früher einmal Tintenfässer gestanden hatten. Diese eigneten sich hervorragend als Briefkästen für Kassiber an die unbekannte Schöne, die auf dieser Bank am Vor- oder Nachmittag sitzen würde. Die Spannung war groß: Würde sie das Schreiben entdecken, und wie würde sie auf die Einladung zu einem Rendezvous reagieren?

Und siehe da, ich hatte Glück: Wir trafen uns mittags beim Schichtwechsel hinter der Schule, eine große Blonde aus Königsbach. Die kleine Romanze – wenn man sie so nennen will – dauerte nicht allzu lange, weil ich auch in diesen Dingen ein typischer Spätentwickler war und mit Mädchen nicht wirklich etwas am Hut hatte.

Wir waren zwölf und zum Schluss nur noch zehn Schüler in meiner Klasse. Dazu zählten zwei Mädchen, die den Sprung in die Koedukation gewagt hatten: Die eine war die Tochter eines Lehrers an unserer Schule und die andere eine Pastorentochter. Inzwischen war das „Neusprachliche und Naturwissenschaftliche Gymnasium Neustadt" von einer reinen Jungenschule in eine gemischte Schule umgewandelt worden.

Prof. Emrich war unser Klassenlehrer, hatte uns aber nach der fünften Klasse für ein Jahr abgegeben. Es ging auch das Gerücht um, dass unsere Klasse die schlimmste an der Schule sei, was keineswegs unserem Selbstbild entsprach. Nachdem Prof. Emrich uns freiwillig wieder als Klassenlehrer übernahm, schlossen wir, dass wenigstens er durchaus gerne mit uns zusammenarbeitete. Er behielt uns bis zum Abitur.

Die Schüler, die gute Noten geschrieben hatten und deren Benotung weitgehend mit dem Vorzeugnis übereinstimmte, waren von der mündlichen Abiturprüfung befreit. Mir wurde freigestellt, ob ich an einer mündlichen Prüfung in Latein und Französisch teilnehmen wollte. Da ich gute Abiturarbeiten geschrieben hatte, gab es für mich die Möglichkeit, mich im Vergleich zum Vorzeugnis um eine Note zu verbessern. Da es für mich kein Risiko gab – denn herabgestuft wurde ich in keinem Falle –, entschloss ich mich, den Versuch zu wagen.

In Latein bekam ich einen Text in Hexametern vorgelegt, mit dem ich wenig anfangen konnte. Noch heute kommt es mir so vor, dass wir uns im Unterricht nie mit Hexametern befasst hatten.

In Französisch führten wir eine allgemeine Unterhaltung, und da ich am Vortag im „Spiegel" einen Artikel zu dem besprochenen Thema gelesen hatte, wollte ich mit meinem Wissen glänzen. Da Herr Watzke aber den Artikel nicht kannte, war er überzeugt davon, dass ich auf dem Holzweg war. Die Unterhaltung drohte zu entgleisen.

Später erfuhr ich, dass ich in der mündlichen Prüfung Leistungen in der Gegend einer Eins hätte bringen müssen, um eine Heraufstufung meiner Abiturnote zu erreichen. Hätte ich das vorher gewusst, hätte ich mir diese Blamagen erspart.

Bei einem späteren Klassentreffen mit Lehrern stellte sich übrigens heraus, dass ich und nicht unser „Primus" Rauch das beste Abiturzeugnis bekommen hatte: zwar ohne Spitzen nach oben, aber mit ordentlichen Noten in allen Fächern.

PFADFINDER

In Edenkoben gab es einen Pfadfinderverein St. Georg. Der Stamm hatte den Namen Sven Hedin. Ich hatte wenig Ahnung über das Woher und Wohin der Pfadfinderei, liebte aber die Kameradschaft, das Zelten, das Lagerfeuer, die nächtlichen Wanderungen mit Erklärungen der Gestirne am Himmel, das gemeinsame Singen zur Gitarre, überhaupt die Nähe zur Natur. Wir lernten Gräser, Sträucher und Bäume unterscheiden, ebenso wie die verschiedenen Vögel. Die oberste Leitung unserer Gruppe, d. h. die Stammesführung, lag bei den beiden Seiters-Brüdern, die zur Edenkobener Apotheke gehörten. Hans war der Aktivere der bei-

Sven Hedin

den. Er animierte mich, mein Talent als Holzschnitzer weiter zu entwickeln. Ich hatte ihm einen schönen Kranz aus Blättern geschnitzt. Er hat mich auch zum Gruppenleiter befördert, womit ich heillos überfordert war.

Sven Hedin war damals sehr bekannt als Entdeckungsreisender und Reiseschriftsteller. Unter anderem hat er in Zentralasien den „Transhimalaya" entdeckt, der dann zu seinen Ehren „Hedingebirge" genannt wurde.

Hans hatte seinerzeit Sven Hedin angeschrieben und gefragt, ob er einverstanden wäre, wenn wir unseren Stamm nach ihm benennen würden. Er war es! Jetzt unternahmen Hans und ich eine Reise per Anhalter nach Stockholm, um ihn zu besuchen. Wir hatten den Besuch angekündigt und waren willkommen. Wir verbrachten ungefähr eine Stunde bei ihm, nach der mir, wie Robert Neumann nach einer Einladung bei Kaiser Wilhelm, nur so viel in Erinnerung blieb: „Und wieder sagte ich Bedeutendes, dessen ich mich nicht mehr entsinne."

Das war die Zeit, in der ich noch gläubig war. Eigentlich hatte ich die Vorstellung, dass ich Pastor werden wollte. Ich meldete mich in der katholischen Kirche als Messdiener an und wurde auch genommen. Leider habe ich bis zuletzt die Struktur der

Lederhosen und Totempfähle

Messe nicht verstanden und daher auch nicht begriffen, was ich zu welchem Zeitpunkt tun musste. Ich folgte den Bewegungen des anderen Messdieners, und im Zweifel zischelte mir der Pastor zu, dass ich ihm zum Beispiel den Wein reichen sollte.

Über meine Schwester Hilde wurde ich mit Familie Croissant bekannt. Sie waren Winzer, die auch Reben veredelten. Bei ihnen lernte ich die vielseitigen Aspekte des Weinbaus kennen: das Spritzen der Reben mit Kupfervitriol gegen Pilzbefall und später im Jahr das Bestäuben der Trauben gegen Fäule. Am schönsten war die Zeit der Traubenernte, das Mahlen und Keltern der Trauben. Oft hat es bei dem Einbringen der Ernte geregnet, und der Lehmboden war schwer und klebte an den Stiefelsohlen. Das war besonders beschwerlich beim Tragen der sogenannten Hotten, mit denen die geernteten Trauben zum bereitstehenden Wagen gebracht und in Bottiche entleert wurden. Bevor ich die Technik des Leerens beherrschte, lief ich immer Gefahr, das Gleichgewicht zu verlieren und samt Trauben und Hotte im Bottich zu landen.

Interessant war auch die Veredelung von Reben, bei der ich in meinen Schulferien mitarbeiten durfte und mir ein Taschengeld dazuverdiente. Bei der Gelegenheit lernte ich einiges über die Reblaus kennen, über ihr unheilvolles Wirken und die Rettung der europäischen Reben durch die Veredlung, bei der ein Stück Edelrebe – also Riesling, Müller-Thurgau oder Silvaner usw. – auf eine wilde amerikanische Rebe aufgepfropft wird. Nachdem sich an der Stelle des Zusammenwachsens Callus gebildet hat und sich in der Erde erste Wurzeln entwickelt haben, sind die Setzlinge fertig zur eigenen Verwendung oder zum Verkauf.

Die Mädchen

Jutta

Um diese Zeit marschierte meine Schulklasse in Neustadt geschlossen zum Tanzunterricht. Und ich mittenmang! Damals machte folgender Dialog die Runde:

Er: „Schönes Fräulein, darf ich Sie nach Hause begleiten?"
Sie: „Nur wenn Sie mir nichts antun!"
Er: „Nein, natürlich nicht!"
Sie: „Tun Sie mir auch wirklich nichts?"
Er: „Nein, ganz bestimmt nicht!"
Sie: „Dann brauchst du auch nicht mit mir mitzugehen!"

So raffiniert und herausfordernd waren die Mädchen schon damals. Sie stürzten uns schüchterne Jungs in die größte Verwirrung.

Jeden Sonntagnachmittag gab es auf der Ludwigshöhe einen Tanztee mit Livekapelle. Das war die Gelegenheit, um unsere neu erworbene Fertigkeit auszuprobieren. Dort tanzte ich eines Nachmittags immer wieder mit demselben Mädchen, bis wir uns schließlich verabredeten, und zwar in einem Ort namens „Häfelt", in dem sie wohnte.

Ich fuhr also am verabredeten Tag die Weinstraße auf und ab und ab und auf, aber es wollte sich kein Ort dieses Namens finden. Schließlich fragte ich einen Passanten nach dem unauffindbaren Ort. Er versicherte mir, dass ich mich in Häfelt befand, obwohl ich mich erinnerte, am Ortseingang „Hainfeld" gelesen zu haben.

Wir gingen außerhalb des Ortes durch Gottes Hain und Flur spazieren, und ich setzte der jungen Dame auseinander, dass ich an einer engeren Beziehung zu Frauen nicht wirklich interessiert war. Das führte denn auch zum alsbaldigen Erlöschen unserer so jungen Beziehung.

Im Bus, mit dem ich zur Schule nach Neustadt fuhr, war mir ein Mädchen aufgefallen, eine stattliche Erscheinung. Sie war groß, wirkte schon erwachsen und wohnte in einem Haus

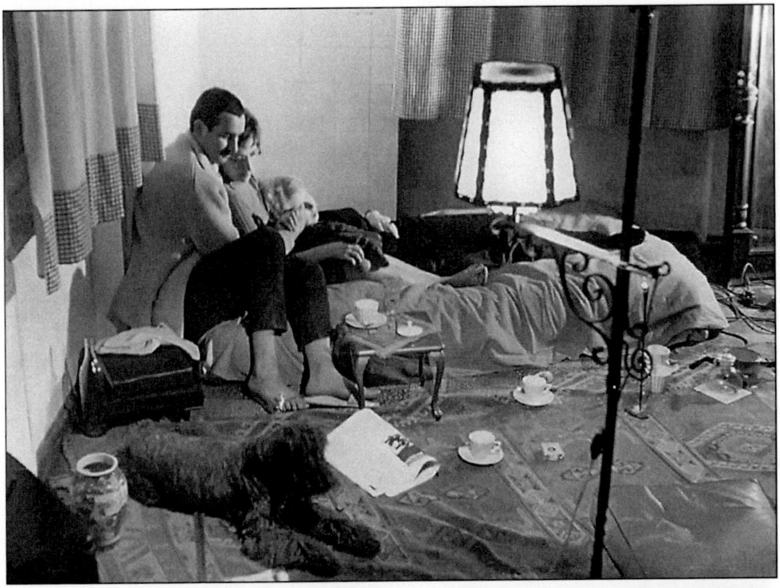

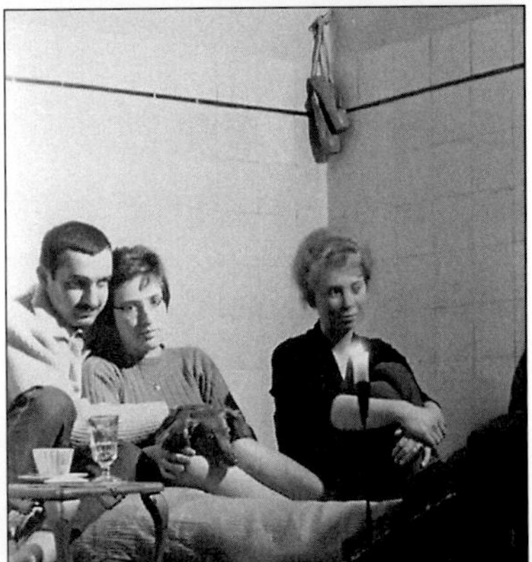

unterhalb der Ludwigshöhe. Ich blieb im Bus, bis sie ausstieg, und schloss mich ihr auf ihrem etwa halbstündigen Weg nach Hause an. Sie duldete das ohne Widerrede und akzeptierte auch auf Nachfrage, dass ich sie hin und wieder begleitete. Ich versuchte, so gut es ging, eine Unterhaltung in Gang zu halten. Die nicht unfreundlichen, aber spärlichen Antworten ihrerseits waren nur so zu deuten, dass ich in ihren Augen noch ein rechter Grünschnabel war. So schlief auch dieser Kontakt nach wenigen Fußmärschen wieder ein.

In unserer Schneiderei arbeitete ein schlankes, brünettes Mädchen, mit der ich eine Beziehung anbandelte. Wir gingen durch die Weinberge, erzählten uns alltägliche Geschichten, setzten uns auf eine Bank, um auszuruhen. Und dort geschah es dann: Ich gab ihr einen Kuss! Nur Lippen auf Lippen, obwohl sie mehr wollte. Ich verstand das nicht und bremste weitere Avancen; denn ein Zungenkuss gehörte nicht zu meinem Erfahrungsschatz.

Mein Vater flehte mich inständig an, diese Beziehung zu beenden, insbesondere, als ich mich fertig machte, um sie in ihrem nahe gelegenen Heimatort zu besuchen. Noch am Morgen des Besuchstages, als ich in der Küche vor dem Spiegel stand und mich wie mein Vater mit einem Rasiermesser rasierte, drang er in mich, nicht zu fahren. Ich verstand ihn nicht und konnte auch nicht begreifen, was ihn zu dieser starken Intervention veranlasst haben könnte.

Erika und ICH

Ich machte mich also auf den Weg und wurde freundlich von den Eltern des Mädchens begrüßt, die mir nach dem gemeinsamen Mittagessen eröffneten, wie sehr sie es schätzten, dass ihre Tochter eine Beziehung mit dem Juniorchef hatte. Sie seien nicht reich, aber für eine angemessene Aussteuer würde es allemal reichen.

Da ist dann der Groschen gefallen; denn das war nicht, was ich wollte. In meiner Naivität hatte ich vollkommen übersehen, dass diese für mich harmlose Beziehung auch ganz anders interpretiert werden konnte.

Die Provinz hat oft ein unerwartet großes und unmittelbares Interesse an Kultur. Ihr fehlt meistens die blasierte Einstellung, die man in Großstädten antreffen kann. Das galt auch für Neustadt. Dort gab es einen großen Kinosaal, der sich für Konzerte und für Opern- und Operettenaufführungen eignete. Hier gastierte die Mannheimer Staatsoper. Am Abend vor der Vorstellung gab es eine Einführung als Vorbereitung für die Vorstellung. Hier sah ich meine erste Musiktheater-Aufführung: die Operette „Monika" von Nico Dostal.

Später war ich selber auf die Bretter gestiegen, die die Welt bedeuten.

DAS STUDIUM

Nach dem Abitur stellte sich die Frage: Wie soll es weitergehen? Dass ich studieren würde, stand frühzeitig fest. Vater war stark von seiner eigenen Biografie beeinflusst: Die Satisfaktionsfähigkeit war ihm ein Anliegen, obwohl er darunter in Wirklichkeit die Akzeptanz in der besseren Gesellschaft verstand. Er hatte sie in Ungarn sogar ohne Abitur erreicht, erinnerte sich aber daran, wie schwer es für ihn war, diese Anerkennung zu erreichen. Die Kinder sollten es einmal leichter haben!

Welches Fach sollte, wollte ich studieren? Da ich kein erkennbares spezielles Talent besaß, aber vielseitig interessiert war, wählte ich schließlich Betriebswirtschaft.

Voraussetzung für die Aufnahme des Studiums der Betriebswirtschaftslehre war die Absolvierung eines mindestens sechs Monate dauernden Praktikums.

Durch die gute Verbindung meines Vaters zur Volksbank in Edenkoben fand ich dort eine passende Stelle. Man setzte mich gleich in die Schalterhalle neben den Kassierer, und so musste ich mir allerlei Kommentare von Kunden anhören, die sofort die Veränderung bemerkt hatten. Ich fühlte mich auch deshalb nicht besonders wohl in meiner Haut, da ich an eine Schreibmaschine gesetzt wurde und – des Schreibmaschinenschreibens unkundig – allererste Fingerübungen machte, und das vor einem kritischen und spöttischen Publikum.

Eines Tages kam ein älteres Mütterlein an den Schalter und wollte ihr Geld abheben. Nachdem es dem Kassierer nicht gelungen war, ihr diese Idee auszureden, wurden die Scheine herbeigeschafft und vor sie hingezählt. Darauf sie: „Ich wollte nur sehen, ob alles noch da ist; jetzt können Sie es gerne wieder zurücklegen." Der Kassierer, ein älterer, sehr freundlicher Herr, führte den Auftrag aus, als handele es sich um die normalste Transaktion der Welt.

Eines Tages war die Telefonistin ausgefallen, und ich wurde an ihrer Stelle in die Telefonvermittlung abkommandiert. Wir hatten zwar ein Telefon zu Hause, aber wenn etwas besprochen werden sollte, nahm man das Fahrrad und fuhr zu dem Betreffenden hin. Das heißt, ich hatte bis dahin keine Telefonerfahrung und harrte gespannt der Dinge, die auf mich zukommen würden. Und schon ging es los: Die Weiterverbindung eines wichtigen Gespräches zum Bankdirektor misslang, der Teilnehmer wählte erneut und verpasste mir eine gehörige Standpauke. Ich habe lange gebraucht, um ein entspanntes Verhältnis zum Telefon zu gewinnen. Eigentlich stehe ich mit dem Telefon auch heute noch auf Kriegsfuß.

In Anbetracht der Kosten eines Studiums wurde als erste Station die Handelshochschule in Mannheim in Betracht gezogen, mit der Idee, dass ich zu Hause wohnen und täglich mit der Bahn nach Mannheim fahren könne. Das erwies sich alsbald als nicht praktikabel, sodass ich mir mit einem Studienkollegen in einem Vorort von Mannheim ein Zimmer nahm. Praktischerweise hatte der Kollege einen Motorroller, eine „Vespa", die unserer Mobilität sehr zugutekam.

Wir freundeten uns so eng an, dass ich auch seine Familie kennenlernte. Sie hatten ihren Wohnsitz in der Nähe von Bergzabern und betrieben einen Handel mit Korbwaren, die sie teilweise selber anfertigten. Da dieses Geschäft schon damals wenig abwarf, hatten sie beschlossen, den Vertrieb von Kinderwagen als Ergänzung dazuzunehmen.

Das war nun ein gefundenes Fressen für uns beide. Das Saargebiet, das unter französischer Besatzung gestanden und in einer Volksabstimmung für den Verbleib bei Deutschland optiert hatte, bot optimale Möglichkeiten, um ein neues Netz von Händlern für Kinderwagen aufzubauen. Und das war unser Projekt, das wir in den Semesterferien zur Hand nahmen. Wir klapperten alle erfolgversprechenden Gegenden ab und hatten viel Spaß bei der Arbeit.

Der größte Spaß aber war, dass ich mir einen „Deux Cheveaux" zulegen konnte. Durch die lange französische Besatzung des Saargebietes war dies ein viel gefahrenes Auto. Es war nicht schwer, ein gebrauchtes Exemplar zu ergattern. Die „Ente", wie diese Gefährte genannt wurden, hatte 24 PS, eine Wellblechkarosserie und

eine stahlgraue Farbe. In der Pfalz nannte man sie respektlos „Hämorrhoiden-Schaukel“ oder eben etwas freundlicher „Ente“ oder „Das Auto, das immer bergab fährt“, da der Motor den Frontteil wegen der weichen Federung in die Knie zwang, während das Hinterteil wegen seiner Leichtigkeit in die Luft ragte. Mein Name für das wunderbare Gefährt war „Rosinante“, so hieß das Pferd von Don Quijote. Eine Besonderheit war die Fliehkraft-Kupplung, die nur griff, wenn der Motor eine bestimmte Mindestdrehzahl erreicht hatte. Die Folge davon war, dass man die Rosinante zum Starten nicht anschieben konnte. Dafür hatte sie aber eine Kurbel, mit der man den Motor anwerfen konnte. Ihr Einsatz hat bei den Umstehenden immer viel Aufmerksamkeit – oder besser: Verwunderung erregt. Nicht selten wurde – bei genügendem Publikumsandrang, versteht sich – das Anwerfen regelrecht inszeniert, auch wenn der Anlasser voll funktionsfähig war.

Das Studienfach stellte sich als ziemlich langweilig heraus. Zu Fragen der Buchhaltung, zu der auch Klausuren geschrieben werden mussten, fand ich keinen Zugang, wohl auch deshalb, weil der Sinn des Ganzen nicht erklärt wurde. Ein Lichtblick war Jura, das mich wegen der präzisen Begrifflichkeit sofort faszinierte. Trotz allem blieb ich bei der Überzeugung, dass Betriebswirtschaft für mich das richtige Studium war. Ich hatte es ja auch gewählt unter dem Gesichtspunkt einer Berufsausbildung, wobei im Hintergrund bei der Wahl überdies der Betrieb meiner Eltern mitschwang.

In meiner Studienzeit bin ich dann auf „die Bretter, die die Welt bedeuten", gestiegen. Und das kam so: Auf der Suche nach Verdienstmöglichkeiten, um unser Taschengeld aufzubessern, stießen wir auf die Mannheimer Staatsoper. Im Chor der Staatsoper gab es mehr weibliche als männliche Sänger. Das war die Chance für uns Studenten: Diese Lücke sollten wir ausgleichen.

Wir brachten den „Vogelhändler" von Carl Adam Zeller zu Gehör. Der Regisseur hatte sich allerlei lustige Einfälle zunutze gemacht, um die schon in die Jahre gekommene Operette etwas aufzulockern. So wird für den Fürsten eine Jagd inszeniert, bei der er einen Fasan erlegen soll. Dieser wurde vom Vogelhändler bereitgehalten, der zu diesem Zwecke auf einen Baum gestiegen war. Als nun der Fürst auf Drängen seiner Umgebung geschossen hatte, fiel der Vogel aus dem Baum, noch im Rucksack, in den er eingepackt war.

Meiner Rolle entsprechend und passend zu der Epoche, in der die Operette angesiedelt war, trug ich stolz eine weiße Perücke, schwarze Kniebundhosen und weiße Kniestrümpfe sowie schwarze Schnallenschuhe. Es war uns strengstens verboten mitzusingen, aber die beleibten Damen durften wir sehr wohl im Tanze drehen. Geld gab es ebenfalls, wenn auch nicht viel: es ging letztlich mehr um den Spaß als um das Geld.

Es gab zu der Zeit ein Austauschprogramm mit der „Freien Universität“ in Berlin. So bewarb ich mich um einen Studienplatz dort und wurde tatsächlich ohne Schwierigkeiten angenommen. An dieses Semester habe ich wenig Erinnerung zurückbehalten. Ich wurde, wie alle Studenten aus Westdeutschland, politisch aktiviert vor dem Hintergrund der Teilung der Stadt. Wir machten Gebrauch vom Wechselkurs – eine D-Mark zu zwölf Ostmark –, um in Ostberlin Schallplatten einzukaufen und ins Theater zu gehen. Beliebt waren die Staatsoper und die Komische Oper. Der Grenzübergang war damals noch unproblematisch, da man mit der S-Bahn einfach zum Bahnhof Friedrichstraße fuhr und schon an Ort und Stelle war.

In der „Badewanne“, einer Tanzbar hinter dem berühmten Kaufhaus „KaDeWe“, lernte ich Karin kennen. Sie war schlank, hübsch und eine typische Berliner Pflanze. Sie war selbstbewusst, schlagfertig und hatte den urigen Charme und Mutterwitz der „Berliner Göre“. Sie besaß auch noch andere Talente, die für eine Landpomeranze wie mich sehr lehrreich waren.

Einmal besuchte ich ihre Familie, d. h. sie und ihre mit ihr lebende Mutter in der Heinrich-Zille-Straße in Charlottenburg. Es gab Kaffee und Kuchen und eine große Aufregung: In Erwartung meines Besuches hatten sich Ameisen über den Mohnkuchen hergemacht, was der Hausfrau in höchstem Maße peinlich war. Ich half ihr mit einem meiner bekannten Späßchen über den schwierigen Moment. Es wurde dann noch ganz gemütlich.

Karin und ich verabredeten uns zu einem gemeinsamen Urlaub in Bayern, wo Lu Prentl, der Freund meiner Schwester Erika, uns bei der Suche nach einer passenden Unterkunft zur Hand ging. Karin hatte sich am Simssee in kürzester Zeit einen passenderen Begleiter angelacht. Ich war etwas verdattert, und Lu versuchte mich zu trösten.

Er wies auf eine attraktive Blondine hin, die mich angeblich mit einem interessierten Blick gemustert habe. Sie war aber bestenfalls an Lu interessiert und ließ mich eiskalt abblitzen. Ich fuhr also traurig und ein bisschen gekränkt allein mit meiner Rosinante nach Berlin zurück. Karin und ich trafen uns dort noch einmal, aber das Feuer war erloschen.

Im Rahmen des Austauschprogramms gab es auch die Möglichkeit, wieder in das Bundesgebiet zu wechseln. So bewarb ich mich in München und studierte das nächste Semester dort. Ich wurde nicht heimisch, da die überwiegende Zahl der Studenten aus der Stadt München kam und weiterhin ihre sozialen Bindungen zur Familie und zu den Schulfreunden hatte. Ihr soziales Netzwerk bestand fort, und der Bedarf oder auch nur das Interesse, sich den externen Studenten zuzuwenden, war gering bis nicht vorhanden. Es kam ein ausgeprägter Snobismus unter den einheimischen Studenten hinzu, der externe Studenten ausschloss.

Die Mitgliedschaft in einer Studentenvereinigung – schlagend oder nicht schlagend – habe ich nie in Betracht gezogen. Ich wollte meine Zukunft aus eigener Kraft gestalten, und die Vorstellung, dass die sogenannten „Alten Herren“ die Mitglieder ihrer Verbindung in guten Jobs unterbrachten, stieß mich ab.

Am Ende der Semesterferien zweifelte ich bis zuletzt, wo ich das nächste Semester verbringen sollte. Ich hatte meine Ente mit den benötigten Utensilien vollgepackt und fuhr einfach von zu Hause los. An einer Kreuzung musste ich mich entscheiden: nach rechts, d. h. nach München, oder nach links, zurück nach Berlin. Die Ente hatte ein gutes Gefühl für meinen Geisteszustand, und so landete ich wieder in Berlin.

Ich sollte es keinen Augenblick bereuen, auch wenn Berlin von der DDR oder, wie wir sagten, von der „SBZ = Sowjetische Besatzungszone" umschlossen war. Das machte Reisen von und nach Berlin beschwerlich, denn Flugreisen waren für uns unerschwinglich. Die Grenzkontrollen bei der Ein- und Ausreise waren höchst schikanös. Auch wurde die Einhaltung der Geschwindigkeit auf den Autobahnen strengstens kontrolliert und bei geringster Übertretung mit hohen Geldstrafen geahndet, was für meine Ente kein Problem war, da sie selbst mit Rückenwind nicht über 100km/h kam.

Gott sei Dank war die Stadt Berlin umgeben von viel Wald und vielen Seen, die ein Überleben in der Isolation möglich machten. Auch wir Studenten nutzten die Möglichkeiten ausgiebig. Im Gegensatz zu München hieß es hier: „Berliner ist man nicht, Berliner wird man", womit die enorme Integrationskraft Berlins zum Ausdruck gebracht wurde. Freundschaften gingen allerdings nicht sehr tief, sie waren aber leicht zu haben. Das war für unsereinen, der nur vorübergehend seinen Aufenthalt in Berlin nahm, gerade recht.

Während ich in der Warteschlange stand, um mich an der „Freien Universität Berlin" zu immatrikulieren, entdeckte ich vor mir Dietrich Schlegel aus Neustadt an der Weinstraße. Wie sich herausstellte, wollte er sich im „Otto-Suhr-Institut für Politologie" einschreiben. Wir kannten einander aus der Oberschule, waren aber nicht wirklich befreundet. Dietrich ging in eine höhere Klasse und war deutlich erwachsener als ich. Er kam ursprünglich aus der DDR, aus Torgau. Sein Vater war Zahnarzt und seine Mutter Bibliothekarin. Die Eltern waren geschieden, und Dietrich lebte

Dietrich Schlegel

bislang mit seinem Bruder und seiner Schwester bei der Mutter in Neustadt.

Zu seiner Gruppe gehörte auch Hanno Schenk aus Solingen. Er war ein liebenswürdiger, humoriger Mann, der weiterhin mit seiner Heimatstadt verbunden blieb. Ungewöhnlich war, dass Mädchen Schwierigkeiten im Umgang mit ihm hatten. Diese wollten immer mehr als er, was sich z. B. darin äußerte, dass sie irgendwann ihre Handtücher und ihr Schminkzeug bei ihm deponierten. Das löste regelmäßig eine Panik aus, die meistens zum Abbruch der Beziehung führte.

Eine junge Frau, mit der er ein langjähriges Verhältnis hatte, suchte schließlich das Weite: Sie wollte mehr und hatte wohl im Stillen auf eine Heirat spekuliert. Davon wollte aber Hanno zu der Zeit nichts wissen. Inzwischen, im fortgeschrittenen Alter, hat er doch noch geheiratet und pflegt seither eine harmonische Zweisamkeit.

Die ruhige Rolle als Hausmann kombiniert mit der beschaulichen und kreativen Rolle als Koch hat bei Hanno das Schreibtalent reifen lassen. Seitdem publiziert er als Kolumnist an einer bekannten Regionalzeitung regelmäßig kleine Miniaturen für eine treue Leserschaft.

HÖHNI UND HIBBI

Ein anderes Kaliber waren Hans Günther Rohlfs, genannt „HaGü", und Siegfried Reichelt, genannt „Powitsch". HaGü stammte aus dem Westen, Powitsch aus dem Osten. Rohlfs hatte ein Zimmer in Dahlem, in der Limonenstraße 18.

Er gab eine Fete in seiner neuen Bude, zu der auch ich eingeladen war. Zugegen war zudem die Tochter des Hauses, Jutta, genannt Höhni, die gerade von einem Au-pair-Aufenthalt aus Wimbledon/England zurückgekehrt war. Jutta und ich tanzten ein paar Mal und hatten uns schon in der Wolle: „Hier passe ich offenbar einigen Leuten nicht!" Das waren die letzten Worte, mit denen ich mich von der Party verabschiedete. Hätte Rohlfs nicht vermittelt, wäre das womöglich „Das Ende einer Affäre" gewesen. Der Hort der Versöhnung war das Rex-Kino, wo wir uns gemeinsam einen Film ansahen. Diese unverfängliche neue Begegnung war der Anfang, der zu einer dauerhaften Aussöhnung führte.

Jutta und ich hatten uns so angefreundet, dass ich alsbald in ihrem gastfreien Haus verkehrte. Dort lebte sie mit ihrer Mutter und ihrer Großmutter. Außerdem zog später „Onkel Ramo" dazu. Im Souterrain, wo auch Jutta ihr Zimmer hatte, gab es eine Wohnung, in der Familie Hilbig wohnte: Mutter und Tochter. Tochter „Hibbi" war die beste Freundin Juttas. Die Arbeitsteilung der beiden war so, dass Jutta die Streiche ausheckte und Hibbi sie ausführte. Juttas Großmutter war wenig begeistert von dieser Freundschaft, die sie als „Mesalliance" betrachtete. Sie konnte aber wenig dagegen tun.

Eine Geschichte hat das Vergessen überlebt: Die beiden Mädchen besuchten eines Tages ein Kaufhaus und nahmen aus lauter Übermut je einen billigen Fingerring aus einer Krabbelkiste mit. Als sie zu Hause von ihrer Heldentat berichteten, gab es eine gehörige Standpauke mit der Auflage, die Ringe unverzüglich zurückzubringen. Jutta gehorchte, was nicht ganz ungefährlich war; denn beim Zurücklegen des Ringes hätte ein Kaufhausdetektiv auch vermuten können, dass dies der Akt des Entwendens sei. Aber alles ging gut. Hibbi entledigte sich des Problems, indem sie ihren Ring einfach wegwarf.

MIEZE UND ÖMI

Frau Friese-Trierenberg

Juttas Mutter – oder „Mieze“, wie wir sie bald nannten – war Landgerichtsrätin an der Wiedergutmachungskammer in Berlin. Dort wurden Vermögensansprüche von Juden geklärt, die in der Zeit der Naziherrschaft Vermögenswerte eingebüßt hatten. Sie hatte ihr Jurastudium vor dem Ausbruch des Krieges angefangen, es aber erst nach dem Krieg beenden können. Der große Vorteil des Richterberufes bestand unter anderem darin, dass sie Arbeit mit nach Hause nehmen konnte und sich durch die große zeitliche Flexibilität in ihrem Beruf um ihre Mutter und um ihre Tochter kümmern konnte.

Die bereits erwähnte Großmutter Juttas, genannt „Ömi“, lebte mit Jutta und Mieze in einem gemeinsamen Haushalt. Ömi hatte im Ersten Weltkrieg mit vierundzwanzig Jahren ihren Mann, einen Major, verloren. Seitdem lebte sie bei ihrer Tochter, und man kann ruhig sagen, auch von ihrer Tochter. Diese sorgte und pflegte sie hingebungsvoll bis zu ihrem Ableben im hohen Alter, ohne dass je ein Wort der Klage über ihre Lippen gekommen wäre. Und das, obwohl sie neben ihrem Beruf, den sie sehr liebte, einen Haushalt zu führen und eine Tochter zu versorgen hatte.

Ömi hatte sich ein probates Druckmittel einfallen lassen: Sie war krank. Auf dem Tisch neben ihrem Bett gab es eine eindrucksvolle Anzahl von Döschen und Fläschchen mit Medizin. Das hinderte sie aber nicht daran, sich bei entsprechenden Gelegenheiten, etwa wenn Besuch im Haus war, in den Vordergrund zu spielen. Sie verwies dann gerne auf die „Nachtigallenarbeit“, die sie leistete, die aber unsichtbar und daher unbemerkt blieb. Die Besucher konnten den Eindruck gewinnen, dass Ömi den Laden schmiss.

Verblüffend war in diesem Zusammenhang, dass die verdeckten archaischen Vorstellungen dann wieder urplötzlich an die Oberfläche drängen konnten: Ömi, Mieze, Jutta und ich waren in Miezes Opel unterwegs. Wir suchten einen Parkplatz. Da war ein Auto weggefahren, wir nix wie hin. Wir waren aber nicht die Einzigen, die einen freien Parkplatz suchten. Auf „unserem“ hatte sich eine mittelalterliche Frau aufgebaut und machte Anstalten, den Platz resolut zu verteidigen, bis ihr Mann mit dem Wagen kommen würde. Ich fühlte mich im Recht und begann in den Platz einzufahren. Da die Dame nicht weichen wollte, schob ich sie im Kriechgang vor uns her.

Das hatten mir die Frauen nicht zugetraut! Statt aber den erwarteten Tadel zu bekommen, wurde ich überschüttet mit Lob und respektvoller Anerkennung! Gerade, dass die Damen mir nicht auf die Schultern klopften.

Die Gastgeberin

Jutta durchschaute die Strategie ihrer Großmutter, sich bedienen zu lassen und in den Vordergrund zu spielen, und wurde oft fuchsteufelswild. Sie hielt mit ihrer Kritik auch nicht hinter dem Berg. Die Spannung führte im Laufe der Zeit zu permanenten Auseinandersetzungen, und man kann sagen, dass Ömi der Reibebaum wurde, der einen prägenden Einfluss auf Juttas Entwicklung hatte.

Zu Ömis Bild gehört außerdem, dass sie sich in jungen Jahren für Politik interessierte und in Versammlungen auch das Wort ergriff. Mieze war mehr für die leiseren Töne der Diplomaten. Wenn sie gekonnt hätte, hätte sie zweifellos diesen Beruf ergriffen. Sie hoffte wohl auch, dass ihre Tochter Jutta vielleicht einmal diese Laufbahn einschlagen würde.

Ömi war sehr religiös, wenn auch nicht kirchengläubig. Sie hatte eine alte Bibel, die schon am Auseinanderfallen war, weil sie so intensiv benutzt wurde. Sie war doppelt so dick wie bei Drucklegung: Viele Passagen waren unterstrichen, und passende Zeitungsausschnitte waren fast auf allen Seiten mit Stecknadeln zu den entsprechenden Bibelstellen geheftet.

Ömis großer Widerstand galt dem Umstand, dass die biblische Geschichte so männerdominiert war. Es wollte ihr nicht einleuchten, dass die Dreieinigkeit aus drei „maskulinen" Wesen bestehen sollte. Sie versuchte hier, der Heilsgeschichte ein eigenes, feminines Konzept entgegenzusetzen. Immerhin ein interessanter Gedanke, der eine Entwicklung tendenziell vorwegnahm, die seither stattgefunden hat.

Ömi war auch an anderer Stelle nicht unterwürfig, sondern im Gegenteil kritisch, vor allem der Kirche gegenüber. So war sie einmal auf einem Kuraufenthalt in Bad Soden und wohnte in einem Hotel in der Nähe einer Kirche. Sie störte sich an dem fortwährenden Gebimmel der Glocken und meinte: „Ob der Herrgott das schön findet?"

RAMO

Onkel Ramolla, genannt „Ramo“ oder auch „Erchen“, tauchte eines Tages auf, bezog Juttas Zimmer im Hochparterre und gehörte fortan zur Familie.

Auch Ramo hatte einen großen Einfluss auf Juttas Entwicklung. Er vertrat für Jutta die Stelle eines Vaters; ihr leiblicher Vater hatte sich schon bald nach der Heirat von ihrer Mutter wieder scheiden lassen. Jutta war zu dem Zeitpunkt gerade einmal ein Jahr alt. Er kümmerte sich auch nicht um seine erstgeborene Tochter. Man munkelte, dass die beiden Schwiegermütter die Ehe hintertrieben und den Bruch herbeigeführt hätten.

Onkel Ramolla war Fliegerausbilder bei der Luftwaffe gewesen und konnte nach dem Krieg in der Luftfahrt keinen Fuß mehr fassen. Erst gab es keine deutsche Luftfahrt, und dann waren es das Alter und die fehlenden Englischkenntnisse, die einen Wiedereinstieg in die Fliegerei verhinderten. Er hielt sich durch Gelegenheitsjobs über Wasser und verdingte sich lange Zeit als Taxifahrer. Ich denke, dass ihm Mieze mit ihrem guten Herzen auch ab und zu etwas zusteckte.

Er fuhr Gäste aus aller Herren Länder, die ihn oft nach den Sitten und Gebräuchen der Deutschen ausfragten. So konnte es passieren, dass er mit einer Gruppe Japaner auftauchte, die gerne ein bürgerliches Haus von innen sehen wollte. Wir saßen dann alle – einschließlich der freundlichen Japaner – auf der erhöhten Terrasse im Garten und genossen bei Kaffee und Kuchen eine fröhliche Unterhaltung mit Händen und Füßen. Auch traten die Spiegelzellen alsbald in Aktion, und in kürzester Zeit wurde jede Verbeugung der Japaner von uns mit einer ebensolchen erwidert.

Onkel Hans und Tante Karena

Dann gab es da noch „Tante Maidi“ oder „Tante Karena“, wie sie gerne genannt werden wollte. Ihr Künstlername war ihr wichtig! Sie war verheiratet mit Onkel Hans, der Studienrat gewesen war, aber schon lange in Frühpension lebte und als Schriftsteller arbeitete. Maidi/Karena war eine große und beherrschende Erscheinung, während Onkel Hans ihr nur knapp bis an die Schultern reichte.

Maidi war Miezes ältere Schwester und lebte mit ihrem Mann in Berlin-Zehlendorf. Sie war Sängerin und brachte zu feierlichen Ereignissen im Hause Hohnhold ihre musikalischen Ständchen zu Gehör. Sie hat einen bleibenden Eindruck bei Jutta hinterlassen, da sie ihr in jungen Jahren Klavierunterricht gab. Das ging nicht ohne die nötigen Auseinandersetzungen ab, von denen Jutta noch heute mit Schaudern erzählt. Immerhin hat sie die Liebe zum Klavierspiel nicht völlig ausgelöscht, und so steht bis heute ein Klavier in unserer Wohnung, auch wenn es eher selten bespielt wird.

Tante Karena wurde regelmäßig aufgefordert, etwas vorzusingen: „Maidilein, geh, sing uns den Korinther 13.“ Und Maidi sang und begleitete sich selbst auf dem Klavier, und alle lauschten andächtig. Später machte sie Aufnahmen auf einer

Kompaktkassette, brachte sie mit und spielte sie anstelle einer Livedarbietung der Gesellschaft und sich selber vor.

LEBEN ALS STUDENT

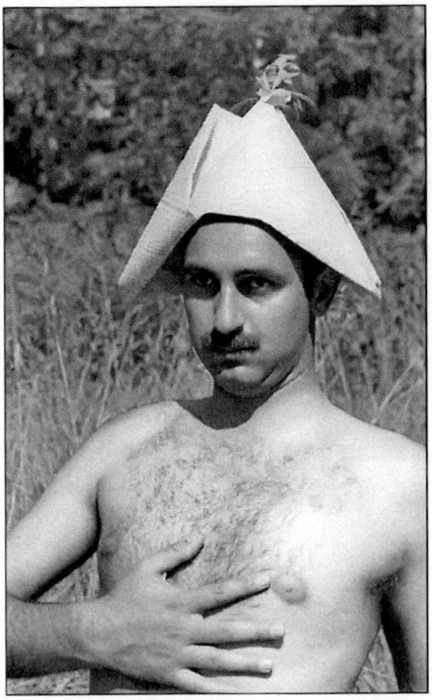

Da alle Studenten, so auch ich, mit den „Penunzen" sparsam umgehen mussten, haben die externen Studenten normalerweise ihr Zimmer zu den Semesterferien gekündigt. So habe ich mehrere Vermieterinnen kennengelernt: Frau Sommer in der Augustastraße Nr. 1 in Lichterfelde. Sie hatte ein schönes Zimmer, das später von Hanno Schenk übernommen wurde, während ich in das Nachbarhaus zu Frau Schittenhelm zog.

Bei einer Rückkehr aus den Semesterferien fand ich eine unangenehme Überraschung vor. Wegen Falschparkens war ich verdonnert worden zu einer Strafe von DM 60,- ersatzweise zu einem Tage Haft. Das ließ ich mir nicht entgehen: Ich zog also, begleitet von Freunden und ausgerüstet mit einer Zahnbürste, zum Gefängnis. Dort wurde ich gefragt:

Beamter: „Und wo ist die Vorladung?"
Ich: „Die habe ich als Souvenir zu Hause gelassen!"
Beamter: „Aber so können wir sie hier nicht aufnehmen! Da könnte ja jeder kommen!"

Es blieb mir also nichts übrig, als mit meiner Begleitung nach Hause zu fahren und den Schrieb zu holen. Dann klappte alles wie am Schnürchen. Mir wurde in der Außenstelle des Gefängnisses Zehlendorf in einer nicht unfreundlichen Baracke ein Bett zugewiesen, und ich harrte der Dinge, die da kommen würden.

In dieser Außenstelle waren Sträflinge untergebracht, die sich einer guten Führung befleißigt hatten und den größten Teil ihrer Strafe bereits abgesessen hatten. Außerdem kamen Sträflinge hierher, die ihre geringe Strafe an Wochenenden absitzen konnten.

Es war Freitagabend und die Neuankömmlinge wurden freudig begrüßt und willkommen geheißen. Viele kannten sich von den vorhergehenden Wochenenden.

Den Neulingen wurde allerlei weisgemacht, z. B. dass man magnetische Radieschen züchten müsste: Dann könnte man bei der Ernte die Zeilen mit einem Magnet entlanggehen, und die Radieschen würden aus dem Boden an den Magnet hüpfen. Die Überlegung hatte durchaus praktische Bedeutung, denn die Insassen der Außenstelle durften arbeiten und halfen bei der Gemüseernte.

Es durfte nicht geraucht werden, und ich fragte mich, woher der intensive Geruch nach Tabak kam. Später sah ich, dass ungeniert mit Zigaretten gehandelt wurde. Immerhin waren die Herrschaften so schlau, dass sie einen Brandmeldedienst organisiert hatten. Am Abend bekam einer der Insassen einen Stahlhelm aufgesetzt und einen Feuerlöscher in die Hand gedrückt: Er musste im Gang auf- und abpatrouillieren.

Bei meinem Abschied war der Beamte ganz neugierig, wie es mir gefallen habe. Ich konnte den Aufenthalt nur in den höchsten Tönen loben und weiterempfehlen.

Eine ideale Studentenbude fand ich in der Kaunstraße am S-Bahnhof Mexikoplatz in Zehlendorf. Es war eine Villa, die einem Makler gehörte. Das Hochparterre war an einen amerikanischen Offizier mit seiner Familie vermietet. Dort lebte später Brigitte, die Tochter der Maklerin, während ich ein Zimmer im Souterrain hatte. Die Straße war eine Sackgasse, Bus und U-Bahn in

Die Kaunstraße

erreichbarer Nähe. Der Garten weitläufig und naturbelassen. Im Hochparterre gab es einen großen Raum, mit offenem Kamin, von dem auch die einzelnen Zimmer abgingen. Dort sind die schönsten und romantischsten Feste gefeiert worden. Als die Amerikaner alsbald auszogen, hatten wir eine wirklich sturmfreie Bude, wie sie sich Studenten nur erträumen können.

KUNST UND POLITIK

Ich – wie viele Studenten aus Westdeutschland – wurde in Berlin politisch aktiviert. Nicht, dass wir uns einer Partei angeschlossen oder auf andere Weise unsere Überzeugungen in die Tat umgesetzt hätten. Aber wir interessierten uns für politische Themen und diskutierten diese auch ernsthaft und ausgiebig. Gelegenheit dazu gab es unter anderem nach den Besuchen in dem berühmten Kunstkino „Capitol" in Dahlem. Dort verabredeten wir uns mit unseren Freunden und besuchten die Filmklassiker, aber auch Produktionen der „Nouvelle Vague", so zum Beispiel „Die Kinder des Olymp", „Außer Atem" oder „Sie küssten und sie schlugen ihn". Berühmte Schauspieler waren: Jean Seberg, Alain Delon, Jean Paul Belmondo, Michel Poiccard, Patricia Franchini und viele andere. Das Schönste waren immer die anschließenden Kneipenbesuche, bei denen wir über die Filme, die enthaltenen Botschaften und eben über Politik diskutierten.

Eine andere Gelegenheit für Diskussionen waren die Besuche von Studenten aus dem Ostteil der Stadt. Sie waren geschulte Diskutanten und offensichtlich mit dem Auftrag zu uns gekommen, uns von der Überlegenheit des Kommunismus zu überzeugen. Das gelang zwar nicht, ich war aber immer wieder enttäuscht von der armseligen Argumentation zur Verteidigung unserer Gesellschaftsordnung durch die Studenten aus Berlin und dem Westen Deutschlands.

Ich hatte inzwischen die Rosinante, wie ich meine „Ente" getauft hatte, verkauft und mir dafür eine „Bella" angeschafft. Das war ein gelb gestrichener Roller, der von der Post ausgemustert worden war. Er war mit 250 ccm gut motorisiert und ein mobiles Gefährt, um damit die grüne Umgebung Berlins unsicher zu machen. So fuhren Jutta und ich regelmäßig an den Wannsee oder an die Krumme Lanke, um zu baden oder auf einer Terrasse am See eine „Weiße mit Schuss" zu schlürfen, immer von munteren Reden begleitet.

Der Roller hatte einen Defekt: Die Batterie war alle naselang leer. Ich scheute die Kosten einer Reparatur; denn einen Roller kann man auch anschieben. Damals hatte ich die Holzlatschen an, die zu der Zeit „in" waren. Sie bestanden aus einer Holzsohle mit einem Lederband, das knapp hinter den Zehen den Fuß überspannte. Nur, zum Anschieben eines Motorrollers waren sie nicht besonders gut geeignet, vor allem dann nicht, wenn der Roller nicht gleich anspringen wollte. Immerhin hatte ich auf diese Weise das Mitgefühl von Mieze errungen, die mich manchmal bei ihrer Heimkehr noch schuften sah. Im Haus sagte sie dann zu Jutta: „Das arme Röbchen rennt immer noch auf und ab und probiert verzweifelt, den Roller in Gang zu setzen!"

Jutta hatte ein Fahrrad, zu dieser Zeit ein Transportmittel, das von unschätzbarem Wert war. Es hatte zwar schon einige Jahre auf dem Buckel, tat aber noch ohne Murren seinen Dienst.

Beinahe wäre ihr das Fahrrad abhandengekommen: Sie war auf Besuch bei mir, und zwar in meiner damaligen Bude in der Riemeisterstraße in Onkel Toms Hütte. Wir unterhielten uns wohl gerade angeregt und schauten dabei aus dem Fenster. Plötzlich bog ein Lastwagen der Müllabfuhr um die Ecke, und nicht faul, schnappten sie sich den an einen Baum gelehnten „Sperrmüll", um ihn zu entsorgen. Das konnten wir mit einer zupackenden Intervention gerade noch verhindern. Und so wurde das gute Stück „gerettet".

ÜBERRASCHUNGEN

Limonenstraße 18

Mit Überraschungen hatte ich bei Jutta kein Glück. Wenn ich nach einer längeren Reise bei ihrem Haus anlangte und in freudiger Vorfreude des Nachts Steinchen an ihr Fenster warf, sollte es nicht lange dauern, bis sich ein Fenster öffnete und die Stimme einer älteren Dame das bekannte und berüchtigte „Huhu“ rief. Jutta aber schlief fest den Schlaf des Gerechten und konnte nur mit größter Mühe geweckt werden. Ich war immer maßlos enttäuscht über diese Fehlschläge, die jede Vorfreude zunichtemachten. Ich probierte es aber trotzdem immer wieder.

Ich hatte mir ohne Juttas Wissen DM 70,- von Dietrich Schlegel geliehen und zwei Verlobungsringe gekauft. Ich lud sie also zu mir in die Riemeisterstraße ein und hatte einen Blumenstrauß, eine Flasche Sekt und Kaffee und Kuchen vorbereitet. Die Überraschung war geglückt, auch wenn sie kein Jauchzen auslöste. Die Dinge waren zwischen uns schon lange klar, auch wenn wir bisher nicht darüber gesprochen hatten. Wir nahmen dies zum Anlass, um Juttas Mutter und Großmutter in unsere Pläne einzuweihen. Sie zeigten sich zufrieden, auch wenn in meine Richtung eine wohl nicht ganz ernste Frage gestellt wurde: „Röbchen, hast du dir das auch gut überlegt?“, und auch: „Mönchlein, du gehst einen schweren Gang!“

Wie der geneigte Leser inzwischen festgestellt haben wird, kommt in diesem Kapitel wenig bis gar nichts über Vorlesungen, Seminare oder andere, dem Fortkommen im Studium gewidmete Aktivitäten vor. Dieser Eindruck beruht auf Tatsachen und täuscht keineswegs. Erst bei der Vorbereitung auf das Examen, die ich zu meinem Glück mit einem Berliner Kommilitonen vorantrieb, bekam ich Einsicht in die Studieninhalte. Ich fand nach wie vor, dass es sich bei der Betriebswirtschaft nicht um eine Wissenschaft handelte, so sehr auch einige Professoren in diese Richtung argumentierten. Ich fand aber die Themen zu dem Zeitpunkt immerhin so interessant, dass ich bedauerte, mich nicht eher mit ihnen ernsthaft befasst zu haben. Jetzt war es dafür zu spät!

Immerhin hat die intensive Vorbereitung ausgereicht, um ein ordentliches Examenszeugnis heimzufahren.

DIE ANDERE SEITE

Für Jutta lag es nahe, dass die Tochter in Analogie zu ihrer Mutter ein Jurastudium aufnehmen sollte und wollte. Als Studienort fiel ihre Wahl auf Hamburg, wo ihr Vater lebte. Vater Kurt hatte wieder geheiratet, und zwar Waltraut Reinecke, genannt „Füchsi". Die Familie lebte mit ihrer Tochter Renate, die zehn Jahre jünger als Jutta ist, im Stadtteil Hamburg-Barmbek.

Juttas Vater hatte wohl Schwierigkeiten, mit der Situation umzugehen, nicht so Füchsi. Sie war eine resolute, praktisch denkende Frau. Nicht nur unterstützte sie Jutta in dieser Zeit, sie stellte auch einen Kontakt zu Juttas Mutter her, sodass eine akzeptable Beziehung zwischen Juttas Vater und Mutter wieder möglich wurde. Es muss gesagt werden, dass Mieze nicht ein böses Wort über ihren früh geflüchteten Mann geäußert hat. Im Gegenteil lobte sie Jutta gegenüber deren Vater immer in den höchsten Tönen. Die Enttäuschung bei der Konfrontation mit der Wirklichkeit konnte nicht ausbleiben.

Auf Drängen Füchsis besuchte Vater Kurt seine Tochter in einem Schullandheim. Er hatte wohl auch einen Ring als Gastgeschenk mitgebracht. Als sie von draußen wieder in das Klassenzimmer zurückgekommen war, sagte sie der Lehrerin: „Da draußen steht jemand, der behauptet, er sei mein Vater!"

In Hamburg fand Jutta ein Zimmer in der Nähe ihres Vaters, bei einem älteren Ehepaar mit Namen Ganschow. Sie fühlte sich bei dem freundlichen Ehepaar recht wohl und hielt es dort immerhin ein ganzes Jahr aus.

Auch wir – also Jutta und ich – überlebten die Trennung unbeschadet. Jutta kam immer mal nach Berlin auf Besuch. Sie musste dabei mit der Bahn durch die DDR fahren und die entsprechenden Züge der Deutschen Reichsbahn benutzen. Beim Aussteigen, wenn ich sie vom Bahnhof Zoo abholte, umgab sie eine Wolke des übel riechenden Reinigungsmittels, das die DDR zur Säuberung ihrer Waggons verwendete. Erst ein gründliches Bad und ein Wechsel der Kleidung konnten dem olfaktorischen Übel abhelfen. Bei Besuchen in Hamburg lernte ich die dortige Familie kennen. Ich wurde vor Vater Kurt gewarnt, der sehr kritisch sein sollte. Als äußeres Zeichen meiner Akzeptanz musste ich hoffen, dass er mir einen französischen Cognac anbieten würde, den er selbst sehr gerne trank. Und es gelang mir tatsächlich, nach einer schicklichen Wartezeit, die ersehnte Auszeichnung zu erhalten.

Die Akzeptanz war authentisch, der „Courvoisier" nicht! Die sparsame Füchsi hatte nämlich – praktisch wie Frauen nun einmal sind – die Original-Courvoisier-Kanone immer mit preiswerterem „Dujardin" nachgefüllt. Und der Genießer Kurt lehnte sich jeden Abend mit seinem Cognacschwenker in seinem Ohrensessel zufrieden zurück: „Zu gut, dieser Courvoisier."

Füchsi war nicht nur eine praktisch eingestellte Frau. Sie war auch sehr herzlich, und wir waren bei unseren Besuchen immer willkommen. Das typische Sonntagsessen bestand aus Schnitzel und Zuckererbsen, die sie gut zuzubereiten verstand. Dass man beim Spargel eine Prise Zucker zugeben musste, hatte sie nach eigenen Aussagen vom Koch im Hotel Berlin. Sie und der Koch waren die Einzigen, die von dem Geheimnis wussten.

Nach dem Mittagessen zogen wir uns alle zu einem kleinen Mittagsschläfchen zurück. Jutta und mir wurde die Couch in Renates Zimmer überlassen. Füchsi war wirklich eine praktisch denkende Frau!

DIE HOCHZEIT

Mit dem näher rückenden Examen wurde es Zeit, Pläne für die Hochzeit zu schmieden. Schließlich wurde der 20. September 1963 als Heiratsdatum fixiert. Das Fest sollte in Wilmersdorf, im „Haus des Sports", stattfinden, wo die benötigten Räumlichkeiten gefunden werden konnten. Dazu gehörte ein freundlicher Saal, der sich mit einer verglasten Rundung zu einem parkähnlichen Garten öffnete.

Die standesamtliche Trauung fand in Anwesenheit der Trauzeugen Dietrich Schlegel und Frank Scholtz statt. Wir hatten mit dem Standesbeamten, Herrn Brabant, ausgemacht, dass wir auf eine Ansprache seinerseits verzichten wollten, da wir noch eine kirchliche Trauung vor uns hätten mit Predigt und allem, was dazugehört.

Es gab einen holprigen Start, da ein Standesbeamter bei der Übertragung meines Vornamens „Róbert" in das Familienbuch den Akzent über dem „o" übersehen hatte. Herr Brabant meinte: „Wer soll in diesen Dingen genau sein, wenn nicht das Standesamt?" Nachdem dieser bürokratische Fehler behoben war, stand er plötzlich auf, verwandelte sich in einen feierlichen Würdenträger und hub zu einer Ansprache an. Wir waren alle so verblüfft, dass wir die Rede ohne Einwand über uns ergehen ließen.

Juttas Vater und Mutter

Hibbi und Jürgen

Meine Eltern

Füchsi und Frank Scholz

Albert und Renate

Nur mit Mühe konnten wir jedoch das Lachen unterdrücken ob dieser unerwarteten Wendung der Dinge.

Herr Brabant erklärte uns später, dass die Zeremonie wegen der Auseinandersetzung über die Schreibweise meines Vornamens so nüchtern geworden war, dass er die standesamtliche Trauung mit seiner feierlichen Ansprache retten zu müssen glaubte.

Wir kamen also in bester Laune und lachend zu Hause an, wo unsere Familien versammelt waren und auf uns warteten. Meine Mutter war in Tränen aufgelöst vor Rührung, und auch die anderen weiblichen Anwesenden zerdrückten eine Träne: Wir waren baff, ein größeres Kontrastprogramm zwischen uns und den wartenden Eltern war kaum vorstellbar.

Die kirchliche Trauung fand dann am Nachmittag in der Dahlemer Dorfkirche – einer etwas größeren Kapelle – statt. Die Umgebung der Kirche war sehr grün, die Kirche selbst sehr stilvoll, sehr romantisch. Der evangelische Pastor fand die richtigen Worte, auch weil wir die Zeremonie mit ihm ausführlich vorbesprochen hatten. Das Motto unserer Ehe sollte lauten: „Im Gespräch bleiben", eine Mahnung, die vor allem mir galt, der ich introvertiert war, von Natur schnell einschnappte und dann in anhaltendes Schweigen verfiel.

Die Hochzeitsfeier im Sporthaus war sehr feierlich. Es wurden Reden gehalten, auch Klein Renate trug ein Gedicht vor. Es wurde gegessen und getanzt. Jutta freut sich noch heute, dass sie der Hochzeitsgesellschaft ein Schnippchen geschlagen hatte. Sie verträgt keinen Alkohol und ließ sich in ihr Glas statt Wein einen Apfelsaft einschenken, der vorher in Weinflaschen umgefüllt worden war. Die ähnliche Farbe mit dem Wein kaschierte den kleinen Trick.

Da wir die Hochzeitsnacht schon vor längerer Zeit zelebriert hatten, verlief dieses Ereignis in jener Nacht weitgehend undramatisch.

DIE HOCHZEITSREISE

Die Hochzeitsreise sollte nach Jugoslawien gehen, und zwar nach Supetar auf der Insel Brac, die wir von einem früheren Aufenthalt kannten. Der Studienkollege, mit dem ich mich so erfolgreich auf das Examen vorbereitet hatte, verfügte über einen Volkswagen Käfer und wollte diese Reise gerne mit seiner Freundin und uns unternehmen.

Um neun Uhr morgens wollte er uns abholen, um halb elf Uhr abends nach vielen Telefonaten kam er schließlich, und wir konnten einladen und aufbrechen.

Die Reise war kein Hit. Der Herr erwies sich als unangenehmer Besserwisser und Macho, der uns bei der Familie, bei der wir uns einquartiert hatten, in größte Verlegenheit brachte. Er ging ungeniert in die Küche und schaute in die Kochtöpfe, er kritisierte das Essen, verlangte von seiner Freundin, dass sie vorkosten sollte, damit er nicht aus Versehen seine Zunge verbrannte.

Und als ich auf dem Nachhauseweg in einem Restaurant schließlich doch noch explodierte, war er dieses eine Mal auch noch im Recht: Der Kakao, an dem er herumnörgelte, war tatsächlich angebrannt.

Dieser Vorfall ist übrigens absolut typisch für mich. Er behindert mich schon das ganze Leben.

Um des lieben Friedens willen und weil ich eine gute Selbstkontrolle habe, schlucke ich viel hinunter, bis der letzte Tropfen den Eimer zum Überlaufen bringt. Meine Explosion ist für die anderen unverständlich, weil der Anlass gering ist. Meine Explosion bezieht sich in aller Regel nicht auf den letzten Tropfen, sondern auf die Serie der Ereignisse, die ich zunächst hingenommen habe.

So kann man sich irren. Warum sind mir diese unangenehmen Eigenschaften während unserer Examensvorbereitung nicht aufgefallen? Hatte erst die Anwesenheit seiner Freundin/Verlobten oder von Frauen überhaupt diesen Charakterzug an die Oberfläche gebracht? Wir haben es nicht herausgefunden.

UMZUG NACH HAMBURG

Durch die Erfahrungen unserer beiden Eltern, dass eine zu große Nähe zu den Eltern/Schwiegereltern dem Zusammenfinden der Neuvermählten nicht unbedingt förderlich ist, beschlossen wir, einen geografischen Abstand herzustellen. Wir hatten als unseren zukünftigen Standort, der auch gut erreichbar sein sollte, Hamburg ausgespäht. Jutta kannte die Stadt bereits von ihrem Studium, und die Verwandtschaft väterlicherseits, insbesondere die Anwesenheit von Füchsi gab uns die Zuversicht, dass wir im Bedarfsfall auf eine gute Unterstützung würden zählen können.

Eine bezahlbare Wohnung fanden wir in Niendorf, ein ganzes Stück hinter der Endhaltestelle der Straßenbahn: 300 Deutsche Mark für 24 Quadratmeter im ersten Stock eines Einfamilienhauses. Mein Bruttoverdienst lag bei 850 DM pro Monat, entsprechend 600 DM netto. Und davon war die Hälfte bereits für die Miete erforderlich. Es blieben also 300 Deutsche Mark zum Leben.

An Einrichtungsgegenständen hatten wir auch nicht viel mitgebracht. Über Ramos Bekanntschaft mit dem Eigentümer der Hähnchen-Braterei „Hühner-Hugo“ mit dem stolzen Slogan „Oft kopiert, nie erreicht“ konnten wir dessen VW-Bus leihen, der alle unsere Habseligkeiten aufnahm. Sie bestanden aus einer Stehlampe und vielen Kartons voller Bücher. So fuhren wir also los mit einem augenzwinkernden Gockelhahn auf der Frontseite des VW-Busses.

Für das Wohn-/Schlafzimmer hatten wir in Hamburg noch eine Ausziehcouch angeschafft, und das war es dann. Die Wohnung war so klein, dass viel mehr auch nicht hineingepasst hätte. Neben dem Wohnzimmer umfasste sie einen kleinen Eingangs-/Garderobenbereich und ein Duschbad. Das konnte ich für die morgendliche Rasur nur benutzen, wenn ich den Kopf schief hielt oder ihn durch das offene Fenster nach draußen reckte.

Wir hatten einen „Ivo“ in Jugoslawien kennengelernt. Da er uns sympathisch war, hatten wir Adressen und Telefonnummern ausgetauscht und ihn eingeladen, uns zu besuchen. Und tatsächlich klingelte eines Nachmittags das Telefon, und Ivo verkündete, er sei in Hamburg. Er besuchte uns in unseren beengten Verhältnissen zum Kaffee und blieb bis zum Abendbrot. Da er keine Anstalten machte aufzubrechen, schlugen wir vor, eine Bar in der Innenstadt zu besuchen.

In der Nähe des Hauptbahnhofs – wir waren alle auf den öffentlichen Verkehr angewiesen – fanden wir den geeigneten Ort und bestellten das damalige „In"-Getränk Whisky, nicht ohne uns vorher in der Getränkekarte zu vergewissern, dass es den Rahmen unseres Budgets nicht sprengte.

Nach zwei Stunden sich mühsam hinschleppender Unterhaltung war es Zeit für uns, aufzubrechen. Wir mussten die letzte Straßenbahn erwischen, die bereits um halb elf den Dienst einstellte. Wir verlangten also die Rechnung und waren starr vor Schreck, als da im Vergleich zu unseren Berechnungen der doppelte Betrag aufschien. Auf Vorhaltungen dem Ober gegenüber drehte er die Getränkekarte um und bewies uns, dass die Preise am Wochenende zweimal so hoch waren wie an Werktagen.

Wir waren wirklich arm wie die Kirchenmäuse. Hätte Mieze uns nicht großzügig unterstützt, so wie sie Ömi, Tante Karena und Onkel Ramo unterstützte, hätten wir alsbald Konkurs anmelden müssen. Auch die regelmäßigen Einladungen von Füchsi zum Sonntagsbraten mit den berühmten Zuckererbsen trugen zur Entspannung unseres Budgets bei.

Zunächst hatten wir die Idee, dass Jutta ihr Jurastudium fortsetzen sollte. In der zweiten Hälfte 1963 meldete sich aber unser erster Sohn an, sodass sich die Wohnungsfrage neu stellte; denn eine Wohnung mit 24 Quadratmetern war offensichtlich nicht ausreichend für drei Personen. Wir suchten also und fanden eine neue Bleibe in der Flemingstraße, eine Teilwohnung bei Frau Höger. Es handelte sich um eine geräumige Wohnung in einem gediegenen Hamburger Mietshaus. Sie lag parterre und war der Straßenseite abgewendet, also sehr ruhig. Zum Innenhof gab es eine kleine, schattige Terrasse, ideal für die Frischluftzufuhr eines Neugeborenen.

CARSTEN

Carsten kam in der „Finkenau“ zur Welt, einer bekannten Geburtsklinik im Stadtteil Mundsburg, die auch „Fruchtschuppen“ genannt wurde. Er hatte sich den 4. Mai 1964 als Geburtstag ausgesucht.

Ich hatte mit Jutta, ihrer schon vorbereiteten Tasche und einem großen Vorrat an Zeitungen und Zeitschriften das Taxi bestiegen. Meine Planung sah vor, dass ich die Nacht im Krankenhaus verbringen würde. Man schickte mich aber wieder heim. Ich wurde nicht benötigt!

Der Zeitpunkt der Geburt war für viele eine Überraschung; denn wie die Hebammen übereinstimmend zu berichten wussten, wurden bei Ebbe keine Babys geboren. So hatte man Jutta in Erwartung der Flut in eine bessere Besenkammer geschoben.

Bei seefernen Menschen war diese Zeiteinteilung jedoch unbekannt, und so hielten sich weder Jutta noch Carsten an diese Usance. Glücklicherweise entdeckte doch noch jemand das fortgeschrittene Stadium von Juttas Wehen und holte sie aus

der Besenkammer, sodass unser Erstgeborener in einer zivilisierten Umgebung das Licht der Welt erblicken konnte. Als die Hebamme den neugeborenen Erdenbürger brachte und auf Juttas Bauch legte, meinte diese: „So, jetzt weiß ich, dass ich Oma werden kann.“ Darauf die Schwester: „Werden Sie erst einmal Mutter.“ Wieder Jutta: „Darauf bin ich nicht so dringend erpicht!“

Wir nannten den Jungen „Carsten mit C“, weil Jutta als junges Mädchen für Carsten Keller geschwärmt hatte und offensichtlich immer noch für ihn schwärmte. Carsten Keller war ein Spross der berühmten Feldhockey-Familie aus Berlin, gut aussehend und ein Star in der deutschen Nationalmannschaft. Mir war es recht, zumal er in kürzester Frist „Pumpus“ genannt wurde, auch eine Ableitung, und zwar von einem sympathischen Jungen dieses Namens, den Jutta kennengelernt hatte.

Da schon Eva im Paradies allen Tieren und Pflanzen ihre Namen gegeben hatte, war unsere Vorgehensweise eine getreue Nachfolge des Vorbilds Evas.

Als Carsten dann älter wurde, wollte er lieber mit seinem richtigen Namen gerufen werden; wir, seine Eltern, dürfen ihn weiter liebevoll Pumpus nennen.

Unser Streben war es, auf Dauer eine eigene, abgeschlossene Wohnung zu beziehen. Nach einigem Suchen fanden wir sie in der Hallerstraße 45 a. Sie befand sich im dritten Stock, eine zweieinhalb Zimmer „Komfort-Wohnung“ mit Balkon, wie es damals in Hamburg hieß. Sie hatte sechzig Quadratmeter Wohnfläche und lag nahe an der Uni. Wir waren zu diesem Zeitpunkt noch davon ausgegangen, dass Jutta ihr Studium fortsetzen würde. Die Nähe zur Innenstadt und zu meiner Arbeitsstelle waren weitere Vorteile.

Frische Luft wurde als eine wichtige Quelle für die Entwicklung und Gesundheit des Kleinen erachtet. So wurde der kleine Balkon auf der Straßenseite des Hauses ausgiebig genutzt, und Carsten verbrachte dort viele Stunden auf seinem viel geliebten Dreirad. Seine Mutter ging aber auch stundenlang mit ihm an der nahe gelegenen Außenalster spazieren. Sie nahm ihn mit zu dem nahe gelegenen Spielplatz bei den sogenannten „Grindelhäusern", große, längliche Mietshäuser mit einer Außenfassade aus weißen Klinkersteinen, die hell und freundlich wirkten. Das war ganz im Gegensatz zu dem sonst vorherrschenden roten Klinker, der Hamburg das charakteristische, vor allem im Winter, düstere Aussehen gibt.

Auf dem Weg zum Spielplatz begleitete uns manchmal eine Mutter mit ihrem etwa dreijährigen Jungen. Sein Vater fuhr zur See und war typischerweise Monate von zu Hause abwesend. Er fehlte seinem Sohn sehr. Er schloss sich daher bei den Spaziergängen bei uns an, nahm meine Hand und unterhielt sich mit mir, bis wir beim Spielplatz angekommen waren.

So bekam ich auch körperliche Regungen mit: „Herr Api, mich drückt die Wurscht." Gott sei Dank übernahm es seine Mutter, ihn aus dieser Lage zu befreien. Eine Fertigkeit betraf das Pinkeln im Stehen, das er noch nicht beherrschte. Also wurde

Carsten gebeten, ihm zu zeigen, wie das geht: Er machte es ihm vor, und der Kleine machte es ihm ohne Verzug nach. Problem gelöst! Heute allerdings bestehen viele Hausfrauen darauf, dass auf der Toilette im Sitzen gepinkelt wird.

Mich hat besonders beeindruckt, wie sehr der Junge seinen Vater vermisste. Ich habe daraus geschlossen, dass es für die Entwicklung eines heranwachsenden Jungen eminent wichtig ist, dass der Vater präsent ist.

BESUCH IN BERLIN

Als Carsten geboren und ein halbes Jahr alt war, besuchten wir mit ihm die Familie in Berlin. Jutta war mit dem Kleinen geflogen, und ich kam nach meiner Mandeloperation nachgeflogen. Jutta berichtete mir, dass Carsten nach der Landung nicht aussteigen wollte: So gut hatte ihm der Flug gefallen!

Carsten absolvierte also seinen ersten Flug mit 6 Monaten, ich brauchte dafür bereits 27 Jahre, und mein Vater war bis zu seinem Ableben mit 96 Jahren kein einziges Mal geflogen. So schnell änderte sich die Welt.

Zurück wollten wir im Auto fahren. Siedend heiß fiel uns ein, dass wir nicht wussten, ob, und gegebenenfalls welche Dokumente Carsten benötigen würden. Im Berliner Senat erfuhren wir dann, dass er – da er nicht im Pass seiner Mutter eingetragen war – einen eigenen Ausweis benötigte. Das Einwohnermeldeamt in Berlin erklärte uns, dass für die Ausstellung eines Ausweises das Einwohnermeldeamt in Hamburg zuständig sei, da wir dort wohnten und unseren ordentlichen Wohnsitz hatten. Eine typische „Catch-22"-Situation!

Da wollten wir ja gerade hin, aber wie? Mieze als Landgerichtsrätin fand schließlich über ihre Kontakte noch eine Möglichkeit, um dem Jungen ein Dokument zu verschaffen. Es hätte auch gerade noch gefehlt, dass die Schikanen der DDR-Behörden durch die Intransigenz des Berliner Senats zur vollen Entfaltung gekommen wären.

Als wir den Ausweis schließlich in Händen hielten, sahen wir auf der Zeile „Unterschrift": „Siehe Rückseite"! Und auf der Rückseite stand dann: „Ausweisinhaber ist schreibunkundig". Es geht halt nichts über den korrekten preußischen Beamten. Tatsache ist, dass wir mit diesem Dokument anstandslos die Grenze passieren konnten.

Die Grenze von und nach Berlin war gefürchtet. Mieze hatte einmal mit einer Reisegesellschaft 24 Stunden am Grenzübergang verbracht, weil ihr und ihren Mitreisenden wegen einer Lappalie die Weiterreise verwehrt wurde.

Wir, d. h. Jutta und ich, fuhren eines Tages mit Juttas Schulfreund Frank im Mercedes seines Vaters nach Westdeutschland. Als wir an die Grenze kamen, lutschten wir gerade Bonbons. Jutta musste ihre Handtasche für die Kontrolle öffnen, und da fielen die leckeren Bonbons auf den Beifahrersitz. Wir waren guter Dinge, und so bot einer von uns dem Vopo (Volkspolizisten), einem älteren, freundlichen Herrn, an, ob er nicht auch ein Bonbon haben wollte. Er lehnte höflich ab und setzte seine Kontrolle fort. Wir mussten die Motorhaube öffnen und mir entfuhr: „Toller Motor, was?“ Das war zu viel! Wir wurden zum ranghöchsten Volkspolizisten geführt, der uns erklärte, wir hätten versucht, den Grenzpolizisten zu bestechen. Das habe dieser aber nicht nötig. Die Leute würden gut bezahlt usw., usf. Dieser Aufenthalt an der Grenze dauerte, wie man sich vorstellen kann – etwas länger.

Ein Auto hatten wir nicht und wollten wir nicht, auch nicht Miezes Opel, den sie uns großzügig angeboten hatte. Erstens befürchteten wir, dass ein Auto ohne das Geld für Benzin wenig Nutzen bringt, und zweitens war uns klar, dass es – einmal an die Verfügung eines Autos gewöhnt – sehr schwierig werden könnte, wieder darauf zu verzichten, sollte es finanziell doch nicht erschwinglich sein. Wenn also Onkel Edgar, der Bruder von Juttas Vater Kurt, uns nicht ab und zu in den Sachsenwald oder Dieter und Elke Reinecke uns nicht an die Elbe mitgenommen hätten, wären wir in dieser Zeit nicht aus der Stadt gekommen.

Hamburg war ein schwieriges Pflaster, obwohl sich die Stadt gerade in dieser Zeit zu öffnen begann. Hierzu zählte die Sanierung und Umgestaltung von „Pöseldorf", einem attraktiven Viertel zwischen Rothenbaumchaussee und der Außenalster, das sich zum Ausgehzentrum insbesondere für junge Leute mauserte. Als sichtbares Zeichen für den atmosphärischen Wandel hatte die Stadt neben dem Alsterpavillon kleine

Holzhäuschen aufgestellt, die Souvenirs, aber auch Speisen und Getränke feilboten und von der Bevölkerung dankbar angenommen wurden.

Die Hamburger bleiben gerne unter sich, und – wenn überhaupt – hatte nur ein „geborener“ Hamburger, das heißt, nur einer, der wenigstens in der dritten Generation in Hamburg lebte, eine Chance auf gesellschaftliche Akzeptanz. Der anfänglich erhoffte Einstieg mithilfe von Juttas Vater und Stiefmutter erwies sich als Fehlspekulation. Inzwischen hatten wir uns mit Dieter und Elke Reinecke so angefreundet, dass wir einen gemeinsamen Urlaub ins Auge fassten. Füchsi hatte zwar Bedenken geäußert, da Elke angeblich sehr schwierig sei, wir nahmen aber das Risiko in Kauf und beschlossen, ein Ferienhaus an der Ostküste von Dänemark zu mieten. Wir hatten Miezes Angebot, ihr Auto zu übernehmen, für diese Urlaubsreise akzeptiert.

In Juelsminde verbrachten wir zusammen einen wunderbaren und harmonischen Urlaub. Wir spielten jeden Abend Canasta bis in die Morgenstunden. Die Kinder hatten eine ideale Umgebung zum Spielen, da das Ferienhaus in einem Bungalow-Park lag – ohne Autoverkehr und mit kürzestem Fußmarsch zum Strand. Da wir an der Ostsee waren, gab es auch keine Gezeiten mit Ebbe und Flut, was den Aufenthalt der kleinen Kinder – unser Carsten und

Sabine und Christian Reinecke – am Strand denkbar ungefährlich machte.

Natürlich musste mit den Kindern geangelt werden, und so nutzten wir einen der Ausflüge an die ca. einhundert Kilometer entfernte Nordsee, um einen Vorrat an Sandwürmern auszugraben. Mitten in der Arbeit hielten wir inne: Wir waren wieder einmal auf typisch deutsche Art zugange. Wir hatten im Arbeitseifer den Zweck der Übung aus dem Auge verloren und so viele Würmer gesammelt, dass sie leicht für ein ganzes Jahr gereicht hätten.

Unsere Angelbemühungen inklusive die der Kinder hatten zunächst wenig Erfolg, was Jutta freute, uns aber gehörig frustrierte. Durch Zufall angelten wir eines Tages an der Stelle, an der ein kleiner Bach ins Meer floss, und hier geschah das Wunder: In kürzester Zeit hatten wir drei – oder waren es fünf? – respektable Fische gefangen. Sie schwammen ängstlich im Eimer, den wir für diesen Zweck mitgenommen hatten. Das musste für ein ordentliches „Dinner" für uns alle reichen.

In der gemeinsamen Küche hielt sich die Begeisterung in Grenzen: Es wollte sich keiner finden, der bereit war, die Fische zu töten. Das Ende vom Lied war, dass die Kinder mit dem Eimer abzogen und das Abendbrot wieder im Meer aussetzten!

Wir haben natürlich mehr Ausflüge in die nähere Umgebung gemacht und schicke Orte kennengelernt. Unvergesslich sind uns die frisch geräucherten Makrelen, die wir in den kleinen Jachthäfen bekommen konnten, nicht zu vergessen die vorzügliche rote Grütze, die mit Rahm genossen eine Delikatesse war.

Trotz aller Unkenrufe vor allem von Füchsi, verstanden wir uns ausgezeichnet. Natürlich hatte jeder seine Marotten, aber offensichtlich war die Toleranz auf beiden Seiten groß genug, um daraus kein Problem entstehen zu lassen.

Eine Marotte von Elke war ihr übertriebenes Sicherheitsdenken. So kamen eines Tages Handwerker an die Türe ihrer Wohnung in Hamburg und erzählten, sie müssten den Elektrozähler überprüfen. Sie lenkten Elke geschickt ab und ließen einige Wertsachen mitgehen. Nach der Verabschiedung klingelte es wieder an der Türe, und die beiden Handwerker gaben sich als Mitarbeiter des Norddeutschen Fernsehens zu erkennen. Sie legten alle Gegenstände, die sie mitgenommen hatten, auf den Tisch und baten Elke die Rückgabe der Wertsachen zu quittieren. Elke war so erleichtert über diese Wendung der Geschichte, dass sie das vorgelegte Formular ungelesen unterschrieb. In Wirklichkeit hatte sie ihre Zustimmung zur Sendung dieser kleinen Geschichte im Fernsehen gegeben, wie die beiden ihr mitteilten. Also noch einmal hereingelegt! Sie blieb aber dabei, dass der Norddeutsche Rundfunk über diese Geschichte verfügen durfte.

FAMILIENERWEITERUNG

Am 21. September 1967 kam unser zweiter Sohn Jörg auf die Welt. Wir nannten ihn erst den „Rentner", weil er so ein altes Gesichtchen mit einem fliehenden Kinn und lauter Falten hatte. Er wurde auch gleich in eine Kinderklinik überstellt, da er Gelbsucht bekommen hatte. Der Weg dorthin führte am Supermarkt „Mayer" vorbei, und so äußerte ich Bedenken, ob sie ihn nicht mit seinen roten Bäckchen zwischen den Tomaten verstecken würden. Mieze

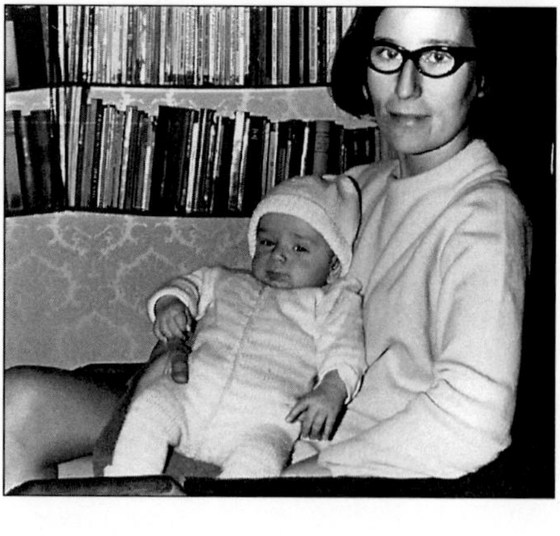

kam, besuchte ihn in der Kinderklinik und stellte fest: „Er ist eine Hutschönheit!“, und das traf den Nagel auf den Kopf! Während der Schwangerschaft nannte Jutta ihn unser „Elschen“, und erst später bekam er den Namen „Willi“, den er bis heute hat.

Warum „Willi?“

Da Jutta in einem Krankenhaus lag und Jörg in einem anderen, musste ich ihr von meinen Besuchen bei ihm berichten. So stellte ich fest, dass „Jörg der Rentner“ inzwischen schon aussah wie Heinrich Albertz, der Bürgermeister von Berlin, der mit seinem fliehenden Kinn auch keine Schönheit war. Nach einigen Tagen hatten sich die bei der Geburt entstandenen Verformungen gegeben, und ich konnte berichten, dass der Kleine inzwischen aussah wie Willy Brandt, der Nachfolger von Albertz im Amt des Berliner Bürgermeisters. Und fortan trug der Junge den Namen „Willi“.

Mit nunmehr zwei kleinen Kindern wollte es mit Juttas Studium nicht so recht vorangehen, und nachdem sie glaubhaft versichert hatte, dass sie ohne Schaden für ihr Selbstbewusstsein auf das Studium verzichten könne, haben wir beschlossen, das Thema fallen zu lassen. So lebten wir in Hamburg vergnüglich zusammen. Die Wohnung in der Hallerstraße war ausreichend groß und lag ideal zur Stadt, zum Park an der Außenalster und zum Spielplatz. Mit Dieter und Elke organisierten wir gemeinsame Unternehmungen. Wir gingen damals oft ins Kino und ließen unsere beiden Kinder ohne Babysitter unbesorgt in der Wohnung zurück. Obwohl alles gut ging, erstaunen mich im Rückblick unsere Sorglosigkeit und unser Gottvertrauen. Heute kämen wir doch nicht im Entferntesten auf die Idee, so etwas zu riskieren.

Das Weihnachtsfest nahte, und es sollte das erste werden, das die kleine Familie alleine feiern würde. Die Vorbereitun-

gen waren fast abgeschlossen, als es klingelte: Eine gepflegte alte Dame stand in der Tür und fragte, ob wir wüssten, wo ihre Tochter, die in der Wohnung neben der unsrigen lebte, sei. Wir kannten die Nachbarin nur vom Grüßen und hatten nicht die geringste Ahnung. Wir baten die Oma ins Zimmer und trösteten sie: „Die Tochter wird unterwegs sein und sicher bald nach Hause kommen."

Es wurde sieben, acht, neun Uhr, und nichts rührte sich. Es begann uns zu dämmern, dass da etwas ganz im Argen liegen musste.

Wir richteten ihr ein Bett auf unserem grünen Sofa her, auf dem sie übernachtete. Am nächsten Tag stellte sich heraus, dass die Nachbarin überraschend ins Krankenhaus eingeliefert worden war. Sie hatte ihre Mutter nicht informiert, da sie offensichtlich nicht mit einem Überraschungsbesuch gerechnet hatte.

Und so hatten wir am Weihnachtsabend eine biblische Samariter-Geschichte miterlebt!

Ramo, der wegen der politischen Lage ängstlich geworden war, wollte unbedingt heraus aus Berlin. Nach einigem Suchen fand er in der Lüneburger Heide ein geeignetes Objekt. Es handelte sich um einen Bahnhof an einer stillgelegten Nebenstrecke, der zu Groß-Oesingen gehörte, aber etwa drei Kilometer von der Ortschaft entfernt auf freier Strecke lag.

Das Bahnhofsgebäude gab es jedoch noch, und zwar in einem akzeptablen Zustand. Es umfasste vierzehn Zimmer, eine große Küche und ein geräumiges Wohnzimmer. Gegenüber dem Eingang stand eine große Scheune. Als die Strecke noch in Betrieb war, brachten die Menschen aus den umliegenden Dörfern die Reisenden in Pferdewagen zum Bahnhof und blieben wohl auch über Nacht. Daher die Gast- und Hotelräume. Die Scheune diente damals zur Unterbringung von Pferd und Wagen.

In dieser Idylle verbrachten auch wir Hamburger manches Wochenende. Vor allem unsere Kinder genossen die etwas raue, aber sehr herzliche Art von „Onkel Ramo“. Er hatte inzwischen zwei Autos erworben, die für unsere Kinder gedacht waren. Sie waren aber schon damals fahruntüchtig und verwitterten im

Laufe der Zeit in Wind und Wetter. Wir nahmen die gute Absicht für die Tat. Die Scheune war inzwischen umfunktioniert worden in einen Vorratsschuppen, unter anderem für das Holz, das in den bitterkalten Wintern zum Heizen und natürlich zum Kochen benötigt wurde. Zur Bereicherung des Speiseplans liefen einige Gänse und Hühner herum, welch letztere von einer nahe gelegenen Hühnerfarm stammten. Sie mussten, nach der Erlösung durch Ramo, in der Freiheit erst wieder einmal laufen lernen. Sooft über Nacht eines verschwunden war, meinte Ramo: „Der Fuchs will auch leben!"

Dann gab es noch einen „Wachhund" mit Namen Moritz. Sein Nachfolger hieß Murkel: Beide waren ein Pudelverschnitt, der erste schwarz, der zweite grau. Beide hatten eine kräftige Stimme, um sich vor allem in der Nacht als Furcht einflößende Wachhunde zu bewähren. Ansonsten genossen sie Nar-

renfreiheit, jagten Hühner und Gänse über den Hof, folgten auf kein Wort und tobten im Haus umher, über Betten, Bänke und Stühle wie von einer Tarantel gestochen. Die Aufenthalte auf dem Bahnhof waren aufregende Besuche für uns Städter. Die ehemalige Restaurantküche, die voll funktionsfähig war, bot Ramo den Rahmen, in dem er seine weithin bekannten und berühmten Kochkünste ausüben konnte. In unauslöschlicher Erinnerung sind uns seine Schweinsbraten und die in reichlich Schmalz gebrutzelten Bratkartoffel.

Große Firma, kleine Firma? Welche Branche? Die Branche war mir ziemlich gleichgültig, da ich in den ersten Firmen, in denen ich anheuern würde, sowieso nicht länger als maximal zwei Jahre verbringen wollte.

Durch Firmenwechsel – so meine Vorstellung – könnte ich die Breite der Erfahrung gewinnen, die die Basis für eine leitende Funktion bilden sollte. Der Weg des Spezialisten war mir ohnehin verschlossen, da ich bis zu diesem Zeitpunkt kein spezielles Talent bei mir entdeckt hatte, das dafür die Grundlage hätte bilden können. Aus denselben Überlegungen entschied ich mich, mich bei einem Großunternehmen zu bewerben. Dort würde ich bei einem ausführlichen Traineeship die Praxiserfahrung sammeln können, die mir fehlte.

Füchsi in ihrer zupackenden Art sagte: „Warum nimmst du nicht das Telefon und rufst einfach bei einigen Firmen an?“

Gesagt, getan!

Ich wurde gleich beim zweiten Anruf fündig, und zwar bei der Deutschen Philips GmbH. Jutta, die in ihrer Studentenzeit bei Philips gejobbt hatte, warnte mich zwar: „Bei Philips verdient man nicht sehr viel, man muss allerdings auch nicht allzu hart arbeiten!“ Ersteres war sicherlich richtig, wie sich später herausstellte.

Anruf bei der Personalabteilung: „Nein, wir brauchen zurzeit niemanden.“ Pause. „Einen Moment noch, der zuständige Herr ist gerade hier.“ Nach einer weiteren Pause: „Können Sie morgen zu mir ins Büro kommen? Bringen Sie Ihre Unterlagen bitte gleich mit.“ Am nächsten Tag, nach einem Gespräch von einer halben Stunde: „Ich muss gerade zu meinem Chef; können Sie die Unterlagen bis morgen hierlassen?“ Konnte ich. Am nächsten Tag wurde ich angerufen, ich könne am 1. November anfangen.

So schwierig „die Hamburger“ im privaten Umgang waren, so angenehm war es, mit ihnen zu arbeiten: zuverlässig, korrekt, aufgeschlossen, hilfsbereit, freundlich.

Meine Erwartung, dass eine große Firma die Möglichkeit bieten würde, um Praxiserfahrung zu sammeln, erfüllte sich ganz und gar. Und so verbrachte ich Zeit in den Filialen, im Rechenzentrum und in vielen weiteren Abteilungen.

Der Leiter der Statistikabteilung, Herr Bode, saß schon einige Jährchen auf diesem Posten. Er war ein angenehmer, großer Mann, der wie ein Pirat über einem Auge eine Augenklappe trug, was ihm ein leicht martialisches Aussehen verlieh, das gar nicht zu seinem freundlichen Charakter passen wollte.

Er hatte natürlich schon so manchen vielversprechenden Jungmanager vorbeikommen sehen und immer wieder die Erfahrung gemacht, dass alle ohne Ausnahme mindestens zwei Jahre benötigten, bis sie ihren Laden im Griff hatten.

Der Leiter der kleinen Servicegruppe wies mich eines Morgens zurecht. Ich hatte meine morgendliche Müdigkeit wiederholt zum Ausdruck gebracht, worauf er knurrend meinte, es sei schlechter Stil, den anderen Mitarbeitern mit unerfreulichen Mitteilungen die Motivation zu nehmen und den Tag zu verderben.

Nach Beendigung des „Rundlaufs“ bekam ich dann einen festen Platz zugewiesen, und zwar in der sogenannten Ergebnisrechnung. Leider war ich bei der Abteilung gelandet, die mir am wenigsten zusagte. Schon im Studium war mir das Fach Buchhaltung ein Buch mit sieben Siegeln geblieben. In diesem Fach schrieb ich die einzige Klausur, die ich in den Sand gesetzt hatte und wiederholen musste.

Aufgrund meiner sichtbaren Enttäuschung wurde mir jedoch versprochen, dass ich möglicherweise später in die „Kommerzielle Abteilung“ wechseln könne. Schon hier waren die Zusagen für weitere Karriereschritte so vage wie während meiner ganzen Laufbahn.

Die „Deutsche Philips GmbH“, im Gebäude Mönckebergstraße Nr. 5 untergebracht, versorgte das Controlling für alle deutschen Philips-Gesellschaften, nicht nur für die Deutsche Philips GmbH, die für das gesamte Konsumgeräte-Geschäft verantwortlich war.

Für mich waren die Monate trotz meiner anfänglichen Enttäuschung keine verlorene Zeit. Erstens lernte ich aus Zahlen herauszulesen, wie die Geschäfte gingen, und zweitens bekam ich einen guten Einblick in die verschiedenen Aktivitäten von Philips in Deutschland.

Meine Aufgabe war unter anderem das Kommentieren der Ziffern mit ergänzenden Informationen aus den Vertriebsabteilungen. Die Philips-Holding „Alldephi“ verdichtete die Zahlen und Berichte inklusive derer der Fabriken noch einmal und leitete sie dann an die Konzernzentrale in Eindhoven/Holland weiter.

Eines Tages kam vom obersten Stockwerk, wo die Alldephi saß, eine resolute, aber auch mütterlich wirkende Dame in unsere Abteilung gestürmt: Sie wollte sehen, wer diese lebendigen, einer Kriegsberichterstattung nicht unähnlichen Kommentare verfasste. Sie kamen überwiegend aus meiner Feder!

Zwei typische Erlebnisse aus der Anfangszeit bei Philips habe ich im Gedächtnis behalten: Ich lernte Herrn Lehmann kennen und erzählte Jutta: „Stell dir vor, bei Philips gibt es einen jungen Mann, der schon zehn Jahre bei der Firma ist.“ Herr Lehmann ist in unsere Familiengeschichten eingegangen und wurde immer wieder hervorgeholt, um mich zu veräppeln:

Auch ich habe meine ganze Berufszeit bei einem einzigen Unternehmen, nämlich bei Philips verbracht.

Wie hoch das Maß an Anonymität in einem Großunternehmen sein konnte, war bei Herrn Hertenstein zu besichtigen. Er war Geschäftsführer der „Deutschen Philips GmbH“ und in seiner aktiven Zeit ein gefürchteter Mann. Alle begegneten ihm mit Respekt und großer Unterwürfigkeit. Das wurde schon sichtbar beim Eingang, im sogenannten „Grabmal des unbekannten Portiers“. Es handelte sich um ein aufgemotztes Rondell, in dem nur der Pförtner Platz hatte.

Wann immer Herr Hertenstein auftauchte, lief dieser Portier, diensteifrig grüßend und buckelnd, eiligen Schrittes zum Lift, um ihn für den großen Direktor herbeizuschaffen.

Drei Monate nach seiner Pensionierung allerdings war das „Buckeln“ vorbei, und ich sah Herrn Hertenstein unbeachtet und ungegrüßt über die Gänge schlurfen.

DIE KOMMERZIELLE ABTEILUNG

Philips hielt Wort. Und in der Tat wurde ich nach etwa einem Jahr in die Phono-/Tonbandgeräte-Abteilung versetzt. Hauptabteilungsleiter war Herr Gauss, ein freundlicher und korrekter Hamburger. Unter ihm gab es Herrn Willers, der für die Tonbandgeräte zuständig war, und Herrn Leupold, der der Abteilung „Grammophone“ vorstand, die das Geschäft mit Plattenspielern und dem Musikinstrument „Philicorda“ leitete. Ihm wurde ich als kommerzieller Assistent zugeteilt.

Herr Willers war ein freundlicher Mann mit einem Hang zur Naivität und das, obwohl er schon über vierzig Jahre alt war. Er überraschte mich eines Tages mit der Mitteilung, er habe von mir geträumt: eine Vertraulichkeit, die im Hamburger Büroleben eher ungewöhnlich war. Seine Sekretärin, Frau Onderka, auch sie schon gegen die vierzig, kam eines Tages in mein Büro gestürmt mit der aufregenden Frage: „Es stimmt doch, dass ein Bidet zum Füßewaschen da ist!?“

Mein direkter Vorgesetzter war Erhard Leupold, verantwortlich für das Plattenspieler- und Philicorda-Geschäft. Er kämpfte wohl noch immer mit Herrn Bodes Einführungsphase und versuchte, sein Geschäft und seine Abteilung in den Griff zu bekommen. Er war ein für Hamburger Verhältnisse ausgeflippter Typ, nicht unangenehm, aber ein bisschen chaotisch. Er wirkte offenbar anziehend auf Frauen, die seine unorthodoxe Art mochten. Wir verstanden uns gut, obwohl er mir immer wieder einen Mangel an Kreativität vorwarf. (War da vielleicht etwas dran?) Im Verhältnis zu ihm stimmte es ganz sicher.

Meine Sekretärin, war eine große Blondine, jung, charmant, gut aussehend und verlobt. Sie wollte immer gerne mit mir zusammen in die Kantine zum Mittagessen gehen. Sie meinte, sie fände mein genussvolles Speisen sehr ansteckend.

Bei einer dieser Gelegenheiten saß uns ein junger Engländer gegenüber, ein Praktikant, wie er uns erzählte. Wir wollten wissen, ob er Deutsch spräche, was er verneinte, und – so fügte er hinzu – er habe auch nicht die Absicht, diese Sprache zu erlernen. Als Deutsche, die sich regelmäßig für andere Sitten und Gebräuche interessieren, konnten wir diese Einstellung nicht verstehen. Nachdem wir in ihn gedrungen waren, es wäre in seiner Situation doch sinnvoll, Deutsch zu lernen, antwortete er unbritisch direkt und unwirsch: „I dont like it!" Uns hat damals dieses Maß an Selbstbewusstsein und Unabhängigkeit trotz allem mächtig imponiert.

Wenn die Sekretärin in Urlaub fuhr, durften wir manchmal ihre Miniatur-Schildkröte hüten. Einmal war große Aufregung, weil das Tierchen kein Lebenszeichen mehr von sich gab. Des Rätsels Lösung klärte sich bei Rückkehr der Urlauberin auf: „Susi" hatte sich in den Winterschlaf verabschiedet.

Die Sekretärin sagte mir immer wieder in aller Freundlichkeit, sie wünsche sich ein Baby von mir. Naiv und verlegen, wie ich damals noch war, bin ich auf das Ansinnen nicht weiter eingegangen. Mir ist deshalb bis auf den heutigen Tag unklar, was ihre Beweggründe für diesen Wunsch waren. Sie war immerhin verlobt.

Meine Aufgabe in der neuen Abteilung bestand darin, Herrn Leupold als Assistent zu unterstützen. Dazu gehörte die Verfassung und Redaktion von Produktbroschüren, die Vorbereitung und Teilnahme an Messen, wie z. B. der CeBIT in Hannover. Da die Philicorda, eine der ersten elektronischen Orgeln für den Privatgebrauch, zum Produktprogramm gehörte, mussten Tourneen zur Vorführung des Instruments in der ganzen Bundesrepublik organisiert werden. Es galt, auch die Musiklehrer und Musikschulen für das neue Instrument zu gewinnen!

In der Vorentwicklungsabteilung, in der die Philicorda entstanden war, wurde auch an der Entwicklung eines elektronischen Klaviers gearbeitet. Es war inzwischen gelungen, die Töne des Klaviers auf elektronische Weise herzustellen. Das war aber zu gut gelungen: In den höheren Tönen fehlten die Anschlaggeräusche eines herkömmlichen Klaviers. Man könnte meinen, das wäre eine echte Verbesserung: war es vielleicht auch, aber die hohen Töne klangen nicht wie bei einem Klavier. Also mussten die Entwickler die Imperfektion des herkömmlichen Klaviers bei den hohen Tönen auch im elektronischen Klavier reproduzieren.

Eine der Aufgaben, die ich relativ selbstständig erledigen durfte, war die Lieferplanung für die zu verkaufenden Produkte. Dazu gab es Kontakte nach Eindhoven, der Konzernzentrale von Philips. Die Kontakte wurden damals noch mit Telefon und Telex bestritten.

Die Plattenwechsler in unserem Programm wurden in Berlin hergestellt, sodass ich alle zwei Monate eine Reise dorthin unternahm, um mit dem Planungskollegen aus Eindhoven und der Fabrik den Produktionsplan für die nächsten zwölf Monate zu erstellen.

Die Zeiten damals waren noch sehr geruhsam, d. h., wir reisten am Abend vor der Sitzung an, gingen mit dem Management der Fabrik ins Theater und anschließend im „Hotel Berlin" essen. Die wirklich wichtigen Dinge wurden dort besprochen und verabredet. Wenn wir uns am nächsten Morgen in der Fabrik an den Tisch setzten, lag die große Linie bereits fest, und es ging nur noch um die Ausarbeitung der Details.

Für die Lieferung von Produkten aus anderen Konzernfabriken musste ich nach Eindhoven in die Konzernzentrale reisen. Bei der Planungsabteilung der zuständigen „Hauptindustriegruppe" wurden die Lieferungen der übrigen Produkte verabredet, die hauptsächlich aus Flers in Frankreich, aus Hasselt in Belgien und aus Wien in Österreich kamen.

Die Kollegen und Kontaktpersonen waren ausgesprochen nett und hilfsbereit. Meine größte Sorge betraf meine bescheidenen Englischkenntnisse. Diese Sprache war nach Französisch und Latein meine dritte Sprache. Der Unterricht dauerte nur vier Jahre lang und litt unter den häufig wechselnden Lehrern, was unserem Lernfortschritt nicht gerade förderlich war.

Meine damalige Kontaktperson, Kees van der Wiel, beruhigte mich mit der Bemerkung: „Solang du über das Geschäft redest, reichen zweihundert Wörter allemal. Das Problem ergibt sich allerdings am Abend, wenn du zum Essen ausgeführt wirst.

Dann wird über andere Themen geredet, und hier reichen die zweihundert Wörter nicht mehr!"

In Holland war es nicht ungewöhnlich, dass Besucher abends zu einem Aperitif mit nach Hause genommen und der Familie des Kollegen vorgestellt wurden. Das Abendessen wurde dann aber anschließend in einem Restaurant eingenommen.

Wichtige Restaurants waren zwei Chinesen: „Pom Lai" und der „Blaue Lotus". Das Restaurant mit dem höchsten Prestige war der „Karpendonkse Hoeve", an einem kleinen See bei der Technischen Hochschule gelegen. Hier dinierten hochgestellte Besucher aus aller Herren Länder.

Hier verkehrten auch regelmäßig Mitglieder des Vorstands, HIG-Direktoren und Adjunkt-Direktoren mit oder ohne Besucher. Das heißt: Hier traf sich die Führungselite des Konzerns. Der Ton war locker, man duzte sich und hatte das Gefühl, Mitglied einer Familie zu sein. Das durfte jedoch nicht darüber hinwegtäuschen, dass auch hier jeder größten Wert auf den Respekt seines Ranges legte. Die Positionierung wurde aber mit großer Subtilität ausgetragen, und es bedurfte großer Sensibilität, um das Spiel zu durchschauen.

Trotzdem war der familiäre Charakter dieses „Multinationals" erstaunlich. Obwohl Philips zuzeiten sechzig Milliarden Gulden Umsatz machte und in seiner größten Ausdehnung vierhunderttausend Menschen weltweit beschäftigte, war der Charakter eines Familienbetriebes erhalten geblieben. Mitglieder der Gründerfamilie waren nach wie vor im Unternehmen tätig. Fritz Philips war zu dem Zeitpunkt Präsident des Unternehmens, andere Mitglieder fanden sich aber auch auf weniger prominenten Positionen, je nach Begabung und Ausbildung.

EINDHOVEN

Aus den internationalen Kontakten wuchs in mir der Wunsch, eine internationale Karriere anzustreben, auch aus der Überlegung heraus, dass ich in Herrn Leupold einen jungen Chef hatte, der einen direkten Aufstieg noch auf Jahre hinaus blockieren würde. Also nahmen wir eine Neubewertung unserer Situation vor: Wir waren keine Hamburger und würden es auch nie werden. Positiv gewendet hieß das aber, dass wir nicht an Hamburg gebunden und somit mobil waren.

Da bald deutlich wurde, dass ein weiter entfernter Auslandsaufenthalt, etwa in Südamerika, nur über eine Zwischenstation in der Konzernzentrale in Eindhoven möglich war, haben wir diese Überlegungen erst einmal auf Eis gelegt; denn weder erschien uns Holland attraktiv, noch viel weniger Eindhoven als Stadt zum Leben.

Erst die Bekanntschaft mit Herrn Dr. Weber, seines Zeichens „Materials Manager" in der Plattenwechsler-Fabrik in Berlin, ließ die Idee eines Wechsels ins Ausland wieder aufleben. Er hatte einige Jahre in einer internationalen Planungsgruppe in Eindhoven gearbeitet und schilderte seine Erfahrungen in einem so positiven Licht, dass der Widerstand gegen Eindhoven zu bröckeln begann. Da auch die Familie der Idee, nach Holland zu ziehen, nicht abweisend gegenüberstand, begann ich die Sache aktiver zu betreiben.

Wir bekamen die Gelegenheit, uns eine Woche lang Eindhoven anzusehen. Wir wohnten im vierten Stock des Hotels „Bijenkorf" mit Blick auf den geselligen Marktplatz.

Eindhoven war damals die schnellstwachsende Stadt Hollands, mit der jüngsten Bevölkerung und dem höchsten durchschnittlichen Einkommen. Die Stadt selbst musste man mit den Augen der Liebe betrachten. Sie war beileibe keine „Beauty". Die Umgebung mit ihrer Heidelandschaft, ihren Wäldern und Teichen war jedoch ansprechend. Auch schien uns die Nähe zu Deutschland mit den gut erreichbaren Städten Mönchengladbach oder Krefeld ein Sicherheitsventil zu bieten.

Nachdem der Besuch positiv verlaufen war, ebenso wie die Gespräche mit dem Chef der Planungsabteilung, Herrn Penning, sagte ich zu.

In kürzester Zeit hatte ich einen Vertrag in der Tasche und trat meinen Job am 1. Mai 1968 im „Technical Concern Planning Department" an.

Die Abteilung war bewusst international zusammengestellt worden. Ein Grund dafür war die Idee, dass man Kandidaten aus Länderorganisationen in die Konzernzentrale holen wollte, um sie mit der Sichtweise des Konzerns vertraut zu machen. Danach sollten sie mit diesem Wissen Referenzpersonen in der Zentrale ihres angestammten Landes sein. Als Alternative gab es auch die Möglichkeit, im internationalen Circuit zu bleiben und dort eine Karriere anzustreben.

DAS HAUS

Wir fanden ein Reihenhaus in Stratum, im Ostteil Eindhovens, und zwar im van Renesseweg. Es hatte zwei Stockwerke, mit einem kleinen Garten und einem kleinen Gartenhäuschen, „de schuur", am Ende des Gartens. „De schuur" war sehr praktisch, nicht nur für die wenigen Gartengeräte, die wir hatten, sondern vor allem für Fahrräder: Wir waren schließlich im Land der „Fietsers" angekommen. Hinter dem Garten war ein Fuß-/Radweg, der alle Gärten miteinander verband. So konnten sich die Kinder gefahrlos und ohne durch die Wohnung zu gehen, auf ihre Stahlrösser schwingen und ihrer Wege ziehen.

Willi auf dem Fahrrad

Das Haus hatte eine sogenannte „doorzonkamer“, ein Wohnzimmer, bei dem man durch das großflächige Vorderfenster hinein und durch das rückwärtige, ebenso große Fenster wieder hinaus in den Garten schauen konnte. Dieser Weg stand auch der Sonne zur Verfügung, wenn sie denn schien. Daher der Name!

Wir sind in unserem Leben noch oft umgezogen, uns erscheint aber bis heute der Sprung von der zweieinhalb Zimmerwohnung im dritten Stock in Hamburg in das freundliche Reihenhaus als der größte, den wir je gemacht haben.

DER UMZUG

Da die Steuern auf die Anschaffung von Autos in Holland erheblich höher waren, hatten wir uns noch in Hamburg ein gebrauchtes Auto gekauft, das wir als Umzugsgut steuerfrei einführen konnten. Es war ein grasgrüner BMW 1500. Wir benutzten ihn gleich, um damit die fünfhundert Kilometer von Hamburg nach Eindhoven zu fahren.

Es war ein ungewöhnlich heißer Tag, und auf halbem Wege bemerkten wir, dass unser kleiner Willi einen ganz roten Kopf hatte: Die Hitze im Auto war unerträglich hoch; denn Klimaanlagen in Autos waren damals ein unbezahlbarer Luxus. Wir hielten also am Rande eines Wäldchens an, kühlten uns alle im Schatten ab und verzehrten unsere mitgebrachten Stullen und Getränke.

Am späten Nachmittag kamen wir schließlich wohlbehalten an unserem Bestimmungsort an. Und nahmen das kahle, unmöblierte Haus gleich in Besitz.

Die Hilfsbereitschaft der Nachbarn konnten wir noch am Ankunftstag erfahren: Es ging nämlich ein Gewitter mit einem unvorstellbaren Wasserguss hernieder, der die Straße überflutete und in unser Auto einzudringen drohte: in unseren wunderbaren BMW, auf den wir doch so stolz waren. Alle Nachbarn schossen aus ihren Häusern, um zu retten, was zu retten war. Wir halfen uns gegenseitig, die Autos auf das höher gelegene

Trottoir zu schieben. Damit war die größte Gefahr gebannt, und wir konnten wieder in unser noch leeres, von einer Kerze und zuckenden Blitzen erleuchtetes Wohnzimmer zurückkehren.

Der Regen ist natürlich ein Dauerthema in Holland, es gibt ihn zu reichlich, als dass man ihn ignorieren könnte. Ausgerechnet die englischen Kollegen stichelten gegen die holländischen: „Wisst ihr, wie man in Holland den Winter vom Sommer unterscheiden kann?“ Antwort: „Im Sommer ist der Regen wärmer!“ Sie mussten es ja wissen!

Nachdem die Möbel von der holländischen Umzugsfirma „Anton van Daal“ – wie versprochen – am nächsten Tag pünktlich eingetroffen waren, konnte es ans Einrichten gehen. Beim Auspacken gab es einige Überraschungen: Außer ein paar Gläsern war nichts in die Brüche gegangen. Und, obwohl wir das Gefühl hatten, dass die Möbelpacker sich im Zeitlupentempo bewegten, ging alles viel zu schnell. Wir hatten größte Mühe, bei jedem Möbelstück, das ins Haus getragen wurde, den Ort anzugeben, wo das gute Stück seinen Platz haben sollte. Ähnlich war es uns schon beim Einladen in Hamburg ergangen: Ehe wir uns versahen, waren nicht nur leere Schnapsflaschen, sondern auch halb volle Papierkörbe und ungeleerte Aschenbecher im Möbelwagen verschwunden.

Die Anmeldung bei der Fremdenpolizei, die damals noch nötig war, machte mich vertraut mit der Souplesse der holländischen Beamtenschaft. Ich ging nämlich zu dem einschlägigen Büro und diktierte die Daten, wobei ich noch das Alter meiner Frau Jutta falsch angegeben hatte: Gott sei Dank hatte ich sie um ein Jahr jünger gemacht, als sie tatsächlich war! Dies alles passierte ohne die Vorlage auch nur eines einzigen Dokumentes, was selbst dann noch von einer ungewohnten Großzügigkeit zeugt, wenn man berücksichtigt, dass ich ein Philips-Mitarbeiter war, und Philips die dominante, alles beherrschende Firma in Eindhoven.

Wir hatten wirklich entzückende holländische Nachbarn. Zur Linken: Leo und Suze Janssen, mit denen wir uns eng anfreundeten. Die Familie hatte auch ein sehr lebendiges, blondes Töchterchen Suzannetje, im Alter von Carsten, was gleich die Frage nach Spielkameraden löste.

Wir hatten praktisch das Loch ausgefüllt, das die Vorbewohner unseres Hauses bei ihrem Wegzug gerissen hatten. Sie zählten nämlich zu den engsten Freunden der Janssens. Hier passt auch der holländische Spruch: „Een goede buurman is meer waard dan een verre vriend!" (Ein guter Nachbar ist mehr wert als ein entfernter Freund.)

Zur Rechten wohnte eine holländische Familie, die eher ein bisschen distanziert reagierte. Gleichwohl waren sie es, die von uns einen Hausschlüssel bekamen und gegebenenfalls auch das Babyfon, wenn wir abends ausgingen. Als Skurrilität bleibt noch zu vermelden, dass dieser Nachbar ein Segelboot bauen wollte, und zwar in seinem Wohnzimmer.

Da er aber keine Genehmigung bekam, die Wand zur Straßenseite hin aufzubrechen, um das fertige Boot abtransportieren zu können, fiel das ganze Projekt ins Wasser. So werden immer wieder die kreativsten Ideen von der Bürokratie zu Fall gebracht.

Für uns Erwachsene war es ein Riesensprung, von einer 60 Quadratmeter großen, Zweieinhalb-Zimmer-„Komfortwohnung" mitten in Hamburg in ein geräumiges Reihenhaus am Rande einer Provinzstadt umzuziehen. Die Kinder konnten gefahrlos auf der Straße spielen, gingen aber bald auch in den Kindergarten (Carsten) oder in die Kindercrèche (Willi), wo sie sich schnell eingewöhnten.

Das Leben war auch gesellschaftlich sehr locker und angenehm. Die Kinder gingen in den Gärten aus und ein. Es waren keine langen Verabredungen für das gemeinsame Spielen nötig. Wenn die Frauen – etwa im Bikini – im Garten arbeiteten, wurde gegen elf Uhr über den Garten gerufen: „Buurvrouw, heb je zin in een kopje koffie?" („Nachbarin, wie wär's mit einem Tässchen Kaffee?") Und schon saßen sie beisammen und sprachen die letzten Neuigkeiten durch.

Der Kontrast zwischen Deutschland und Holland erhellt aus einer Begebenheit, die die Familie Vuursteen in Hamburg erlebt hatte: Die Frau des Hauses war in ihrem Garten beschäftigt und hörte, dass ihre Nachbarin im Garten derselben Beschäftigung nachging. Wie in Holland gewohnt, rief sie hinüber, ob diese nicht auf einen Kaffee zu ihr kommen wolle. Es dauerte und dauerte, sie glaubte, dass die Nachbarin sie möglicherweise nicht verstanden habe. Schließlich klingelte es an der Tür. Beim Öffnen stand die Nachbarin im Kostüm in der Tür, bewaffnet mit einem Blumenstrauß. Die Einladende war immer noch im Bikini und bat die Hamburger Nachbarin etwas verlegen herein zu dem vereinbarten „kopje koffie".

Wir wollten den Kindern eine Freude machen und nahmen sie mit auf eine Zugfahrt nach s'Hertogenbosch, eine schöne Stadt, an der Maas gelegen und etwa 60 km von Eindhoven entfernt. Wir kehrten in eines der typischen holländischen „Cafés" ein und setzten uns an einen Tisch auf der Terrasse. Als der Ober kam, wollten wir bestellen, wurden aber zurückgewiesen: Erst durften die Kinder sagen, was sie trinken wollten.

„Frietjes" waren schon damals sehr beliebt, also wurde Carsten mit dem entsprechenden Geldbetrag ausgerüstet zur „Frituur" geschickt. Er kam aber ohne die erhofften Portionen Pommes frites zurück und erklärte, dass die Frittenbude geschlossen war. Seine Mutter fragte ihn: „Und wo ist das Geld?" „Das habe ich weggeworfen, das brauchte ich ja nicht!", war seine Antwort. Glücklicherweise wusste er noch, wo er die Münzen entsorgt hatte. Mutter half bei der Suche, und beide brachten die gefundenen Münzen nach Hause.

In Eindhoven gab es einen „Philips International Club“, der vor allem für die Neuankömmlinge von großem Nutzen war. Einführungen in die holländische Lebensweise, Ausflüge in die Umgebung und kulturelle Veranstaltungen standen auf dem Programm. Corry van Hout als Leiterin des Klubs nahm ihre Aufgabe sehr ernst und war eine wichtige Anlaufstelle für allerlei Fragen und Probleme, mit denen die Neuankömmlinge zu kämpfen hatten.

Interessant war, dass die meisten Nationalitäten die gebotenen Möglichkeiten nutzten, bis sie ihr soziales Leben organisiert hatten. Ausnahmen waren die Briten, die wohl von zu Hause gewohnt waren, sich dauerhaft am Klubleben zu erfreuen. Auch die Österreicher waren bleibende Nutzer des PIC, wo sie ihre eigenen Sitten und Gebräuche pflegen konnten. Sie versuchten ein Stück Heimat in der Fremde zu bewahren.

Die internationale Zusammenstellung der Gruppe gab Gelegenheit zu interessanten Beobachtungen. So wurden wir von Zeit zu Zeit von Herrn Weitsma, dem Chef des TCPB, zu ihm nach Hause eingeladen. Und jetzt war es spannend zu beobachten, wie die verschiedenen Nationalitäten etwa die Frage der Blumensträuße abhandelten: Die Deutschen brachten ihre „Besuchsbesen“ mit und überreichten sie an der Haustüre an die öffnende Gastfrau. Die Probleme sind bekannt: Wohin mit dem Einwickelpapier, wo kriege ich so schnell die richtige Vase her, und wer kümmert sich um die nächsten Ankömmlinge, die bereits an der Eingangstüre warten?

Die Holländer, die es auch in der Abteilung gab, schickten die Blumen vorneweg mit der Begründung, dann könnten sie von der Gastgeberin gleich für die doch notwendige Dekoration verwendet werden. Und die Franzosen? Sie schickten die Blumen nach dem Fest mit der Begründung, dass sie den Gastgebern auf diese Weise die persönliche „Danksagung“ ersparen wollten. Manche äußerten allerdings auch den Verdacht, dass man sich erst nach dem Fest ein Urteil bilden könne, wie groß der Blumenstrauß auszufallen habe.

Nachdem Frau und Kinder mehr oder weniger versorgt waren, konnte ich mich auf meine berufliche Aufgabe konzentrieren.

Das TCPB, spöttisch auch „Touring Club des Pays Bas" genannt, war zuständig für die industrielle Planung, und zwar für die gesamte Hauptindustriegruppe (HIG) RGTT (Radio, „Grammofoon", Tonband, Television). Es ging um die langfristige Kapazitätsplanung und Auslastung der Fabriken unter besonderer Berücksichtigung der damals bestehenden Blöcke: „Europäische Wirtschaftsgemeinschaft" (EWG) und „European Free Trade Area" (EFTA), die durch Zollschranken voneinander getrennt waren. Eine wichtige Aufgabe des TCPB war es auch, den Bedarf an elektronischen Bauteilen zu prognostizieren, ein Input, der für die „HIG Semiconductors" von größter Bedeutung war. Immerhin nahmen die Fabriken der „HIG RGTT" etwa 40 % der Produktion der „HIG Semiconductors" ab.

Das mir zugewiesene Gebiet waren die Artikelgruppen, die unter „Musical Equipment" firmierten: Tonbandgeräte, Kassettenrekorder, Plattenspieler und Plattenwechsler. Auf der kommerziellen Seite gab es zwei Abnehmer für diese Produkte, nämlich die Industriegruppe (IG) „Taperecorder", die zur HIG ELA (Elektro-Akustik) gehörte, und die Industriegruppe „Grammofoons", die zur HIG RGT gehörte. Die beiden Produktgruppen wurden von zwei „Adjunkt-Direktoren" geleitet: Gerrit Gaazenbeek (Taperecorders inkl. Videorecorders) und Herr Rheineveld (Grammofoons inkl. Philicorda).

Die Produkte wurden in fünf Fabriken hergestellt: Plattenspieler in Flers (Normandie), Plattenwechsler in Berlin, Tonbandgeräte aller Art in Wien und Hasselt (Belgien). Die zur Gruppe gehörende Kleinmotorenfabrik lag in Holland, in dem schönen Städtchen Dordrecht.

Mein Vorgänger Kievit de Jonge war „Jonkheer", das heißt von Adel. Das hat ohne Zweifel auch seine Auffassung zu Fragen der Ethik geprägt. Das kam mir sehr zugute. Er hat meine Einführung und die Übergabe seiner Funktion auf eine vorbildliche Art und Weise organisiert, wie ich es nie mehr wieder erlebt habe.

Ich bekam Gelegenheit, in allen fünf Fabriken, für die ich zuständig sein würde, zwei Wochen zu verbringen. Ich lernte die Produkte, die Arbeitsweise und Mentalitäten der Schlüsselfiguren kennen, was die Zusammenarbeit nicht unwesentlich erleichtern sollte.

In Wien wurde ich von Herrn Direktor Winter bei einem gemeinsamen Abendessen im „Pataki“ mit der Bemerkung begrüßt: „Endlich mal ein Neuer, der nicht abgefressen ist und schon alles kennt!“ Auch in den anderen Fabriken fühlte ich mich hofiert, was den Stellenwert des TCPB unterstrich.

Es war interessant zu beobachten, wie die verschiedenen Fabrikdirektoren mit der Konzernzentrale in Eindhoven verkehrten: Monsieur French aus Flers und Herr Donn aus Berlin trachteten bei Besuchen in Eindhoven immer nur mit dem Ranghöchsten, den sie erreichen konnten, zu sprechen. Dies, so glaubten sie, waren sie ihrem vermeintlichen Status schuldig.

Anders Herr Direktor Winter aus der Wirag/Wien, einer viel größeren Fabrik als die in Flers oder Berlin: Er reiste am Abend vor einer angesetzten Besprechung an und dinierte mit Herrn Krygsmann, einem umtriebigen Techniker, der gut vernetzt war. Wenn also Herr Direktor Winter am nächsten Tag die Philips-Direktoren in Eindhoven aufsuchte oder in ein Meeting ging, war er völlig im Bilde über die jüngsten Überlegungen in den für ihn wichtigen Industriegruppen und Hauptindustriegruppen. Das war von großer Bedeutung, da dort in einem Mahlstrom an Besprechungen und informellen Kontakten Ideen entwickelt wurden, wie man den Konzern voranbringen konnte. Dieses Wissen war von unschätzbarem Wert für die Lobbyarbeit der Fabrikdirektoren. Sie waren alle auf der Suche nach Aufträgen, um ihre Entwicklungsabteilungen und ihre Produktionsstätten auszulasten.

Meine Sorge im neuen Job galt dem Englischen, da das meine schwächste Sprache war. Hier bewahrheitete sich eine Aussage meines holländischen Kollegen Kees van der Wiel, der gesagt hatte: „Solange du dich über geschäftliche Themen unterhältst, hast du an zweihundert Wörtern genug.“ Das Problem waren die Einladungen zum Abendessen, wenn andere Themen zur Sprache kamen. Hier rächte sich dann, dass die nur vierjährige Dauer des Englischunterrichts kombiniert mit häufig wechselnden Lehrern zu keiner soliden Basis geführt hatte. Ein längerer Aufenthalt in einem englischsprachigen Land hätte hier Abhilfe schaffen können, war aber in meiner Biografie nicht vorgesehen.

Anfangs und als Entgegenkommen an die „Neuen" wurden die Sitzungen in Eindhoven in der Konzernsprache Englisch abgehalten. Aber so nach spätestens drei Monaten setzte sich wieder das Holländisch durch, was normalerweise kein Problem darstellte; denn in dieser Zeit konnte man die Sprache in ausreichendem Maße beherrschen.

Das funktionierte nicht bei Mr Alexander, seines Zeichens Schotte. Er meinte: „I use a concern desk, I work in a concern office and consequently I use the concern language." Er war also nicht dazu zu bewegen, Holländisch zu lernen, obwohl wir überzeugt waren, dass er die Sprache nach den vielen Jahren seines Aufenthalts in Holland durchaus verstand.

Ein anderes Erlebnis betraf die Aufforderung zur Solidarität: Als ein Neuankömmling meinte: „We foreigners have to stick together and support each other", war die Antwort: „I am not a foreigner, I am British!" Punktum, basta!

Nach etwa drei Monaten konnte ich ausreichend Holländisch verstehen und sprechen, inklusive der vielen Rachenlaute, womit sich das Sprachproblem erledigt hatte. Im internationalen Netzwerk galt allerdings, dass neben der Konzernsprache Englisch, wann immer möglich, die Muttersprache des Gegenübers benutzt wurde. Die langjährige Tradition Hollands als weltweite Handelsnation hatte sie gelehrt, dass man seinen Geschäftspartner in eine entspannte Situation versetzen musste.

In der holländischen Sprache werden gerne Verkleinerungsformen verwendet, und das macht sie zu einer „Kindersprache". Auch verwendet sie sehr plastische, lautmalende Ausdrücke. Viele davon sind bis auf den heutigen Tag in unseren Wortschatz eingegangen: fiets (Fahrrad), ziek (krank), buurvrouw (Nachbarin), gewoon, goed zo etc.

Dann wieder gibt es aus der holländischen Lebenswirklichkeit Begriffe, die es erlauben, Dinge in der Schwebe zu halten. Das steht in einem starken Kontrast zur deutschen Sprache und Ausdrucksweise, die sehr präzise und hart sein kann. Es gibt auch viele, in beiden Sprachen vorkommende, Wörter, die im Holländischen meistens eine völlig andere Bedeutung haben als im Deutschen. In Summe kann man sagen, dass das Holländische, im Gegensatz zum ersten Anschein, sehr wohl eine eigenständige Sprache ist. Die Neckereien, Holländisch sei nur ein Dialekt des Deutschen, entsprachen nicht der Wirklichkeit.

ÜBERSEE

Nun war mein Ziel von Anfang an ein Drittland und nicht eine Provinzstadt im Süden Hollands. Nach einer neuerlichen Umstrukturierung unserer Organisation, bei der kommerzielle und industrielle Planung in einem „Concern Planning Department" (CPD) zusammengefasst wurden, meldete ich neuerlich meinen Wunsch an, ins weitere Ausland zu gehen. Zur Frage der Geografie galt: Während Holland Beziehungen eher zum Fernen Osten hatte, war Deutschland eher Richtung Südamerika orientiert. Also nannte ich Lateinamerika als – wenn auch nicht stark ausgeprägte – Präferenz.

Mit dem Wechsel in ein anderes Land wollte ich gleichzeitig wieder in eine kommerzielle Funktion wechseln. Eine wichtige Überlegung dabei war, dass dort die Gestaltungsmöglichkeiten erheblich größer waren. Denn die Initiativen gingen gewöhnlich von den kommerziellen Abteilungen aus, während die Rolle der industriellen Seite „nur" im Entwickeln und Produzieren von anderweitig beschlossenen Produkten und Systemen lag.

Herr van Beusekom, der Hauptabteilungsleiter unserer Organisation,, stand meinem Wunsch durchaus wohlwollend gegenüber, meinte aber, dass wir dieses Ziel in zwei Schritten angehen sollten. Der direkte Schritt von einer industriellen Stabsfunktion in eine kommerzielle Linienfunktion sei wohl zu groß. Das gälte auch für einen Schritt von Europa direkt in ein Land Südamerikas. Ein schöner Euphemismus für die Tatsache, dass er mich noch ein Weilchen für seine eigenen Interessen einspannen wollte.

So kam es, dass ich schließlich nach Madrid versetzt werden sollte mit dem Auftrag, dort ein lokales CPD für die Produktgruppen RGTT aufzubauen. Dies sollte ein erstes Pilotprojekt sein: Die Strategie dahinter war, dass mit der Errichtung solcher Satellit-CPDs in den großen nationalen Organisationen ein der Konzernzentrale verpflichtetes Netzwerk zur effizienten Ausführung der Planungsfunktion entstehen sollte.

Nachdem auch mein zukünftiger Chef – Ype Bouwkamp – mit mir einverstanden war, erhielten Jutta und ich die Möglichkeit, den neuen Standort kennenzulernen. Philips war zu Recht der Auffassung, dass ein erfolgreicher Auslandsaufenthalt nur mit einer zufriedenen Familie möglich war. Daher wurden eben auch die Ehefrauen in den Entscheidungsprozess eingebunden. Bei Jutta hatte dieses Vorgehen den erhofften positiven Erfolg. Damit war der Weg frei, denn ich hätte diesem Transfer gegen Juttas Willen nicht zugestimmt.

Jutta und ich nahmen in den verbleibenden Wochen Spanischunterricht. Da wir beide das große Latinum hatten und in der Schule Französischunterricht genossen hatten, machten wir gute Fortschritte, gebremst nur durch Frau van Beursen, die mit uns Spanisch lernen sollte. Sie tat sich sehr schwer: Für sie war dies die erste Fremdsprache, und ein Talent, um Fremdsprachen zu lernen, war ihr leider ebenso wenig gegeben. Es ist immer schwer, von einer grammatikalisch einfachen Sprache wie dem Holländischen zu einer grammatikalisch reichen Sprache wie dem Spanischen zu wechseln.

Mitarbeiter, die in ein Land in „Übersee“ ausgesandt wurden, nahmen an einem Seminar teil, in dem sie auf das Leben und Arbeiten in einer anderen Kultur vorbereitet wurden. Und Spanien firmierte in dieser Zeit als zur Gruppe der Überseeländer zählendes Land. Vielleicht hat dazu auch beigetragen, dass Spanien zu der

Zeit eine Diktatur war und durch den zurückliegenden Bürgerkrieg viel Ähnlichkeit mit einer lateinamerikanischen Diktatur hatte. Dazu zählte eine Zentralisierung aller wirtschaftlichen Funktionen bei der Regierung in Madrid mit der Auflage, dass alle internationalen Unternehmungen ihre Hauptverwaltung auch dort anzusiedeln hätten. Für alles und jedes brauchte man eine Genehmigung, die nur im Außenhandelsministerium zu erhalten war. Philips beschäftigte einen Herrn Munoz, dessen Aufgabe einzig darin bestand, gute Kontakte zu den Ministerien zu unterhalten.

SPANIEN

Zum vorgesehenen Termin bestiegen Jutta, ich und die beiden Kinder das Flugzeug und flogen von Eindhoven über Amsterdam nach Madrid.

Da wir noch keine endgültige Bleibe hatten, zogen wir in das Hotel „Monte Real" im Nordosten Madrids, das uns Familie Bouwkamp ausgesucht hatte. Sie hatte dort auch selbst die Zeit überbrückt, bis sie ein Haus gefunden und bezogen hatte. Als wir ankamen, wurden wir bereits von Ype und seiner Frau Corrie erwartet, die uns willkommen hießen. Bei einem Schwätzchen überreichten sie uns eine Liste mit Ärzten, damit wir auf alle Eventualitäten vorbereitet sein sollten.

Als sie gegangen waren und wir etwas trinken wollten, zeigte sich, dass der Kühlschrank bis obenhin mit Getränken vollgepackt war. Ich machte ein Kompliment über den aufmerksamen Service des Hotels und wurde dann zurechtgewiesen: Es waren nämlich die Bouwkamps, die für den vollen Kühlschrank gesorgt hatten! So einen aufmerksamen und warmherzigen Empfang haben wir später nie wieder erlebt.

Jeden Abend gingen wir in das feine Hotel-Restaurant, um dort zu Abend zu essen. Der Ober kannte uns natürlich schon, und so spulten wir jeden Abend den gleichen Dialog ab: «Los niños duermen?», und wir in unserem spärlichen Spanisch: «Si, los niños ya duermen.»

Wir haben in dem Restaurant erlesene Speisen serviert bekommen, Hummer und Meeresfrüchte inklusive. Nach vierzehn Tagen aber wiederholte sich alles, und es fing an, uns zu langweilen. Von den Bouwkamps erfuhren wir, dass es ihnen mit dem Essen genauso ergangen war wie uns jetzt. In der näheren Umgebung gab es keine Ausweichmöglichkeit, und so hatten sie beschlossen, jeden Abend die Mahlzeiten, die auch die Angestellten bekamen, zu konsumieren. Und wir taten es ihnen nach. Endlich mal etwas Herzhaftes!

Wir hatten schon gehört, dass in Madrid ein Film gedreht wurde, in dem auch Brigitte Bardot und Claudia Cardinale mitspielten. Eines Tages war große Aufregung unter den spanischen Bediensteten. Sie redeten durcheinander, gestikulierten und wiesen auf einen der Balkone. Wir dachten natürlich, dass sie uns auf eine der französischen Berühmtheiten hinweisen wollten. Wir sahen aber weder Claudia noch Brigitte, sondern nur einen mittelalterlichen Mann mit einem Vollbart. Wie sich herausstellte, galt die ganze Aufregung ihm, dem berühmten spanischen Schauspieler Fernando Rey, von dem wir bisher noch nie etwas gehört hatten.

In dem Hotel gab es einen Swimmingpool, in dem sich Brigitte Bardot und Claudia Cardinale während einer Drehpause erfrischten, und unsere Kinder mittenmang. Willi konnte noch nicht schwimmen und hatte als Auftriebshilfe einen aufgeblasenen Schlauch um den Körper geschlungen. Plötzlich bekam er Übergewicht und verschwand mit Kopf und Oberkörper unter Wasser. Bevor wir reagieren konnten, hatte Brigitte Bardot die Situation erfasst und war zur Rettung herbeigeeilt. Seitdem ist unser Willi eine Berühmtheit!

Wie bei den Holländern üblich, haben wir uns auch bei der Deutschen Botschaft angemeldet, das heißt, dass Jutta das übernommen hatte. Sie fragte bei der Gelegenheit, ob es einen deutschen Klub oder etwas Ähnliches gäbe. Darauf der Botschaftsangehörige: „Was wollen Sie denn mit denen?" Und so nahmen wir von solchen Initiativen Abstand.

Einen typischen Vertreter lernten wir über die Schule kennen, „das Mittelmanagement" der Firma Bosch. Wir waren sehr beeindruckt, was diese Menschen bei Heimatbesuchen in Stuttgart alles nach Spanien schleppten, bis hin zu einem Koffer voller Kartoffeln. Damit wollten wir wirklich nichts zu tun haben!

MADRID

Als wir zu unserer Besichtigungsreise, die Jutta und mir eingeräumt worden war, nach Madrid flogen, dachte ich noch beim Anblick der grau-braunen Erdoberfläche unter dem Flugzeug: „In welcher Wüste wollen die uns da aussetzen?"

Madrid erwies sich aber als eine wunderschöne, pulsierende Stadt. Es war im Gegensatz zu Hamburg keine Hafen-, sondern eine Festland-Stadt. Die Einwohner waren – wie in Berlin – sehr kontaktfreudig. Wenn man in einer Bar etwas trank, wurde man in kürzester Frist in ein Gespräch verwickelt, ob man nun Spanisch konnte oder nicht.

Und es gab viele Bars in Madrid! Es waren bistroartige Cafés mit langem Tresen und nur wenigen Tischchen und Stühlen. Man stand gewöhnlich an der Bar oder saß auf einem Barhocker, trank „una cerveza" (ein Bier) oder eine „copa de vino tinto" (ein Glas Rotwein) und schmauste die köstlichen spanischen Tapas. Man konnte selbstverständlich auch einen „café solo" (einen Mokka) oder einen „cortado" (kleiner Mokka mit Milchschaum) bekommen, oft aufgewertet mit einem leckeren „brandi", zum Beispiel der Marke „Magno" oder „Ciento Tres".

Ich warf die Olivenkerne, die Gamba-Schalen und andere Reste zu Boden und handelte mir einen Rüffel meiner Gattin ein. Ich empfahl ihr, auf den Boden zu schauen. Dort stellte sie fest, dass unter den Barhockern eine eindrucksvolle Lage aus solchen Kleinabfällen lag.

Abends ging es zur „Puerta del Sol“, der „Plaza Mayor“ oder in die „Fressgasse“, „Calle de los Cuchilleros“ (Straße der Messermacher), wo es eine Fülle von Bars, Kellerlokalen und Spezialitätenrestaurants gab. Sehr beliebt war die „Casa Botin“, ein charmant eingerichtetes Restaurant im ersten Stock eines Gebäudes, das für seine baskischen Spezialitäten berühmt war.

Spanien ist ein kontrastreiches Land mit den unterschiedlichsten Landschaften, Bevölkerungsgruppen und Traditionen. Sie haben auch alle ihre eigene Küche. Und natürlich spiegelt sich das alles in der Hauptstadt Madrid wieder.

Madrid war eine vier Millionen Einwohner zählende Stadt, die jährlich mit hunderttausend Zuwanderern wuchs. Sie liegt im geografischen Zentrum des Landes. Im Mittelalter waren Segovia und Toledo die maßgeblichen Städte, und Madrid war nur eine Pferdewechselstation für die Kutschen, die zwischen den anderen beiden Städten verkehrten. Erst nach dem Bürgerkrieg, in den Dreißigerjahren des vergangenen Jahrhunderts, hatte der siegreiche Generalissimo Franco Madrid zur Hauptstadt erkoren. Diese Entscheidung entfaltete eine Sogwirkung, die über die ohnehin stattfindende Landflucht zu einem erstaunlichen Bevölkerungswachstum der Stadt führte.

Madrid liegt auf einer Höhe von 800 Metern. Das machte sich bei Windstille dadurch bemerkbar, dass die Millionen Taxis, die mit altmodischen Daimler-Dieselmotoren unterwegs waren, einen Ruß ausstießen, der in und über der Stadt hängen blieb und uns bei Stadtbesuchen die Tränen in die Augen trieb. Vorteil der Höhe war jedoch, dass die spanische Sonne auch im Sommer erträglich blieb, zumal das Klima in Madrid sehr trocken war und ist. Nachts kühlte es um zehn Grad ab, was einen erholsamen Schlaf ermöglichte.

Gefährlich war eine leichte Brise, die von der nahe gelegenen Sierra de Guadarrama her wehte. Auf der Sierra blieb der Schnee oft bis Juli liegen, was die darüber wehenden Winde sehr abkühlte. Man zitierte regelmäßig das Sprichwort: „Der Wind in Madrid ist nicht stark genug, um eine Kerze auszublasen; er ist aber stark genug, um ein Lebenslicht auszublasen." Menschen, die in den überhitzten Bars Zeit mit ihren Freunden verbracht hatten und verschwitzt ins Freie traten, sollten davor gewarnt werden, den Abschied an der Straßenecke nicht in die Länge zu ziehen, um nicht Opfer dieser gefährlichen Brise zu werden.

Wir brauchten auch ein Auto für den Hausherrn. Also machten wir uns auf zu Seat, das – wie in Spanien üblich – im „Poligono Industrial" sein Geschäft und seine Servicewerkstatt hatte. Und der Poligono Industrial war – auch das üblich – am anderen Ende der Stadt.

Es war schnell deutlich, dass zwei Modelle infrage kamen: ein „mil quinientos" (Modellnummer „1500"), der die klassische Trapezform der damaligen Fiat-Modelle nachbildete. Es war ein etwas größeres Auto mit einer Sitzbank auf den vorderen Plätzen und einer Lenkradschaltung.

Die Alternative war ein „mil quatrocientos treinta" (Modellnummer „1430"), ein flacherer Kombi mit getrennten Vordersitzen und einem Schaltknüppel zwischen den Vordersitzen, abgeleitet von einem vergleichbaren Modell, dem Fiat 124.

Wir konnten und konnten uns nicht entscheiden, und so haben wir vor den Augen des verblüfften Verkäufers eine Münze hochgeworfen. Sie zeigte den mil quatrocientos treinta an, also nahmen wir den mil quinientos. Er war zwar nicht so agil wie der andere, hat uns aber gute Dienste geleistet, ohne allerdings je Begeisterungsstürme auszulösen.

Jutta hat in Madrid ihr erstes eigenes Auto bekommen: einen „Seat Seiscientos“ (Seat 600), bei dem die Vordertüren noch nach vorne aufgingen. Sie liebte ihn über alles und kutschierte damit die Kinder zu deren Freunden oder besuchte selber Freunde, die mit dem öffentlichen Verkehr unerreichbar waren.

Unsere Adresse war „Pleyades 8“, in „Aravaca“. Das war ein Dorf im Nordwesten der Stadt, an der „Carretera de La Coruña“, also der Ausfallstraße nach der galizischen Hauptstadt. Dahinter verbarg sich ein wunderschöner Bungalow mit vier Schlafzimmern, zwei Badezimmern, einem schönen Garten und einem kleinen Swimmingpool. Das Wohnzimmer war riesig und in einer Z-Form angelegt, sodass man unsichtbar lesen oder arbeiten und doch den Kontakt mit den anderen aufrechterhalten konnte. Die größte Zier war ein schmucker offener Kamin, der mit einem gehämmerten Kupferblech umkleidet war.

Carsten ging bereits in die Schule, Willi noch in den Kindergarten. Es gab im Zentrum Madrids eine deutsche Schule mit angeschlossenem Kindergarten. Wie üblich war die Hälfte der Plätze für die einheimische, in diesem Falle also die spanische Bevölkerung reserviert. Zum Glück für uns gab es einen Schulbus, der die Kinder morgens an der Haustüre abholte und am späteren Nachmittag wieder dort ablieferte. Es herrschte Ganztagsschule.

DER JOB

Die Planungsabteilung bestand aus fünf Personen: Hernando, Hidalgo und Cubero. Dazu gehörte eine Sekretärin, deren Namen ich vergessen habe. Sie war aus den Philippinen und hatte drei Daumen. Sie blieb nicht lange bei uns: Man hatte ihr offenbar Versprechungen gemacht und diese nicht eingehalten. Mir hat damals sehr imponiert, dass sie – obwohl sie sich in unserer Abteilung sehr wohlfühlte und Zutrauen zu mir gefasst hatte – ihren einmal gefassten Entschluss konsequent zu Ende führte. Ihre Nachfolgerin war ein süßes spanisches Mädchen mit dem charmanten Namen „Nieves" (Schnee), die auch sehr gut zu unserer Abteilung und ihren Mitarbeitern passte.

Die drei Herren waren den entsprechenden Produktgruppen zugeteilt, und ich machte es mir zur Pflicht, sie persönlich bei der entsprechenden Planungsgruppe in Holland einzuführen. So war ich mit Cubero nach Groningen gereist, wo die HIG „Kleine Haushaltsgeräte" ihren Sitz hatte.

Cubero hatte als Gastgeschenk eine gute Flasche Brandy der Marke „Duque de Alba" mitgenommen. Ich staunte nicht schlecht, als wir gleich nach der Begrüßung und Übergabe des

Getränks mit einem Schwall von Vorwürfen konfrontiert wurden. Was Herzog Alba und die Spanier überhaupt nicht alles in den Niederlanden angerichtet hätten, eine offensichtliche Anspielung auf den Spanischen Erbfolgekrieg.

Ob das Geschenk, das Cubero zur Einführung mitgebracht hatte, diese Attacke ausgelöst oder sich einfach im Laufe der Jahrhunderte ein unbezähmbarer Groll gegen Spanien aufgestaut hatte: Es ist nicht mehr zu klären. Allgemein gilt, dass die Holländer ein ausgeprägtes Verhältnis zu ihrer Geschichte haben und hatten. Dabei sind sie bei anderen Völkern sehr viel kritischer als mit den Untaten ihrer eigenen Vorfahren.

Apropos Geschichte: Zu unserem Aufgabenbereich gehörte auch die Planung der Fernsehfabrik in Sabadell, Katalonien. Dort traf ich auf einen Spanier als Fabrikdirektor. Er war mit neunzehn Jahren mit seinen Eltern nach Brasilien ausgewandert und mit einer Brasilianerin verheiratet. Er hatte das Angebot von Philips angenommen, vier Jahre lang die Fernsehfabrik zu leiten mit dem Versprechen, dass er im Erfolgsfalle einen entsprechenden Karrieresprung in Brasilien machen würde.

Dieser Mann nun litt wie ein Hund. Die emotionale Position eines Expatriates ist normalerweise sehr komfortabel, denn alles Gute im Gastland betrachtet man als auch zu einem selber gehörig; alles aber, was schlecht ist, wird den „Einheimischen" zugerechnet. Nicht so bei ihm: Er war zwar Expatriate, aber zugleich auch Spanier. Er fand die spanische Mentalität statisch, ohne Kreativität und Dynamik, dabei anmaßend und überheblich. Als Spanier konnte er sich aber eben nicht von diesen negativen Charakterzügen distanzieren.

Es war mir gelungen, in der Abteilung ein gutes Arbeitsverhältnis herzustellen. Nur Hernando hatte immer Angst, ich würde ihn loswerden wollen, weil er der Älteste unter den Mitarbeitern war. Zur Förderung des Teamspirits haben wir bei uns zu Hause ein kleines Fest gegeben. Hernando steuerte eine Platte bei, die den Tod des Toreros Manolete in Linares besang: „Canto a Manolete", gesungen von Antonio Linares. Es war ein so berührendes Lied, dass ich es mir später im Internet gesucht und es dort gefunden habe.

Nun wollte die Abteilung sich revanchieren und fragte schüchtern an, ob sie in Ermangelung einer angemessenen Alternative dieses Fest in unserem schönen Haus und Garten ausrichten könnten? Sie – die Mitarbeiter – würden alles mitbringen, angefangen von den Getränken bis zu den Speisen und Gläsern und Geschirr. So geschah es dann auch, und wir verbrachten zusammen einen höchst vergnüglichen und kulinarisch erfolgreichen Abend.

Hernando wollte zum Schluss noch einen Brandy, den ich ihm angeboten hatte. Ich musste ihn allerdings ermahnen: „Sei vorsichtig mit dem Cognacschwenker, es ist der letzte, den wir besitzen!“ Die Leute erachteten diese Bemerkung für einen gelungenen Scherz. Was sie aber nicht ahnten, war, dass es sich tatsächlich so verhielt, wie ich gesagt hatte. Weitere Fragen nach Brandy gab es nicht, sodass uns die peinliche Verifikation erspart blieb.

YPE UND GERRY

In Ype Bouwcamp hatte ich einen Chef, den ich voll akzeptieren konnte. Er und seine Frau waren uns auch freundschaftlich zugetan und erleichterten uns das Einleben in der fremden Welt. Überhaupt ist der Abstand zwischen den Angestellten von Philips über alle Hierarchien hinweg weit geringer als in Deutschland. Das galt in besonderem Maße im Ausland, wo die Holländer miteinander ein reges soziales Leben pflegten.

Füchsi, Juttas Stiefmutter, die in Hamburg bei der großen Versicherungsfirma Iduna Germania arbeitete, konnte sich nicht beruhigen, dass wir mit Kollegen und Chefs auch privaten Umgang pflegten. Voraussetzung für dieses Verhalten ist natürlich, dass fein unterschieden wird zwischen der privaten und der geschäftlichen Sphäre. Und das beherrschen die Holländer perfekt, wie ich über meine langen Jahre im Dienste von Philips feststellen konnte. Ich habe nicht ein einziges Mal erlebt, dass jemand aus Versehen oder absichtsvoll diese beiden Sphären durcheinandergebracht hätte.

Zur Arbeitsweise fallen mir zwei Ereignisse ein, die mich sehr beeindruckten: Ein Problem in Spanien bestand darin, dass es viele Direktoren gab, die recht nutzlos waren. Als Marketingdirektoren oder Produktmanager bildeten sie ein unproduktives Netzwerk, das den wichtigsten und produktivsten Direktor behinderte, nämlich Señor Gonzalez, der für den Vertrieb aller „Consumer Electronic"-Produkte verantwortlich war.

Was war die Lösung? Ype bildete ein „illustres" Gremium mit einem eindrucksvollen Namen, in dem all diese nutzlosen Manager Platz nahmen. Den Vorsitz übernahm Ype selbst. Der Trick: Dieses Gremium trat nie zusammen!

Eine andere bemerkenswerte Eigenschaft Ypes bestand darin, dass er sich nie auf eine kontroversielle Diskussion einließ. Wenn jemand eine Tatsache behauptete, dann ging Ype nicht dagegen an, da es sich ja oft um ein Urteil handelte, dessen Richtigkeit oder Unrichtigkeit sich nicht ohne Weiteres beweisen ließ. In solchen Fällen akzeptierte er die Behauptung und argumentierte auf dieser Basis weiter, aber weiterhin auf das Ziel hin, das er von Anfang an im Auge hatte. Das ersparte eine Unmenge an Energie und an fruchtlosen Auseinandersetzungen.

LEBEN IN MADRID

Es hat mich immer wieder beeindruckt, wie locker der Umgang bei Philips war, und zwar durch alle Hierarchiestufen bis hin zum Topmanagement. Dünkel, wie man ihn in deutschen Firmen finden mochte, war den Holländern völlig fremd.

Ich glaube allerdings, dass die Bouwkamps hier noch eine Extraklasse darstellten. So waren wir an den Wochenenden willkommen, um mit ihnen auf ihrem Platz hinter dem Bungalow Tennis zu spielen, danach in ihren Swimmingpool zu tauchen und schließlich den Grillabend mit ihnen zu verbringen. Wir waren übrigens nicht die Einzigen. Dass man sich untereinander beim Vornamen nannte und duzte, war eine holländische Selbstverständlichkeit.

Natürlich fanden am Pool die üblichen „Expatriate-praatjes“ (Small Talk unter Expatriate-Frauen) statt, in denen Erfahrungen ausgetauscht und gute Ratschläge erteilt wurden. So schlug eine der Damen vor, dass man einmal in der Woche mit der „chica“ (dem Dienstmädchen) am Küchentisch und vor ihren Augen das Silber zählen solle. Corrie meinte aber: „Entweder vertraue ich jemandem, oder ich möchte ihn nicht um mich haben.“

Familie Bouwkamp, die viel herumgekommen war und zahlreiche Länder gesehen hatte, machte es sichtlich Freude, uns Interessierten und dankbaren Newcomern diese neue Welt zu erschließen.

Einmal im Monat wurde im schönen Philips-Verwaltungsgebäude Bridge gespielt, und wir beschlossen, mitzutun. Wir sind in unserem ganzen Leben nicht über die Anfangsgründe dieses interessanten Spiels hinausgekommen, konnten aber zuzeiten durchaus Erfolge verbuchen.

Unsere unorthodoxe Spielweise, wir nannten sie die „Methode Jeanne d'Arc“, verwirrte unsere Gegner immer wieder, was uns unverhoffte Erfolge bescherte. Warum Jeanne d'Arc? Weil wir der These zuneigten, dass diese ihre militärischen Erfolge dem Umstand verdankte, dass ihre Vorgangsweise so allen Regeln der klassischen Kriegskunst widersprach, dass sie damit den Gegner in größte Verwirrung und Ratlosigkeit stürzte. So waren auch wir durch den Mangel an Können für unsere Gegner unberechenbar. Jedenfalls lernten wir viele nette Menschen kennen und genossen die informelle Geselligkeit, und darum ging es letzten Endes!

Corrie Bouwkamp war eine leidenschaftliche Bridgespielerin, die dreimal in der Woche an Bridgeturnieren des „American Women Club“ teilnahm. Manchmal nahm sie Jutta als Partner dorthin mit. Sie verblüffte Jutta immer wieder dadurch, dass sie genau wusste, welche Karten diese in der Hand hatte. Und das trotz ihrer nicht immer systemkonformen Weise zu bieten.

Corrie war überhaupt eine bemerkenswerte Frau, und wir waren sicher, dass Ype ihr in seiner Karriere viel zu verdanken hatte.

Spanien war in diesen Jahren ein armes Land, mit einer Diktatur und einer in Reiche und Arme geteilten Bevölkerung. Wir Expatriates – auch in weniger hohen Funktionen – gehörten finanziell zu der besser gestellten Hälfte der Bevölkerung. Dass man zum Beispiel eine Chica hatte, die im Hause wohnte, war eine Selbstverständlichkeit. Unsere Chica „Fermi" ging allerdings jeden Abend nach Hause, da Jutta es nicht gewohnt war und nicht haben wollte, dass sie auch abends in unserer Wohnung sein sollte. Fermi war um die zwanzig Jahre alt und lebte noch bei ihren Eltern ein paar Schritte von unserem Haus entfernt. Sie war ein Goldstück, und wir verdankten ihr viele praktische Tipps über das Leben in Spanien. Sie ist in unseren Erinnerungen immer noch präsent.

SPORT

Die segensreiche Einrichtung der Chica befreite die Expatriate-Damen von lästiger Hausarbeit und erweiterte die verfügbare Freizeit beträchtlich. Ein beliebter Zeitvertreib, und das nicht nur am Wochenende, war der Sport, und da vor allem Tennis.

Im Tal des Manzanares-Flusses, am nordwestlichen Ende Madrids, lagen schöne Sportanlagen, in die wir uns – so wie andere Holländer auch – eingekauft hatten und viele Stunden mit Tennisspielen verbrachten. Hervorgetan hat sich dabei Theo Witsiers, zu der damaligen Zeit Chef der Philips-Revision, der unbedingt gewinnen musste, und wenn es spielerisch nicht reichte, dann eben durch eine kreative Regelauslegung.

Als wir Madrid verließen, beschloss ich die Anteile an der Sporteinrichtung vorerst zu behalten, in der Erwartung, dass die Preise noch weiter steigen würden. Das Ende vom Lied war, dass ich schließlich gar nichts mehr für sie erlösen konnte, weil das Management des Klubs mir in kreativer Auslegung der Satzung nachwies, dass meine Rechte durch längere Abwesenheit erloschen waren. Da half auch der große Name Philips nichts mehr. Das blieb leider nicht der einzige Fall, bei dem wir auf ähnliche Weise Geld eingebüßt haben.

Einmal wollten wir für einige Tage verreisen, und unser Hamster sollte zu Gisela gebracht werden, die im nächsten Dorf wohnte.

Ich klingelte an der Tür, und als ich zurück zum Auto kam, war der Hamster aus dem kleinen Karton verschwunden, in dem ich ihn transportiert hatte. Auch nach intensiver Suche konnte ich ihn nicht finden und musste wohl oder übel annehmen, dass er entweder durch die offenen Fenster geflohen oder von den spielenden Kindern, die das Auto umringten, befreit worden war.

Als wir von unserer Reise zurückkamen und den Seat wieder in Gebrauch nehmen wollten, muffelte es unangenehm aus dem Innenraum. Diesmal stellten wir alles auf den Kopf, und nach langem Suchen fanden wir ihn, nämlich den Hamster, in der Seegraspolsterung der Rückbank, halb vertrocknet und verwest. So leid er uns tat: Schlimmer war, dass der höchst unangenehme Geruch nicht nur nicht entfernt werden konnte, sondern sich in der madrilenschen Sonne und Hitze noch verstärkte. Da war es gut, dass man immer mit offenen Fenstern fahren konnte.

JUJU

Eine der Wochenendbeschäftigungen war der Besuch auf dem Rastro, dem riesigen, sonntäglichen Flohmarkt in Madrid. Es gab viel zu sehen und auch manches zu kaufen. So stammt unser eiserner, weiß lackierter Gartentisch von dort, der alle nachfolgenden Umzüge mitgemacht hat und noch heute – nach bald vierzig Jahren – zur Familie gehört.

Aber auch Juju, unser erster Hund, stammte vom Rastro.

Wir schlenderten wieder einmal über den Markt und begegneten einer älteren, einfach gekleideten Frau, die in einem Hauseingang saß und eine Einkaufstasche neben sich hatte. Bei näherem Zusehen stellte sich heraus, dass sie einen Hundewelpen auf ihrem Schoß hatte. Wir nahmen Kontakt auf, streichelten das Hundebaby und kamen ins Gespräch. Da holte sie ein weiteres

Hundebaby aus der Tasche, und das war Juju. Vorher hatten wir allerlei Überlegungen angestellt, welche Eigenschaften ein Hund haben und welcher Rasse er angehören sollte. Im Angesicht Jujus war das alles vergessen. Wir kauften ihn quasi unbesehen für den Gegenwert von fünfzehn D-Mark. Juju hatte uns alle glatt überrumpelt.

Zu Hause stellte sich dann heraus, dass Juju noch nicht trinken konnte und offensichtlich zu früh von seiner Mutter getrennt worden war. Wir machten uns also auf die Suche nach einer Babyflasche, die wir – es war ja Sonntag und alle Geschäfte geschlossen – schließlich bei einer Familie mit einem Baby fanden. Damit überbrückten wir die Zeit, bis Juju aus einem Schälchen trinken und später fressen konnte. Bei einem abendlichen Spaziergang machten wir eine Runde um die gegenüberliegende Großbaustelle. Plötzlich war Juju verschwunden. Nach eingehender Suche in der Dunkelheit hörten wir ein leises Piepsen aus einer größeren Baugrube, in die ein flach liegender Gastank gelegt worden war. Ich, nicht faul, sprang in die ca. zwei Meter tiefe Grube, fasste Juju beim Schlafittchen und beförderte ihn an die Oberfläche. Irgendwie muss auch ich wieder herausgekommen sein, allerdings über und über mit klebrigem Lehm bedeckt.

Am Tag ging auch Fermi, unsere Chica, manchmal mit Juju spazieren. Sie genierte sich aber wegen des kleinen Mischlings. Ich konnte sie gut verstehen; denn, obzwar kein wirklicher Hundefreund, hatte ich einmal zum Gelächter von Jutta geäußert: „Wenn schon einen Hund, dann möchte ich am liebsten einen Afghanen!“ Fermi jedenfalls rettete sich, indem sie behauptete, Juju sei ein „Tibetanischer Hirtenhund“.

Juju war unser aller Liebling, der uns sechzehn Jahre in alle Länder und bei allen Umzügen treulich begleitete bis zu unserem letzten Standplatz in Maria Enzersdorf in Österreich.

Hier ging er von uns, und da Jutta es nicht über sich brachte, ihn beim Tierarzt einschläfern zu lassen, fiel mir diese traurige Aufgabe zu.

Während wir im Warteraum des Tierarztes saßen, hatte Juju sich unter mir unter der Bank hingesetzt und traurig aus der Wäsche geschaut. Ich war und bin mir sicher, dass er genau wusste, was die Uhr geschlagen hat.

GIESELA UND CARLOS

Über die deutsche Schule in Madrid und den Kindergarten, den unsere Kinder besuchten, lernten wir neue Menschen kennen. Darunter Gisela Hettlage mit ihren beiden Kindern Marion und Oliver, nicht zu vergessen ihren überlangen Dackel. Die Kinder waren im selben Alter wie Carsten und Willi. Durch Giselas Liaison mit Carlos, einem spanischen Señorito (die Bezeichnung ist vergleichbar mit dem nutzlosen „ostelbischen Junker"), lernten wir neue Aspekte Spaniens kennen.

Bei einem Besuch auf seiner Finca erzählte er aus seinem Leben. Seine Familie besaß ausgedehnte Ländereien, auf denen sie Rinder züchteten. Carlos wollte sich nützlich machen und beschloss, beim Verkauf mitzuarbeiten. Die Käufer, Metzgermeister auf den Viehmärkten, erwarteten natürlich, dass er nach erfolgreichem Abschluss eines Verkaufs mit ihnen ausgehen sollte. Beide kamen aber aus so unterschiedlichen Welten, dass sie sich wenig zu sagen hatten. Dies waren äußerst mühsame Unternehmungen, so sehr, dass Carlos beschloss, sich eine andere Betätigung zu suchen. So kam es, dass er bei einer Fasanenzüchtung einstieg, die diese Vögel für die Jagd auswilderte. Jagdgäste rekrutierten sich zumeist aus der staatlichen Prominenz bis hin zu Generalissimo Franco selbst, dem damaligen Staatschef Spaniens. Hier bewegte Carlos sich in einem seinem Stand entsprechenden Milieu, hier fühlte er sich wohl.

TILO UND HEXI

Wir waren noch nicht lange in Madrid, als ich ein Schreiben von Lu Prentl erhielt, der mir mitteilte, dass seine jüngste Schwester Hexi mit ihrem Mann Tilo Wolfarth nach Madrid käme und ob wir uns nicht ein bisschen um sie kümmern könnten.

Lu Prentl lernte ich über meine Schwester Erika kennen: Er war einmal mit ihr befreundet. Beide hatten vor, zu heiraten. Lu war in diesem Zusammenhang auf Besuch nach Edenkoben gekommen, um bei meinen Eltern um die Hand ihrer Tochter anzuhalten. Von diesem Zeitpunkt an war es aus zwischen den beiden. Warum? Ich weiß es nicht. Jedenfalls sah ich keinen Grund, deshalb die Freundschaft mit Lu zu beenden.

Tilo wurde Betriebsleiter bei der spanischen Niederlassung der Möbelfabrik Hukla, und Hexi lebte seit ihrem Eintreffen mehr oder weniger bei uns, in Erwartung des viel genannten „Umzugsgutes". Wie im Polanski-Film „Wenn Katelbach kommt", tauchte Katelbach bis zum Ende des Films nicht auf. Und so ging es auch mit dem ominösen „Umzugsgut".

Eines Abends saßen wir wieder einmal vor dem Kamin und plauderten über etwas Wichtiges, das ich vergessen habe. Immer wieder öffnete sich die Schlafzimmertür, und heraus kam Klein Willi, der nicht schlafen konnte. Vielleicht sehnte er sich auch nur nach Teilnahme an dem geselligen Beisammensein. Jedenfalls sprach ich eines der wenigen Machtworte in der Familie: „Jetzt ist es aber genug! Geh schlafen, und stör uns hier nicht." Die Reaktion kam prompt: „Gemeiner Api!" Das war das Ende der strengen Erziehung.

Es war eine wunderbare Zeit, in der wir gemeinsam mit Tilo und Hexi Madrid und Umgebung unsicher machten. Leider dauerte es nur acht Monate, da Tilo in der Firma nicht reüssierte und die beiden Spanien wieder verließen. Immerhin entstand eine dauerhafte Freundschaft zwischen den zwei Familien. Wir betrachten Tilo und Hexi als unsere besten Freunde.

In der Sierra de Guadarrama

Ein beliebtes Ziel für unsere Ausflüge war die Sierra de Guadarrama im Nordwesten Madrids. Dort waren Stauseen angelegt worden zur Wasserversorgung der schnell wachsenden Stadt Madrid. Drumherum hatten sich wohlhabende Madrilenen Ferienhäuser gebaut, die im Sommer während der dreimonatigen Schulferien von den Frauen und ihren Kindern genutzt wurden. Die Männer blieben in der Stadt mit Ausnahme der Wochenenden und ihrer eigenen Ferien, gingen aber ansonsten weiter ihren beruflichen Pflichten nach. Es ging ihnen nicht soo schlecht; denn sie lebten „A los Rodriguez", wie es hieß. Dieser muss ein rechter Schwerenöter gewesen sein, der seine Freiheit als Strohwitwer weidlich ausgenutzt hat. So etwas geht natürlich viel genussvoller in katholischen Ländern als in Bevölkerungskreisen mit einer strengeren Religions- und Moralauffassung.

Ein anderes Ziel war der Bischofssitz Toledo im Süden von Madrid. Auf dem Weg dorthin kam man durch Aranjuez, das Berühmtheit erlangte durch das „Konzert von Aranjuez", komponiert von Joaquin Rodrigo. Mir hat sich nie erschlossen, warum der Komponist diesen Ort als Namensgeber ausgesucht hat. Ehrlicherweise muss ich aber auch zugeben, dass wir uns nicht um die Ergründung des Charmes von Aranjuez bemühten.

Toledo war noch immer die Stadt der Waffenschmiede. Dort wurden Ritterrüstungen aus Eisen, Schwerter und Schilde geschmiedet, inzwischen Gott sei Dank nur für Touristen. Eine Spezialität der Metallarbeiter war das Verfertigen von Bildern und Ornamenten, die durch das kunstvolle Aufhämmern von Goldfäden auf eine poröse Metallunterlage zustande kamen. Auch das waren beliebte Souvenirs, die von den Touristen gerne gekauft wurden.

Avila, im Nordwesten hinter der Sierra gelegen, besuchten wir eher selten, obwohl die Stadt in einem Tagesausflug leicht erreichbar war. Die imposanten Stadtmauern mit den dazugehörigen Stadttoren waren vollständig erhalten. Die Stadt machte aber einen eher düsteren Eindruck, ganz im Gegensatz zu Toledo oder Segovia. Berühmt war Avila durch die hervorragenden Rindersteaks, die uns damals aber nicht wirklich wichtig waren.

Segovia war ein anderes, beliebtes Ziel. Mitten durch die Kleinstadt führte ein intaktes Aquädukt, unter dem sich eines der bekanntesten Restaurants weit und breit befand. Dort wurden die berühmten „Cochinillos" (Spanferkel) bereitet. Das ist eine Spezialität, die zu Kastilien gehört. In Andalusien allerdings hat uns ein Spanferkel eine amüsante Begebenheit eingetragen.

In Benahavis nahe Marbella gingen wir mit Freunden zum „Los Abanicos"-Restaurant, um beim Plaudern ein genussvolles Abendessen zu zelebrieren. Dies ist einer der seltenen Orte außerhalb von Kastilien, in dem auch Cochinillos angeboten wurden. Jutta und die Freunde waren so begeistert von dem leckeren Spanferkel, dass ich mich animiert fühlte, solches dem Ober mitzuteilen. Dieser fragte, ob er den Koch holen sollte, damit wir dieses Kompliment direkt an ihn richten konnten. Wir sagten zu und setzten die Unterhaltung fort. Nach einiger Zeit fiel uns ein, dass wir den Koch ganz vergessen hatten. Wir fragten den Ober also, wo denn der Koch bliebe. Seine Antwort: „Er kann nicht kommen, er sitzt in der Küche und weint vor Rührung über das große Lob."

REISEN IN SPANIEN

DER NORDEN

Der Umzug nach Madrid bedeutete für uns einen großen Sprung in Richtung Luxusleben, obwohl die Übersiedlung von Hamburg nach Eindhoven auch schon eindrucksvoll gewesen war. Spanien fehlte zu dieser Zeit eine Mittelschicht: Es gab vor allem Arme und eine dünne, superreiche Oberschicht in Verwaltung und Landwirtschaft, wo noch bis heute die großen Latifundien bestehen. Industrie, außer der Tourismusindustrie, spielte eher eine untergeordnete Rolle. Eine Ausnahme bildete das Baskenland mit seinen Schiffswerften und Katalonien mit seiner mittelständisch strukturierten Leichtindustrie.

Ich hatte einen guten Chef und ein gutes Einkommen, das uns in der zweigeteilten spanischen Gesellschaft in die Klasse der Wohlhabenden katapultierte. Spanien, ein kontrastreiches, historisch und kulturell reiches und aufregendes Land mit vielen Feier- und Fenstertagen gab uns Gelegenheit, viele seiner Schönheiten kennenzulernen.

Einen Urlaub wollten wir in Galizien verbringen, die „Rias Altas“ besuchen. Das sind fjordähnliche Einschnitte in das Land, die die dort ins Meer mündende Flüsse gegraben haben. Die Mischung aus Süß- und Salzwasser hat eine eigene Flora und Fauna hervorgebracht. Die Orte, die wir besuchen wollten, lagen zumeist an diesen Flüssen mehrere Kilometer landeinwärts.

Die Reise führte uns durch Soria, Burgos, Leon, Oviedo und La Coruña. Auf dem Rückweg berührten wir Santiago de Compostela und Avila.

Es gab bei Philips in Madrid einen Kollegen, der aus der Gegend stammte. Er stattete uns mit überreichen Tipps aus über Hotels, Restaurants und was wir in dem jeweiligen Restaurant essen sollten. Er wies uns auf Sitten und Gebräuche hin, die uns sonst entgangen wären. So regte er uns an, ruhig in die Küche der Restaurants zu gehen und dort mit dem Koch die Speisen auszuwählen, die wir essen wollten. Das war dort offensichtlich Usus.

An einem Fluss waren die Kinder ausgeschwärmt und hatten „Almejas“ (Muscheln, die klein waren und die Form von Jakobsmuscheln hatten) gesammelt. Der Koch war sofort bereit, daraus eine Vorspeise „Almejas a la Marinera“ zuzubereiten. Sie schmeckten dann aber ziemlich sandig. Wahrscheinlich hätten wir sie vorher einige Zeit wässern müssen.

Der sechsjährige Carsten hat sich auf dieser Reise sehr ausgezeichnet: Wir ließen ihn mit einem etwas mulmigen Gefühl an einem Strandabschnitt in La Coruña, der Hauptstadt der Provinz Galicien, zurück, während wir uns auf die Suche nach einer Bleibe machten. Wir hatten aber volles Vertrauen, dass er auf Willi aufpassen und zuverlässig auf uns warten würde. Und so war’s dann auch. Heute denke ich manchmal, dass wir zu große Risiken mit den Kindern eingegangen sind.

Bei der Einfahrt nach Santiago de Compostela, noch ganz am Rande, stießen wir auf einen nicht zu kleinen Viehmarkt, auf dem Pferde, Kühe, Esel und Kleintier angeboten wurden. Die Straße wurde gesäumt von einem Abwassergraben, auf dessen anderer Seite ein flacher Wall entstanden war. Darauf gab es offene Feuerstellen mit großen, glänzenden Kupferkesseln. Beim Näherkommen sahen wir, dass es in den Kesseln brodelte und dass in dem Sud die in Galicien beliebten „Pulpos" (Kraken) garten.

Wir setzten uns an einen der Holztische und ließen uns „Pulpo a la Gallega" servieren. Vor unseren Augen wurde ein rotes Tier aus dem Kessel genommen; die Fangarme schnitt man mit einer Schere in flache Ringe. Darauf geträufeltes Olivenöl und ein bisschen Paprikapulver vervollständigten das Gericht. Die Kinder grausten sich und nahmen auf unser Andringen nur ein Stück zum Kosten.

DER SÜDEN

Zu einem anderen Zeitpunkt hatten wir eine Rundreise durch Andalusien geplant. Die Abreise wurde unsicher, da Willi intermittierendes Fieber hatte. Der Kinderarzt meinte aber, wir könnten die Reise ruhig antreten.

In Marbella mussten wir doch neuerlich einen Arzt aufsuchen, da das Fieber nicht aufhören wollte. Der fragte uns, ob wir nicht wüssten, dass in Madrid die Masern grassierten. Wir setzten also die fiebersenkenden Medikamente ab, damit die Krankheit ausbrechen konnte, und vergaßen unsere weiteren Reisepläne nach Cordoba, Granada und Sevilla.

Marbella, das zu dieser Zeit ein kleines Nest mit wenig mehr als einer entzückenden Altstadt war, lernten wir bei dieser Gelegenheit in- und auswendig kennen. Denn während einer von uns bei Willi blieb, machte sich der andere mit Pumpus auf, um durch Marbella zu streifen. Schlimm wurde die Zeit der Rekonvaleszenz, da Willi nun nicht mehr im Hotelzimmer bleiben wollte, aber auch noch nicht ins Freie durfte.

Wir haben es überlebt.

Eine unserer Urlaubsreisen führte uns in das Baskenland, und zwar nach „Zarauz“, in die Nähe von San Sebastian.

Eines Abends klagte Carsten über Bauchweh. Es nahm so zu, dass wir trotz der späten Stunde am Freitagabend beschlossen, einen Arzt aufzusuchen. Dieser nahm die Sache sehr ernst, war sich aber seiner Diagnose nicht sicher und verwies uns an das nächstgelegene Krankenhaus.

Dort stellte die Ärztin eine Blinddarmreizung fest und beschloss, noch in der gleichen Nacht, den Blinddarm zu operieren. Da wir dazu nichts mehr beitragen konnten, wollten wir uns verabschieden mit der Ankündigung, dass wir dann am nächsten Morgen wiederkämen. Daraus wurde aber nichts, denn die Schwester bestand darauf, dass einer von uns dazubleiben hätte. Warum, wurde dann deutlich; denn die nichtmedizinische Versorgung oblag in Spanien den Angehörigen. Im Krankenhaus gab es nicht einmal einen Kiosk, in dem man das Nötigste hätte besorgen können.

Wir entschieden, dass Jutta die erste Nacht bleiben sollte. Freundliche Spanier, die dieselbe Aufgabe für ihren Patienten übernommen hatten, konnten uns schließlich mit einer Liege aushelfen und teilten am nächsten Morgen ihr Frühstück mit Jutta. Als ich eintraf, konnte ich mich bei ihnen revanchieren und auch Jutta mit den notwendigen Sachen versorgen.

Bei einem Besuch im Krankenhaus entdeckten wir einen dunklen Jungen auf der breiten Treppe zum Haupteingang. Er hatte eine ziemlich große, blutende Wunde am rechten Knie.

Die Ärzte nahmen den sich wild gebärdenden Jungen ins Haus und ließen ihm die notwendige medizinische Versorgung angedeihen. Wie wir von ihnen erfuhren, handelte es sich um einen Zigeunerjungen, der von den Eltern auf diese ungewöhnliche Weise ins Krankenhaus eingeliefert wurde. Angeblich wurde diese Methode von dieser Bevölkerungsgruppe gewählt, da das Krankenhaus die Versorgung nicht verweigern konnte. Die Eltern, die in aller Regel nicht versichert waren, sparten sich auf diese Weise die Bezahlung der medizinischen

Behandlung. Arm, wie sie waren, wäre ihnen das sicher auch nicht möglich gewesen.

Normalerweise sind solche Patienten dann eines Nachts verschwunden.

Carstens Operation war gut verlaufen. Nach vier Tagen wurde er wieder entlassen mit der Aufforderung, gleich wieder ins Meerwasser zu steigen, was die Heilung fördern würde. Er hat sich dann auf sein kleines Surfbrett geschwungen – wenn auch unter Schmerzen – und ist die kleinen Wellen entlanggesurft.

Nach wenigen Tagen gingen wir zurück ins Krankenhaus, wo Carsten selbst die Fäden aus seiner Narbe ziehen durfte. So hatten wir dieses Abenteuer glimpflich überstanden. Aber auch bei anderen Gelegenheiten stellte sich heraus, dass – wenn es je Probleme gab – diese sich immer am Wochenende oder nachts bemerkbar machten.

Nicht so bei der Mandeloperation von Willi. Dies war ein vereinbarter Termin in der Innenstadt von Madrid, den Jutta allein wahrnahm, da ich wieder einmal bei Philips „unabkömmlich" war. Das brachte mir einen ordentlichen Rüffel von Ype Bouwkamp und seiner Frau ein. Er bemerkte, dass so ein Verhalten bei der Marine (er war früher bei der Handelsmarine gewesen) als „overdreven dienstijver" (übertriebener Diensteifer) geahndet wurde. Bemerkenswert war übrigens, dass die Operation ambulant ausgeführt wurde und Jutta das Kind noch von der Narkose benommen gleich wieder mit nach Hause mitnehmen konnte. Doch auch hier ging alles gut.

GROSSE HAUSHALTSGERÄTE

Mein berufliches Ziel war eine kommerzielle Linienfunktion, da dort die Gestaltungsmöglichkeiten ungleich größer waren als in einer Stabsfunktion. Das galt auch deshalb, weil diese Funktion am Anfang der Entscheidungskette angesiedelt ist und ihre Maßnahmen nicht von einer anderen Funktion abgeleitet sind. Also zum Beispiel musste die Fabrik ihre Produktion an den Vorgaben des Verkaufs ausrichten, und dieser bestimmte, welche Menge von einem bestimmten Produkt er verkaufen konnte.

Philips hatte die italienische Firma „Ignis" übernommen, eine Gesellschaft, die große Haushaltsgeräte: Kühlschränke, Waschmaschinen und Küchenherde produzierte und verkaufte. Damit ging auch die Ignis-Tochter in Montcada i Reixac nahe Barcelona an Philips. Dazu gehörte nicht nur eine Verkaufsorganisation, sondern auch eine Fabrik, die ihre Kühlschränke und Waschmaschinen selbst herstellte. Der übrige Teil des Programms wurde von der Mutter in Italien bezogen beziehungsweise von spanischen Firmen zugekauft.

Diese Operation fiel in die Zuständigkeit von Ype Bouwkamp, der unverzüglich daranging, diese Neuerwerbung nach Philips-Prinzipien zu strukturieren. Der Vorbesitzer in Italien hatte nämlich als Geschäftsmodell: Verzicht auf Infrastruktur, um durch diese Kosteneinsparung billig produzieren und verkaufen zu können. Philips hingegen setzte auf Qualität und Service und hatte damit in Spanien auf allen Gebieten das Image einer hochwertigen Qualitätsmarke.

Ype machte mir also das Angebot, eine neue Abteilung aufzubauen, die Produktmanagement, Logistik, Orderdesk und Service umfassen sollte, und zwar für beide Marken, Ignis und Philips. Standort war Montcada i Reixac. Da mir die Aufgabe reizvoll erschien – ich hatte schon immer ein Faible für Fragen der Organisation – und auch die Familie einverstanden war nach Barcelona umzuziehen, sagte ich zu.

Willi

Ende 1971 war der Umzug. Er wurde von derselben holländischen Firma durchgeführt, die uns schon bisher in die verschiedenen Domizile gebracht hatte. Es waren sogar dieselben Umzugsleute, die sich in sachkundigen Kommentaren ergingen, welche Möbelstücke inzwischen wieder dazugekommen waren.

Wir konnten das Haus samt „chica" von Familie Hoyng, übernehmen. Eric Hoyng war mein Vorgänger bei Ignis und nach Ablauf seines „assignments" dabei, Spanien wieder zu verlassen. Das Haus war ein Designerhaus, sogar abgebildet und besprochen in der deutschen Architektur-Zeitschrift „Schöner Wohnen". Es lag in Esplugues de Llobregat, Apel les Mestres Nr. 36, am südwestlichen Ende der sogenannten „Diagonal", einer Verkehrsachse, die von der Osteinfahrt Barcelonas quer durch die Stadt bis zum Südwestausgang der Stadt ging.

Die Chica hielt es nicht lange bei uns: Wir strahlten ihr wohl zu wenig Status und Prestige aus. Die Abneigung zwischen den beiden Frauen war vermutlich gegenseitig. Und so kam „Lola" in unser Haus. Sie wohnte über uns, hinter dem weiter ansteigenden Berg in einer selbst gezimmerten Hütte aus Holz und Blech. Jutta freundete sich gleich mit ihr an, und sie war ohne Zweifel eine Persönlichkeit. Auch Mieze, die uns an allen Standorten gerne besuchte und so ein Stück Großeltern zu den Kindern brachte, liebte sie. Als sie eines Tages äußerte, dass sie gerne Schnecken aß, öffnete sie die Dose der Pandora. Lola kam nämlich hinfort alle paar Tage mit einer großen Schüssel Weinbergschnecken an, die Mieze und Jutta säubern und kochen sollten. Es ging sogar so weit, dass Lola Mieze ein größeres Paket an lebenden Weinbergschnecken mit auf den Heimweg nach Berlin geben wollte.

Es war wohl auch Lola, die die beiden Kaninchen in unser Haus brachte, mit Hinweis auf das gute „Conejo“ (Kaninchenfleisch), das zur katalanischen Küche gehörte. Das eine hat es nicht lange gemacht, dafür wuchs das zweite ins Unermessliche und drohte an seinen Fettröllchen zu ersticken. Vom Essen war bei der tierliebenden Jutta natürlich keine Rede.

Verwunderlich, dass die vielen Hunde, die sich an unser Haus gewöhnt hatten, das Kaninchen als Familienmitglied voll respektierten und in Ruhe ließen. Woher kamen die Hunde? Die kleine Siedlung, in der unser Haus stand, lag ganz am Stadtrand, und die Spanier, die zu Tieren ein höchst distanziertes Verhältnis hatten, setzten die Hunde oft hier aus. Es kam vor, dass den Kinderchen zu Ostern oder zu Geburtstagen ein kleines Tier – ein frisch geschlüpftes Küken oder eben ein Hund – geschenkt wurde. Nach kurzer Zeit waren sie ihrer überdrüssig, und Aussetzen war die probate Lösung. Gott sei Dank trafen sie in unserem Falle auf ein mitleidiges Herz.

DIE NÄHERE UMGEBUNG

Im Garten gab es einen Baum ohne Blätter, aber voll behangen mit großen, roten Früchten. Das war unser erster Kaki-Baum: Wir kannten ihn nicht und genauso wenig seine Früchte. Aus Vorsicht rührten wir sie nicht an, bis wir von Spaniern über die schmackhaften Früchte aufgeklärt wurden.

Auf dem übernächsten Grundstück, rechts von uns, wenn man von der Straße zu unserem Hauseingang schaute, war ein riesiger Bauplatz, auf dem die geplante neue deutsche Schule entstehen sollte. Leider haben wir von diesem Vorhaben nicht mehr profitieren können; denn als sie fertig wurde, hatten wir Spanien längst verlassen.

Willi selbdritt

Zwischen unserem Haus und dem Bauplatz stand eine alte, sehr schöne Villa, bei der man selten jemanden sah. Offenbar war sie doch bewohnt, und das bemerkten wir so: Eines Sonntagnachmittags klingelte es an unserer Türe, und ein kleines Mädchen von vielleicht zehn Jahren erzählte aufgeregt, in ihrem, dem besagten Haus, habe sie Geräusche vernommen. Ich, in der Badehose, bewaffnete mich mit einem Regenschirm und ging mit ihr zu ihrem Haus. Und ja, da stand ein schmächtiger Mann, ein Einbrecher. Er war selber ganz verängstigt und drängte mir sein Messer auf, damit die Polizei es nicht bei ihm finden sollte. Diese kam dann auch bald, telefonisch herbeigerufen, und nahm den angstschlotternden Mann mit.

So löste sich diese kleine Begebenheit in aller Harmlosigkeit auf. Bei Jutta und den Kindern war ich zum ersten und letzten Mal in den Rang eines Helden aufgestiegen. Immer wieder musste ich den Hergang der „Räubergeschichte" schildern. Ich musste mich richtig anstrengen, um die erwartete Dramatik in die Erzählung zu bringen. Aber Jutta und die Kinder wollten sich den Helden nicht nehmen lassen. Es gab auch in Barcelona eine deutsche Schule, in der Carsten unterkommen konnte. Willi ging noch in den angeschlossenen Kindergarten. Das bedeutete für Jutta Chauffeurdienst, um die Kinder morgens hinzubringen und nachmittags abzuholen. Bei Verabredungen mit Schulfreunden zum Spielen dasselbe Lied, mit der Komplikation, dass sich die Stimmung inzwischen oft gedreht haben konnte und die Kinder die Verabredung nicht mehr einhalten wollten.

Das Ende vom Lied war, dass die beiden – Pumpus und Willi – viel zusammen spielten, meistens im Garten Fußball oder ein Ballspiel à la Federball oder „Palas". Pumpus bevorzugte übrigens den Dress von Real Madrid, während Willi den vom FC Barcelona trug.

Eine Folge dieser Konstellation war, dass Pumpus unter seinen Möglichkeiten spielte, damit auch Willi ab und zu gewinnen konnte – sonst hätte er seinen Spielkameraden verloren. Willi hinwiederum überschätzte aufgrund dessen seine Spielstärke, was sich bei der Rückkehr nach Holland rächen sollte. Da beide jetzt in „DVS" (Door Vriendschap Samen) Fußball spielten, fiel diese Rücksichtnahme weg, und Willi wurde mit der peinlichen Erkenntnis konfrontiert, dass er doch nicht so gut war, wie er dachte.

Er fand den Zustand so unerträglich, dass er der Konfrontation auswich, das Fußballspiel aufgab und eine andere Sportart suchte. Diese sollte ihm die Position verschaffen, die seinem Anspruch und seinem Selbstbild entsprach. So landete er über das Reiten

schließlich beim Feldhockey, einer in Holland hoch angesehenen und prestigeträchtigen Sportart.

Zurück zu Spanien: Willi war der Einzige in unserer Familie, der „Katalanisch“ sprach. In der Regierungszeit Francos war Katalanisch strikt verboten, wurde aber leidenschaftlich gepflegt, allerdings nur, wenn kein Fremder in der Nähe war, der den Gesetzesverstoß hätte denunzieren können.

Auf unserem Berg wohnte die schwäbische Familie Gutekunst, herzensgute Menschen, die da schon seit über zehn Jahren lebten: Herr und Frau Gutekunst mit einer sechzehnjährigen Tochter. Es war immer gut zu wissen, dass es sie in unserer Nähe gab, zumal Herr Gutekunst über eine Pistole verfügte.

Wir hatten aber komplett andere Interessen, sodass der Umgang mit ihnen eher sporadisch blieb. Erstaunlich, um nicht zu sagen unverständlich fanden wir, dass die Eltern Gutekunst lebten, als hätten sie das Schwabenland nie verlassen; sie sprachen auch nach so langer Zeit kein Wort Spanisch.

UWE UND LONI

Die Regionen Spaniens hatten immer schon ein Eigenleben geführt. Das erklärt sich auch aus der Geschichte: Spanien entstand durch den Zusammenschluss von Kastilien (dem Zentrum) und Aragon (Katalonien) durch die Heirat von Isabel mit Fernando, die diese unabhängigen Länder mit in die Ehe brachten. Die „Reyes Catolicos“, wie sie genannt wurden, regierten die beiden Länder in Personalunion, ohne sie jedoch zu integrieren. Das heißt, sie schafften keine gemeinsame Verwaltung, gemeinsame Steuern oder auch nur ein gemeinsames Heer. Franco wollte nach dem gewonnenen Bürgerkrieg dieses Versäumnis nachholen und die schon damals auseinanderstrebenden Regionen Spaniens zu einem Einheitsstaat zusammenzwingen.

Barcelona als Hafenstadt war viel zurückhaltender im Schließen von neuen Freundschaften als Madrid. Das gilt wohl für viele Hafenstädte, die sich vor Überfremdung schützen wollen. Wir fanden in dieser Hinsicht Übereinstimmungen zwischen

Barcelona und Hamburg einerseits und Madrid und Berlin als „Landstädten“ andererseits.

Wir hatten aber das Glück, Uwe und Loni Geest kennenzulernen, deren Kinder Mirko und Saskia auch auf die deutsche Schule gingen. Uwe war Architekt und arbeitete im Büro seines Schwagers, während Loni als Grafikerin tätig war und unter anderem Jordi Savall, den berühmten katalanischen Komponisten und Dirigenten betreute.

Wir unternahmen viel zusammen und verbrachten manches Wochenende in einer dreihundert Jahre alten Finca (Bauernhof), die etwa eine Stunde Autofahrt von Barcelona entfernt lag. Es war ein Paradies. Das Anwesen lag alleinstehend auf der Lichtung eines dichten Waldes, hinter einem Bach, den man bei der Anreise durch eine Furt durchqueren musste. Der zughörige Ort lag etwa einen Kilometer entfernt. Dort konnten wir die nötigen Besorgungen machen: Fleisch, Brot, Gemüse und natürlich Wein und andere Getränke.

Die Finca hatten Uwe und Loni mit spanischen Freunden gepachtet, und so war an den Wochenenden immer Highlife mit interessanten Gesprächen beim Grillen und bei „una cerveza“ (einem Bier) oder „una copa de vino tinto“ (einem Glas Rotwein), wobei es gewöhnlich nicht bei einer „copa“ blieb.

Zum Zeitvertreib am Tage gab es ein baufälliges Kleinmotorrad, mit dem sich hauptsächlich die Kinder abgaben. Jutta versuchte sich auch damit, wenn auch mit mäßigem Erfolg: Sie hat uns alle erschreckt, als sie einmal die Beherrschung über den „cacharro“ (das „Schrottmobil“) verlor und in einem Busch landete. Gott sei Dank kam sie unverletzt daraus zum Vorschein und klagte nur über eine Prellung am Bauch, die nach wenigen Tagen wieder vorbei war.

Neugierig, wie wir alle waren, eroberten wir uns systematisch die wunderschöne Stadt Barcelona: die architektonisch ins Auge springenden Gebäude von Gaudi inklusive der unfertigen Kirche „Sagrada Familia". Die große „Plaza de España" und jenen Platz vor der Kathedrale im „Barrio Gotico". Hier tanzten die Katalanen an jedem Sonntag ihre Sardana – auch als Demonstration gegen das zentralistische und diktatorische Regime des Generalissimo Franco.

Spanien war zu der Zeit immer noch eine Diktatur. Das äußerte sich unter anderem darin, dass die wichtigsten Straßen oder Plätze den Namen „Generalissimo Franco" trugen. Die zweitwichtigsten bekamen den Namen von „Primo de Rivera". José Antonio Primo de Rivera war Gründer der faschistischen Partei „Falange" und wurde 1936 hingerichtet. Franco übernahm seine Position als Leiter der Falange und entwickelte einen spektakulären Personenkult um diese Figur.

Die Promenade „Ramblas" mit ihren Blumenständen und den Vogelverkäufern war ein beliebtes Ziel, ebenso der große, überdeckte Markt mit seinem überschießenden Angebot an Fisch, Fleisch, Gemüse und Obst.

Eines Abends, die Dämmerung brach bereits herein, näherten wir uns dem Hafen mit der Kolumbus-Statue. Im Hafenbecken, fest vertäut, lag die „Santa Maria", eine Nachbildung des Schiffes, mit dem Kolumbus seine Entdeckungsfahrten unternommen hatte. Jutta und ich erzählten den Kindern, die mit uns waren, von Kolumbus und seinen Abenteuern. Plötzlich entdeckte Carsten in einer der Schiffsluken ein Licht und meinte: „Kolumbus ist noch wach und an der Arbeit."

Während unseres Aufenthaltes in Barcelona spielte der berühmte holländische Fußballspieler Johan Cruyff beim FC Barcelona. Als erfolgreicher Spieler und später Coach war er in aller Munde und besonders in den viel gelesenen Fußballzeitschriften sehr präsent.

Die Kinder, selber begeisterte Fußballspieler, kannten den Holländer natürlich. Sie hatten sich schon darüber mokiert, dass die Spanier den Namen wie „Kruif“ aussprachen statt korrekterweise wie „Kreuf“.

Der FC Barcelona hatte ein eindrucksvolles Fußballstadion an der Diagonal, und als wir wieder einmal in die Stadt fuhren, bemerkten wir das quer über die Straße gespannte Transparent mit einem unübersehbaren Hinweis auf Johan. Willi konnte inzwischen ein bisschen lesen, bemerkte den Schriftzug und brach in schallendes Gelächter aus: „Die doofen Spanier, die sagen nicht nur „Kruif“, sie schreiben auch Cruyff, gelesen „Kruif!“

Jutta war sehr tolerant mit den Kindern, was sie aber absolut nicht akzeptieren konnte, war, wenn einer nicht die Wahrheit sagte, und die Kinder wussten das. Als Willi eingeschult war, fragte sie ihn bei verschiedenen Gelegenheiten, ob er keine Hausaufgaben bekommen habe. Er verneinte regelmäßig, worauf Jutta ihn konfrontierte: „Aber der Mirko Geest, der macht jeden Nachmittag Hausaufgaben!“ Da brach das kleine Männeken in Tränen aus und sagte: „Der Herr Hess hat gesagt, wer will, kann das und das nachschreiben. Ich will ja aber nicht!“ Und so löste sich eine der größeren Lügengeschichten in Wohlgefallen auf.

Nun hatten wir Gisela und ihre Kinder in Madrid zurückgelassen. Das hinderte uns aber nicht daran, in Kontakt zu bleiben, auch wenn es damals weder Handys noch Computer gab. Es gab aber Telefon und Autos, und so haben wir uns über eine Distanz von 600 km oft gesehen, in Madrid und in Barcelona. Es war im Nachhinein verblüffend, wie leicht man eine Distanz dieser Größe überwindet, während wir später – wieder zurück in Holland – unsere Vorstellung über Distanzen an die Situation dort anglichen und schon 100 km als eine große Entfernung ansahen. Also etwa die Strecke von Eindhoven nach Amsterdam oder Köln.

Ein Ausflug führte uns an die Costa Brava in den kleinen Ort Cadaqués. Salvador Dalí hielt seine Hand über diesen kleinen und höchst charmanten Küstenort. Er hatte nämlich ganz in der Nähe, in Figueras, ein Museum bauen lassen, in dem er seine surrealistischen Gemälde ausstellte. Das deutete auf eine hohe Affinität zu diesem Teil der Costa Brava hin.

Unser Ausflug fand zu Ostern statt, und es wurden – wie es sich gehört – auch Ostereier und Unmengen von Süßigkeiten für die Kinder im Gebüsch versteckt. Einige lagern sicher noch heute dort.

Mit Gisela, ihrer Freundin Viola, Uwe und Loni sowie uns, jeweils mit den dazugehörigen Kindern, waren wir 14 Personen, was ein Problem darstellte, wenn wir in eines der kleinen Restaurants einfielen, um dort zu dinieren. Flexibilität aufseiten der Wirte und der Gäste mit der nötigen Portion von Improvisationsgabe nährte die hungrigen Mäuler.

Ein anderer Ausflug an die Costa Brava sollte uns an den Ort bringen, in dem wir – Jutta, Mieze und ich – noch von Berlin aus Urlaub gemacht hatten. Wir reservierten Zimmer in einem Hotel und machten uns auf den Weg dorthin. Als

wir in „Calella“ ankamen, staunten wir nicht schlecht, dass der Ort sich komplett verändert hatte. Die Veränderungen waren aber so groß, dass wir am Ende eine andere Erklärung finden mussten. Und nach einer eingehenden Kartenstudie kam des Rätsels Lösung zum Vorschein: Es gab nahe beieinander zwei Calellas: „Calella de la Costa“, wo wir gerade waren, und etwas weiter nördlich „Calella de Palafrugell“.

Mir fiel wieder eine kleine Begebenheit unseres Besuches in Calella de Palafrugell ein: Jung verliebt, wie wir waren, löcherte mich Jutta, ich solle doch einmal meinen Schnurrbart abnehmen. Den trug ich schon seit Ende meiner Schulzeit, und das kam so: Ich hatte allein eine Trampreise nach Marokko unternommen, um dort einen Marokkaner zu besuchen, den ich zwei Jahre vorher im Zug in Spanien kennengelernt hatte. Aus rein praktischen Gründen sparte ich mir die Rasur und kam mit einem schwarzen Vollbart nach Hause. Nachdem ich alle Menschen in meinem Bekanntenkreis genügend erschreckt hatte, nahm ich ihn ab, ließ aber einen kleinen Rest stehen, nämlich den besagten Schnurrbart.

Als Jutta nun in Calella, unterstützt von Mieze, so sehr darauf drängte, habe ich mich eines Abends von dem schönen, männlichen Schmuck getrennt.

Wir saßen morgens zu dritt beim Frühstück, und ich sagte nichts. Keine der beiden Damen in meiner Begleitung bemerkte die Veränderung. Erst als ein etwa vierjähriges Mädchen am Nebentisch mit dem Finger auf mich zeigte und aufgeregt „Pic, pic, pic“ rief, flog die Sache auf.

Wir sind natürlich auch in Richtung Südwesten gereist: Naheliegend war „Castelldefels“, ein schmuckloser Ort mit einem langen, langweiligen Sandstrand. Weiter in dieser Richtung gab es „Sitges“, ein schmuckes Urlaubsstädtchen, das den besser gestellten Barcelonesen als Wochenendausflugsziel diente. Dazu mag beigetragen haben, dass die kleine Stadt auch mit dem Zug erreichbar war.

Hinter Tarragona, etwas landeinwärts, gab es Weinbau und, dazugehörig, eine große, renommierte Sektkellerei. Das Vergnügen am Wochenende bestand darin, dass man an blank gescheuerten Bänken und Tischen, hinter einer ausladenden, plastifizierten Serviette, gegrillte Jungzwiebeln schmauste und dazu den bekannten „Codorniu“-Sekt schlürfte. Wie wir danach unversehrt nach Hause gekommen sind, ist mir noch heute ein Rätsel. Wahrscheinlich musste Jutta auf dem Heimweg das Auto chauffieren, sie trank damals schon keinen Alkohol!

Näher gelegene Ziele waren der „Tibidabo“, der über die einzige U-Bahn-Strecke Barcelonas und mit einem Kabinenlift erreicht werden konnte; man konnte auch mit dem Auto auf den Berg fahren, da oben gab es aber kaum Platz, um das Auto abzustellen. Die Kinder liebten diesen Ausflug, weil hoch über der Stadt ein permanenter Vergnügungspark seine Dienste anbot.

Westlich neben dem Hafen gab es den „Montjuïc“, eine Bergkuppe, auf der eine voll erhaltene Burg mit Kanonen den Zugang zum Hafen bewachte. Auf der Rückseite befanden sich eng gewundene Straßen, die einmal im Jahr als Rennstrecke für ein Formal-1-Rennen umfunktioniert wurden. Wir haben ein Rennen besucht und nicht schlecht gestaunt, mit welchem Tempo die Autos durch die Kurven flitzten. Wie sie in der drangvollen Enge je einen anderen Teilnehmer überholen konnten, blieb uns ein Rätsel.

Einen anderen Berg, den berühmten „Montserrat“ mit seinem Kloster, der auch mit einem Kabinenlift „bestiegen“ werden konnte, haben wir aus unerfindlichen Gründen nie bezwungen.

DER JOB

Jobmäßig war Barcelona kein Erfolg, dafür aber sehr lehrreich.

Bisher war der Vertrieb der Philips-Geräte in Madrid unter Herrn Gonzalez angesiedelt. Jetzt sollten beide Marken, Philips und Ignis, von der neu gegründeten Firma „Segad S. A.“ betreut werden. Das Organisationskonzept sah vor, dass die markenspezifischen Vertriebsaktivitäten ihre Identität behalten sollten, andere, interne Funktionen sollten aber für beide Marken in derselben Abteilung durchgeführt werden, um auf diese Weise

Kosten zu sparen; denn die Margen waren in diesem Geschäft sehr gering.

Es wäre unrichtig, meine eigenen Fehler zu unterschlagen. Der Wichtigste war wohl, dass ich es verabsäumte, eine gute Beziehung zu meinem Kontaktmann in der Zentrale in Italien herzustellen. Er hatte selber Ambitionen auf meinen Job gehabt. Ype Bouwkamp hatte aber anders entschieden, da er lieber keinen „Spion“ aus der HIG in Italien auf dieser Position haben wollte. Der ausgebootete Herr war verständlicherweise sauer, dass ich ihm die Chance, nach Spanien zu kommen, vermasselt hatte.

In meiner Unerfahrenheit vertraute ich auf die Unterstützung durch Ype und vernachlässigte die Entwicklung einer guten Beziehung zu dem Verlierer.

Erst im Nachhinein kam mir der Verdacht, dass Ype mich mit einem Plan nach Barcelona geschickt haben könnte: Er rechnete damit, dass der Vorsitzende der Geschäftsführung – Herr Fuentes – und ich uns nicht gut vertragen würden, was ihm die Gelegenheit geben sollte, sich von dem ungeliebten Herrn Fuentes zu trennen.

Fuentes hatte nicht nur gute Beziehungen zur HIG in Italien, sondern auch zu Herrn Jeelof persönlich. Dieser war der Chef der HIG, der den Ankauf von Ignis befürwortet und durchgeführt hatte und der nun als HIG-Chef „Große Haushaltgeräte“ in Italien residierte. Diese Querverbindungen trugen dazu bei, dass die Pläne Ypes, die er mit dieser Aktivität hatte, konterkariert wurden. Er hatte also gute Gründe, nach einer Möglichkeit zu suchen, diesen Mann loszuwerden, und ich in all meiner Unerfahrenheit bin in die Falle getappt.

Die Umstrukturierungen mussten sich erst einspielen und boten genügend Angriffsflächen, die Herr Fuentes zu nutzen wusste. Als besonders unfair empfand ich die Sammlung von Klagen über die Servicequalität der im Aufbau befindlichen Abteilung, die er den entsprechenden Instanzen in Madrid und Italien zuspielte.

Ich wurde auch in das Spannungsverhältnis zwischen Marketing auf der einen Seite und Produktmanagement auf der anderen in der Zentrale in Italien hineingezogen, mit dem ich nicht gut zurande kam. Die Produktleute, insbesondere Herr Scalmana unterstützten mich in meiner Unerfahrenheit. Sie benutzten mich aber auch, um Forderungen zu deponieren, die in ihrem Interesse waren, aber bei den Marketingleuten auf wenig Gegenliebe stießen.

Ich erlebte außerdem meinen ersten Streik und dann gleich auf Management-Ebene. Es war interessant, das etwas hilflose Agieren der Direktion im Kontrast zum Auftreten der Streikenden zu beobachten. Es war offensichtlich, dass die Gewerkschaft junge und geschulte Leute geschickt hatte, die das Heft in die Hand nahmen und den ganzen Prozess steuerten. Sie gaben sich auch keine Mühe, ihr Agieren zu verbergen, sondern organisierten für uns gut sichtbar Diskussionsrunden mit den Arbeitern im Fabrikhof. Es war sehr neu und spannend. Schließlich einigte man sich doch noch auf Lohnerhöhungen, und der Spuk verschwand, wie er gekommen war.

Eine andere Erfahrung hat bei mir einen tiefen Eindruck hinterlassen: Die Kunden waren mit der Produktqualität der Philips-Produkte nur bedingt zufrieden, während sie die Produktqualität der Ignis-Produkte über den grünen Klee lobten. Wie konnte das sein? Tatsache war, dass Kühlschränke und Waschmaschinen, die in Montcada hergestellt wurden, für beide Marken, Philips und Ignis, auf denselben Montagebändern produziert wurden. Am Ende des Bandes wurden dann die Insignien der Marke Philips oder Ignis angebracht. Technisch gesehen handelte es sich also um identische Produkte.

Die Erklärung: „Qualität" stellte sich als eine „Perzeption" (Vorstellung) heraus und nicht als etwas objektiv Gemessenes. Die Marke Philips, mit dem Werbeslogan „Mejores no hay", war nämlich eine hoch angesehene Marke mit einem herausragenden Qualitäts- und Prestige-Image. Entsprechend waren die Erwartungen der Kunden – Ärzte, Rechtsanwälte, höhere Beamte etc. – an die Qualität der Philips-Produkte ungleich höher als an die Produkte der Marke Ignis. Die Kunden dieser letzteren Marke waren eher die einfachen Leute, die gegenüber einem italienischen Produkt keine allzu hohen Erwartungen hegten.

Eine Nutzanwendung aus dieser Erfahrung bestand darin, dass es im Anlassfall nicht genügte, die Produktqualität zu verbessern, sondern man musste mit geeigneten Werbe- und Promotionsmaßnahmen diese Tatsache den Händlern und Kunden auch vermitteln. Sich darauf zu verlassen, das wird sich schon herumsprechen, dauert in aller Regel zu lange, wenn es überhaupt funktioniert.

Die Loyalität meiner Mitarbeiter war sehr groß, in manchen Fällen konnte man geradezu von einer Anhänglichkeit sprechen. Montserrat oder „Montse“, wie sie genannt wurde, meine Sekretärin, war eine große Stütze. Wie sie mir erzählte, hatte sie einen Kontakt mit Nieves, meiner Sekretärin in Madrid, hergestellt, und die beiden Damen besuchten sich gegenseitig.

Wichtiger war, die geradezu selbstlose Unterstützung durch den Personalchef des Unternehmens, Señor Garcia Alvarez. Er war mir insbesondere eine große Hilfe bei der Auseinandersetzung mit einer unserer Serviceorganisationen. Wir hatten ihren exklusiven Status reduziert und in ihrem Territorium neue Servicestellen ernannt, worauf wir von ihnen verklagt wurden. Es wurde ein langwieriger Prozess, den wir schließlich gewannen. Herr Alvarez ließ es sich nicht nehmen, mir das positive Ergebnis persönlich mitzuteilen, obwohl ich schon längst wieder in Eindhoven war.

Als die Spannungen mit Herrn Fuentes nicht mehr zu übersehen waren, klopfte ich eines Tages bei Ype auf den Busch: „Könnte ich nicht den Job von Fuentes übernehmen?“, und wie aus der Pistole geschossen kam Ypes Antwort: „Dat kun jij niet!“ (Das schaffst du nicht.)

EINDHOVEN, DIE ZWEITE

Es war abzusehen, dass meinem Bleiben keine Zukunft beschieden war. Die Pläne, nach Südamerika weiterzuwandern, konnte ich auch begraben nach dem gegenwärtigen Misserfolg. So machte ich mich also schweren Herzens auf die Suche nach einem neuen Job. Die Richtung war schon vorgegeben, nämlich Eindhoven. Die Instanz, die mir weiterhelfen würde, war Herr Arie Lapp vom „Concernstaffbureau".

Bei einem der Vorstellungsbesuche traf ich auf dem Gang Herrn Gazenbeek, den ich aus meiner Zeit im TCPB kannte. Er sprach mich an und fragte, was mein Besuch zu bedeuten habe. Ich erzählte ihm, dass ich auf der Suche nach einem neuen Job war.

Kurze Zeit später bekam ich eine Einladung zu einem weiteren Gespräch in Eindhoven. Wie sich herausstellte, war die Initiative dafür von Herrn Gazenbeek ausgegangen, der unter anderem für die Produktgruppe Videorekorder zuständig war. Er suchte einen neuen Leiter für diese „Hauptartikelgruppe" und meinte, ich wäre der Richtige für den Job.

Ich nahm sein Angebot, diese Stelle zu übernehmen, begeistert an. Mit so einem guten Angebot hatte ich nach dem Fiasko in Spanien nicht gerechnet. Auch freute mich, dass Herr Gazenbeek, den ich schon als einen integren Mann kennengelernt hatte, mein Chef sein würde.

In Anlehnung an die Erfolge auf dem Tonbandgeräte-Sektor, insbesondere mit der Erfindung der Kompaktkassette und deren weltweiter Standardisierung, hatte Philips mit der Entwicklung eines Videorekorders begonnen. Inzwischen war die dritte Generation von Geräten entstanden, die nicht auf einer Spule, sondern auf einer Kassette basierte.

Da die Fernsehabteilung nicht bereit war, ihre Fernsehgeräte – analog den Tonbandgeräten – so auszustatten, dass das Bild- und Tonsignal direkt den Fernsehgeräten entnommen werden konnte, entschloss man sich – der Not gehorchend –, den Videorekorder mit einem eigenen Empfangsteil (Tuner) auszustatten. Diese Konfiguration, ergänzt um eine Schaltuhr, ermöglichte Funktionen, die noch heute den Erfolg des Videorekorders ausmachen: Aufnahmen mit Hilfe der Schaltuhr, ohne dass der Fernseher überhaupt eingeschaltet ist, und Aufnahmen von einem Sender, während auf dem Fernsehgerät gleichzeitig das Programm eines anderen Senders läuft. Zur Wiedergabe der Aufnahmen war es noch notwendig, das von der Kassette kommende Signal so umzuformen, dass es in den Antenneneingang des Fernsehgerätes eingespeist werden konnte.

Da die Schulfernsehprogramme in Madeira nicht empfangen werden konnten, entschloss sich die Schulbehörde dazu, Schulfernsehen mit Hilfe von Videokassetten möglich zu machen. Dazu brauchte man Kopiereinrichtungen, mit denen die Programme auf große Mengen von Kassetten überspielt werden konnten.

Das Projekt war so erfolgreich, dass sich in der Hauptartikelgruppe (HAG) großer Optimismus über die kommerziellen Möglichkeiten der Aktivität breitmachte. Sie ging also daran, die Produktionskapazität entsprechend aufzustocken, und zwar in Wien, in der „WIRAG", die für Entwicklung und Produktion von Videorekordern zuständig war. Dies war übrigens der Moment, an dem ich an Bord kam.

Ich übernahm eine bunte Gesellschaft von Mitarbeitern von meinem Vorgänger Kees Jongelie, alles kreative Leute mit einem starken Charakter.

Meine Sekretärin Toni, die gleichzeitig für die anderen Herren arbeitete, schaute mich immer mit großen fragenden Augen an, so, als wäre ein Alien in der Gruppe gelandet. (Sie hat es auch nicht lange bei uns ausgehalten.)

Dazu gehörte Mario van Hamersveld, der in einer Studie darlegte, dass der Endverbraucherpreis für einen Videorekorder um tausend Gulden gesenkt werden müsse, um das stockende Schiff wieder flottzumachen. Die Direktion stimmte zu, und die Maßnahme zeitigte den gewünschten Erfolg.

Produktmanager war Ton van Geenhuizen, ein Mann mit guten konzeptuellen Eigenschaften und dem notwendigen Durchsetzungsvermögen, um seinen Ideen Geltung zu verschaffen. Er war mir eine unentbehrliche Stütze, nicht nur technisch.

Jacques ter Cock unterhielt die Kontakte zu den Vertriebsorganisationen in den Nationalen Organisationen. Ein ungemein sanfter und sympathischer Mann mit herausragenden kommunikativen Eigenschaften. Seine Stärke war sicher die Zuverlässigkeit, gespeist aus dem ungewöhnlich hohen, ethischen Standard.

Will van der Marc war unser Werbemanager. Hinter ihm stand „Two's Company", unsere Werbeagentur mit den beiden Eigentümern/Direktoren: Dave Chapness war Texter und Kontakter, und Peter Barrett Johns war „Art Director". Beide waren herausragende Fachleute auf ihrem Gebiet und haben das Erscheinungsbild unserer Produktgruppe entscheidend mitgeprägt.

Es gelang mir, diese großen Individualisten zu einem gut funktionierenden Team zusammenzuschweißen. Ich meinte sogar, bei mir zum ersten Mal so etwas wie Menschen-Führungsqualitäten entdeckt zu haben.

Jacques und Eefje

Wie in Holland üblich, erstreckten sich die Kontakte nicht ausschließlich auf das Berufliche. So lernten wir auch Jacques ter Cocks Frau Eefje kennen. Sie war eine der neun Töchter, die ihre Mutter zur Welt gebracht hatte. Hier bewahrheitete sich der Satz: „Der Wunsch nach dem Sohn ist der Vater vieler Töchter!"

Eefje war eine zierliche, gepflegte Erscheinung mit einem sanften Wesen. Sie erzählte manche Schnurre aus ihrer Kindheit, deren eine ich hier wiedergeben will.

Ihr Vater, ein rechtschaffener Mann, fand offenbar, dass er die Aufgabe habe, seine Töchter aufzuklären. Er schnappte sich eines Abends die älteste und ging mit ihr in die Küche. Sie setzten sich, und er machte das Licht aus. Fünf Minuten vergingen, nichts passierte. Dann machte der Vater das Licht wieder an, stand auf und murmelte: „Ich kann es doch nicht!"

Jacques' Mutter war Französin, und die Familie besaß daher immer noch ein Haus im französischen Jura etwa auf der Höhe von Genf und die dazugehörigen Weingärten. Jacques hatte sogar in seiner Jugend überlegt, ob er nicht Winzer werden sollte. Ton, Jacques und ich standen beisammen, als Jacques uns diese Hintergründe seiner Familie erzählte. Spontan wurde der Wunsch geäußert, diesen Ort mit Namen „Voiteur" zu besuchen.

Gesagt, getan. Jacques stellte seinen Wagen zur Verfügung, und an einem Freitagnachmittag zogen wir zu dritt los. Als wir ankamen, wurden wir schon erwartet, und zwar von Jacques' Onkel Pierre Richerateaux. Als wir in das kleine Zimmer beim Eingang eintraten, meinte ich in der weiter hinten befindlichen Türe zur Küche einen Vorhang zu erkennen, der sich hin und her bewegte.

Wir wurden herzlichst begrüßt und gleich zu einem Gläschen Wein eingeladen. Pierrot freute sich offenbar darüber, seinen Neffen zu sehen und mit uns plaudern zu können. Im Gegensatz zu seiner Frau, die wir während des gesamten Aufenthaltes nicht zu Gesicht bekamen, wich er nicht mehr von unserer Seite. Er war ein bisschen wunderlich. Er erzählte nämlich, dass sein Gedächtnis sehr nachgelassen habe und dass er Philosoph sei und eine neue Religion gründen wollte.

Die Hintergründe für das seltsame Verhalten klärten sich nach und nach auf: Es war in Frankreich üblich, dass bei der Weinernte Erntehelfer aus Armenien angeheuert wurden. So kam auch Sonia nach Voiteur, die früher aus der Türkei geflüchtet war wegen der Verfolgung der Armenier dort. Pierre verliebte sich in sie und heiratete sie. Das war ein Tabubruch, den die Dörflinge Pierre nicht durchgehen ließen: Er wurde geschnitten, ja geächtet. Die Tragik war, dass er zwischen allen Stühlen landete; denn seine Frau Sonia fand, dass Pierre nicht loyal genug zu ihr stand.

Die Folge war, dass sich in der Isolation die sozialen Fertigkeiten zurückentwickelten, daher der Gedächtnisverlust. Das erklärt auch, warum er so hungrig auf Kontakte und auf Gespräche mit lieben Menschen erpicht war.

Einmal sind wir ihm doch entkommen und gingen am Bach Seille spazieren. Wir kamen an einer Holzbrücke vorbei, und instinktiv fischte ich eine größere Blechbüchse aus dem Wasser und versenkte sie wieder auf dem Boden des Baches mit der Öffnung von der Brücke weg. Auf dem Rückweg bückte ich mich und holte die Büchse wieder aus dem Wasser. Wie erwartet hatte ich eine Forelle gefangen, die glaubte, sich in der Büchse in Sicherheit bringen zu können. Ich erlöste das arme Tier von seiner Angst und ließ es zurück in das Wasser gleiten.

LEBEN IN HOLLAND

Die Enttäuschung, wieder in Holland zurück zu sein, war groß und konnte durch die Attraktivität des Jobs nicht kompensiert werden.

Im Unterschied zu Holländern, die in dieselbe Lage kamen, gab es keine Verwandten, die uns willkommen heißen würden. Auch die Freunde aus der Zeit vor Spanien waren nicht mehr greifbar: Entweder hatten sie das Land wieder verlassen, das galt für die Ausländer, oder – das Leben geht weiter – sie hatten die Lücke, die wir bei unserem Weggang gerissen hatten, auf ihre Weise wieder geschlossen. Das bedeutete: Keiner nahm uns freundlich in Empfang, auf der anderen Seite war es für uns ein Neuanfang ohne das Element des Neuen oder Abenteuerlichen, das ein anderes Land in aller Regel bedeutet.

DIE SCHULE

Da wir davon ausgingen, dass wir nur zwei bis drei Jahre in Holland bleiben würden vor einer neuerlichen Versetzung ins weitere Ausland, haben wir die Schulfrage so gelöst, dass die Kinder in die „Europäische Schule“ gehen sollten, die in Mol, kurz nach der Grenze zu Belgien lag. Wir wollten vermeiden, dass die Kinder zu oft die Schule und die Unterrichtssprache wechseln müssten.

Die nächste, wichtige Aufgabe bestand darin, ein geeignetes Haus zu finden. Bei der Wahl unseres zukünftigen Wohnortes hatten wir zwei alternative Möglichkeiten überlegt: Entweder konnten wir nahe bei der Arbeit oder nahe bei der Schule eine passende Wohnung suchen. Wir entschieden uns für den unserer Ansicht nach besten Kompromiss: Es sollte nahe der Arbeit sein, allerdings dann auf der zur Schule nächstgelegenen Seite der Stadt Eindhoven. Und so wurde es eine Gemeinde im Süden Eindhovens, nämlich Aalst.

In Mol gab es eine Forschungseinrichtung von Euratom und Eurochemie sowie eine dazugehörige Schule für die Kinder der Forscher und des administrativen Stabs. Die Schule umfasste mit Kindergarten etwa 1250 Kinder. Es wurde in den Sprachen der Gründerstaaten unterrichtet, nämlich in Deutsch, Englisch, Französisch und Holländisch. Auch gab es einen italienischen Zug, eine Konzession an die vielen italienischen Bergarbeiter, die in den nahe gelegenen Bergwerken arbeiteten.

Man hätte von Kindern erwarten können, dass sie, die in so einem internationalen Umfeld aufwachsen, den verschiedenen Ethnien aufgeschlossen gegenüberstehen würden. Weit gefehlt: Die Italiener waren eindeutig die Underdogs, was Jutta und ich überraschend und enttäuschend fanden.

Der Unterricht war so organisiert, dass prinzipiell in der Landessprache der Schüler unterrichtet wurde, ab der fünften Klasse allerdings wurden bestimmte Fächer in der Zweitsprache unterrichtet, die jeder Schüler lernen musste. Die Ausrichtung der Schule entsprach dem Modell des deutschen neusprachlichen Gymnasiums, wie auch ich es besucht hatte.

Philips hatte ein Abkommen mit der Schule für die Kinder ihrer Expatriates. Die Firma hatte auch einen Autobus eingerichtet, der die Kinder jeden Morgen an der Tür abholte und nach Schulende wieder zu Hause ablieferte.

Einmal war der Bus auf der Heimreise defekt liegen geblieben. Der Chauffeur verständigte alle Eltern und bat sie, die Kinder abzuholen. Die holländischen Eltern hatten ihr Auto mit gestrandeten Schülern vollgeladen. Jutta, die sich auch auf den Weg gemacht hatte, sah unsere Bekannte Ute Jung – eine Deutsche – schon auf dem Heimweg: Sie hatte nur ihren eigenen Jungen in das geräumige Auto eingeladen.

Natürlich durften die Kinder auch Freunde aus Mol mit nach Hause bringen. Nach dem Abendbrot stand einer der Jungs, der bei uns übernachtete, auf, um beim Abräumen zu helfen. Carsten machte ihn darauf aufmerksam, dass das bei uns die Mutter macht, und bums, stand der Teller samt Besteck wieder auf dem Esstisch.

Durch das unregelmäßige Leben war es immer ein Problem, den Familienmitgliedern ein warmes Abendessen – wir aßen abends warm – vorzusetzen. Nachdem wir es uns jetzt leisten konnten, entschloss ich mich, der Hausfrau einen Mikrowellenherd zu schenken. Sie freute sich sehr, wies aber auf den fehlenden Stellplatz hin und war überhaupt der Ansicht, jetzt brauche sie so etwas nicht mehr.

Also verkaufte ich das Ding an einen Bekannten, der gerade eine solche Anschaffung erwog. Und wieder war die Hausfrau glücklich. So habe ich mit einem Produkt zweimal eine große Freude bereitet, ohne dass es mich einen Cent gekostet hätte. Dieses Kunststück ist mir später kein zweites Mal mehr gelungen!

Nach der Schule war noch Zeit für den Sport, und Hausaufgaben mussten auch erledigt werden: ein langer und anstrengender Tag für die Kinder. Trotzdem waren sie Mitglieder des lokalen Vereins mit dem schönen Namen „Door Vriendschap Samen“ geworden und spielten begeistert Fußball.

Dieser Sport ist in Holland kein Proletensport. Die Kinder wurden von jungen Männern zwischen achtzehn und fünfundzwanzig Jahren trainiert. Bemerkenswert war, dass sie die Kinder für einen Fehler nicht kritisierten, sondern sie ermutigten, ihren Fehler auszubessern.

Überhaupt fiel uns auf, dass das Erziehungsprinzip zwischen Deutschland und Holland sehr gegensätzlich war: In Deutschland wird versucht, die unerwünschten Verhaltensweisen zu unterdrücken, während die Holländer die positiven Verhaltensweisen fördern.

Das Training fand an einem Abend in der Woche statt, und am Samstag gab es immer einen Wettkampf mit einer Mannschaft, die in derselben „Liga“ spielte. Es wurde erwartet, dass die Eltern die Kinder zu dem Ort eines Auswärtsspiels brachten. Ich bin einer von ihnen gewesen und habe mit großem Interesse den Spaß und den Einsatz der kleinen Jungs beobachtet.

DAS HAUS

Jutta war noch in Spanien und überließ die Wahl des Hauses ganz und gar mir. Das war ein großer Vertrauensbeweis, aber gleichzeitig eine große Verantwortung; denn schließlich würde sie mit den Kindern die meiste Zeit in dem Haus verbringen, viel mehr als ich.

Mit Hilfe des Philips-Wohnungsbüros fand ich ein sehr schönes Haus in der Nachbargemeinde Aalst, (heute Aalst-Waalre), und zwar in der „Prins Clauslaan 13“. Es gehörte dem Eigentümer und Direktor der Zigarrenfabrik „Agio“. Er wollte ein „noch“ größeres Haus, vor allem eines in der Nähe der Fabrik.

Das Haus, eine Hälfte eines Doppelhauses, oder, wie die Holländer sagen, „twee onder een kap“ (zwei unter einem Hut), umfasste drei Stockwerke mit einer Garage neben dem Haus. Das große Wohnzimmer in L-Form, mit offenem Kamin, war noch zum Garten hin erweitert worden. Es bot mit zwei gläsernen Schiebetüren einen Ausgang auf die anschließende Terrasse. Das Haus hatte einen schönen Vorgarten und einen gegen die Nachbarn, „die Buren“, mit Koniferen abgeschirmten Garten. Das Grundstück hatte eine Oberfläche von ca. 500 Quadratmetern.

Die Besitzer der anderen Haushälfte waren Jan und Guus van Beek. Sie hatten drei Kinder: Maarten, Joost und die Tochter Ellen. Es war eine Bilderbuchfamilie, aufgeschlossen, hilfsbereit und herzlich, mit denen wir uns eng anfreundeten. Es gab in den achteinhalb Jahren, die wir neben ihnen wohnten, nicht ein einziges böses Wort. Noch im vergangenen Sommer 2013 haben wir Gus und Ellen in ihren Häusern besucht und über die gute alte Zeit geredet.

Jan war ausgebildeter Architekt: Er hatte auch einige Schulprojekte realisiert. In Wirklichkeit lebte die Familie aber von den Immobilien, die Jan geerbt hatte. Das hinderte ihn nicht daran, seinen Beruf auf einer braun polierten Holztafel im Vorgarten anzuzeigen. Als wir eines Tages über Pensionierung redeten, wurde die Frage aufgeworfen, wie sich das bei Jan zeigen würde. Und Maarten hatte die Lösung: „Dann entfernt Papa einfach das Schild aus dem Vorgarten."

So herzlich die Familienmitglieder miteinander umgingen, so wunderten wir uns doch, dass die Kinder ihre Eltern siezten. Das wollte auch gar nicht zu der Wahrnehmung passen, dass die Menschen sehr schnell zum Du übergingen. Bei näherer Betrachtung stellte sich heraus, dass diese lockeren Umgangsformen erst nach dem Krieg in Holland Einzug gehalten hatten. Reste der mehr respektvollen Umgangsformen hatten sich aber in vielen Familien erhalten.

WASSERSPORT

Alle Mitglieder der Familie van Beek waren begeisterte Segler. Die Kinder, solange sie klein waren, waren alle Mitglieder der „Zeeverkennerei", einer Art Pfadfinder auf dem Wasser.

Diesen Sport konnte man auf der nahe gelegenen Maas ausüben, einem Seitenarm des Rheins, der hinter „'s-Hertogenbosch" floss, oder eigentlich mehr oder weniger still stand. Der Fluss war „verkehrsberuhigt", es gab nur wenig Schiffsverkehr, aber viele Freizeitsegler und Motorbootfahrer. Der Fluss eignete sich auch besonders gut für diesen Zeitvertreib, weil er gesäumt war von größeren Baggerseen, die durch die Gewinnung von Kies entstanden waren. Sie konnte man in Segelunternehmungen einbeziehen, an ihrem Rand auch anlegen und unter dem neugierigen Blick der weidenden Kühe ein kleines Picknick veranstalten.

In den meisten Seen war ein kleiner „Hafen" eingerichtet worden, eine Ansammlung von Stegen, an denen man die Boote festmachen konnten. Es gab auch die Möglich-

keit, die Boote mit einem Trailer ins Wasser zu lassen. Üblicherweise wurde von dieser Möglichkeit nur im Frühjahr und im Herbst Gebrauch gemacht, wenn die Boote in eine Scheune zum Überwintern gebracht wurden. Das galt natürlich lediglich für Jollen, nicht aber für Kajütboote, die in aller Regel dafür zu groß waren. Sie blieben auch im Winter im Wasser oder wurden mithilfe eines mobilen Krans auf den Kai gestellt.
Die Buren führten uns in dieses Freizeitvergnügen ein und nahmen uns oft genug mit ihrem Boot mit. Sie hatten einen Polyester-Spanker mit einer Länge vom 6,20 m, und einer Segelfläche von 14 qm. Da uns allen die Segelei sehr gefiel, kauften wir uns auch einen Spanker.

Man konnte auf der gemächlich dahinfließenden Maas segeln und fleißig das Wenden üben. Schön war es aber auch, wenn man in die nicht so kleinen Baggerseen einbiegen konnte, die etwas mehr Spielraum zum Segeln boten. Als die Kinder dann anfingen zu surfen und wir die Bretter auf das Boot mitnahmen, war es mit der Ruhe dahin. Der Surfer blieb in der Regel im Baggersee, und Mutter grämte sich beim Weitersegeln, wie es dem armen Jungen wohl erginge!

ZELTEN

Wir hatten uns ein Vierpersonenzelt geliehen, um zu testen, ob uns der holländische Volkssport „Kampieren“ auch zusagte, ob wir dem Zelten nicht doch etwas abgewinnen konnten.

Gisela, eine flexible und unternehmungslustige Person, war mit ihren Kindern bei uns auf Besuch, und wir sagten: „Jetzt oder nie!“, und so beschlossen wir, das Experiment zu wagen. Am „Zilverzee“ über der belgischen Grenze sollte es sein. Ich brachte Frauen und Kinder auf den Campingplatz, beging dann aber Fahnenflucht und zog mich gleich wieder in unser gemütliches Haus in Aalst zurück.

Nach einer Woche holte ich die Gesellschaft wieder ab. Die Beurteilung des Experimentes war vernichtend: Der Waldboden war so trocken und staubig, dass bei jedem Niesen eine Staubwolke aufstieg und weiteres Niesen hervorlockte. Der Staub kroch nicht nur in alle Ecken und Winkel, er machte sich auch über Butter und andere Lebensmittel her. Selbst vor den Koffern mit den Kleidern machte er nicht halt. Das war nicht nur die Folge des staubigen Waldbodens, sondern auch der großen Hitze, die alles ausgetrocknet hatte. Ein wesentlicher Mangel war auch das Fehlen eines Tisches oder von Campingstühlen, sodass sich alles auf dem Fußboden abspielte.

Konklusion: Camping ist nichts für uns! Und wie so oft bei unserer Familie beschlossen wir, im nächsten Jahr ein passendes Zelt anzuschaffen und uns in die Camping-Gesellschaft einzureihen.

Mit dem „Schiff" durch die Alpen

Wir hatten, wie bereits erwähnt, einen Polyester-Spanker gekauft mit dem dazugehörigen Trailer. Wir liebten das Boot und tauften es auf Wunsch von Jutta „Schiff" – auch Eva hat im Paradies allen Gegenständen ihre Namen gegeben. Wir liebten das Segeln und verbrachten viele Sonntage auf der Maas. Das Boot begleitete uns auch auf unseren entfernteren Sommerurlauben. So nahmen wir es mit an den Plattensee in Ungarn, voll bepackt mit Zelt und Campingausrüstung. Wir verursachten viel Freude bei den überholenden Lastwagenfahrern, die mit Verwunderung die Ravage in dem offenen Boot bestaunten.

Alle unsere Reisen waren voller Spannung, denn wir hatten keinen Reservereifen für den Trailer und schlimmer noch: Es handelte sich um ein englisches Modell mit den englischen Maßen. Und die kleinen Räder mussten sich sehr schnell drehen, um mit unserem Tempo mitzuhalten. Mich plagte während der ganzen Fahrt die bange Frage: „Wie lange halten die Reifen das aus?" Sie hielten bis zuletzt aus und haben treulich die Tausende von Kilometern absolviert, die wir mit dem Boot zurückgelegt haben.

Am Balaton angekommen, stellten wir Auto und Boot am Eingang des Campings ab, um uns anzumelden. Die großen, staunenden Augen der hinzutretenden Ungarn machten uns ganz verlegen: Wir begriffen plötzlich, in welchem Luxus wir schwelgten und wie provozierend unser Auftreten den Ungarn erscheinen musste. Das Anmeldebüro lag auf dem „FKK"-Teil des großen Areals. Auf dem Weg dorthin begegneten wir einem Mädchen, das mit dem Fahrrad unterwegs war. Während wir noch schauten, näherte sich ein Kontrolleur, hielt das Mädchen an und forderte es auf, Rock und Bluse auszuziehen. Denn auf einem FKK-Camping waren alle zu jeder Zeit verpflichtet, kein Kleidungsstück zu tragen. Offenbar wurde das gegen alle Lebenserfahrung als zu sexy angesehen. So haben wir wieder etwas dazugelernt.

Als wir den uns zugewiesenen Platz erreicht hatten, machten wir uns an das Aufbauen des Zeltes. Für unerfahrene Camper, wie wir es waren, keine einfache Sache. Hinzu kam, dass Jutta und ich nicht in der Lage waren, irgendein Projekt gemeinsam und entspannt zu realisieren. Die „Nachbarn", die in ihrem Vorgarten waren, der zu einem fest installierten Caravan gehörte, hatten sich in Positur gesetzt, um uns besser beobachten zu können. Sie amüsierten sich königlich.

Die Erlösung kam in Gestalt eines holländischen Ehepaares, das die Sache in die Hand nahm, und den „klus" in kürzester Zeit „klaarte".

Bei den nahe gelegenen Waschräumen nahm eine Schulklasse Aufstellung und begann ungarische Lieder zu singen. Und irgendwann bemerkte Jutta: „Der Einzige, der aussieht wie ein Ungar, das bist du!“ Und da dämmerte es mir, dass die Ungarn tatsächlich schlank und blond waren. Die Zigeuner mit ihren Musikanten hatten fälschlicherweise unser nordeuropäisches Bild von den Ungarn verfälscht. Aber ich, mit der kroatischen Mutter, hatte auch eine dunklere, schnell bräunende Haut geerbt und passte gut in das falsche Bild.

Die hilfsbereiten Holländer trafen wir noch öfter auf dem Camping. Er war Mitglied der sogenannten Porschestaffel, das waren Polizeifahrzeuge, die auf den holländischen Autobahnen patrouillierten und auf der Jagd nach Temposündern waren. Ihnen konnte keiner entkommen!

Die Familie beeindruckte uns sehr, denn sie hatten ihren Kindern auf deren Wunsch ausnahmsweise erlaubt, den Urlaub gemeinsam zu verbringen, jedoch nur unter der Bedingung, dass die Kinder ihren eigenen Zeltplatz weiter weg von den Eltern haben sollten. Tatsächlich aber verbrachten sie die meiste Zeit im Caravan ihrer Eltern, jedoch ohne gegenseitige Verpflichtung. Uns hat dieses flexible Konzept mächtig beeindruckt.

WEITERE CAMPINGREISEN

Die nächste Campingreise führte uns nach Kroatien, nach Poreč. Der Ort liegt an der Westküste der Halbinsel Istrien. Der riesige Campingplatz umfasste wieder einen „normalen“ und einen FKK-Teil, den wir aber mieden. Das Boot lag neben dem Zelt in einer kleinen Badebucht, sodass wir es immer im Auge behalten konnten. Trotzdem wäre beinahe ein kleines Unglück passiert; in der Nacht erhob sich, von uns zunächst unbemerkt, ein Unwetter, die uns damals noch unbekannte Bora. Sie konnte innerhalb einer Viertelstunde die heftigsten Fallwinde produzieren und großen Schaden am Zelt und am frei schwingenden Boot anrichten. Freundliche Zeltnachbarn, die aufmerksamer gewesen waren, machten uns auf die nahende Gefahr aufmerksam, und so konnten wir Boot und Zelt noch rechtzeitig sichern.

Zwei Urlaubsreisen führten uns nach Lacanau südwestlich von Bordeaux an die Küste der Biskaya. Genau genommen lag der Campingplatz vier Kilometer landeinwärts an einem kleinen See. Wir hatten noch nicht das Zelt aufgestellt, da hatten die Kinder schon Freunde gefunden. Carsten immer mit seiner Angel im Gepäck. Das verblüffende am Campingleben war auch, dass alle Zelte offen standen und doch nichts gestohlen wurde: Es hätte genügend Wertsachen wie Ferngläser oder Fotoausrüstungen für diesen Zweck gegeben.

Wir machten immer wieder auch kleine Ausflüge an die Küste, um die See mit ihren Wellen zu genießen. Das Meer an dieser Stelle war nicht ungefährlich, weil es bei Flut einen Sog gab, der einen untrainierten Schwimmer leicht in die offene See hinausziehen konnte. Wir beobachteten zwei Kanufahrer, die ihre Boote über die Brandung trugen und dann lospaddelten. Einige Zeit später hörten und sahen wir einen Hubschrauber, der auf die offene See zuhielt. Später erzählte man uns, dass sie die beiden Kanuten aus den Wellen geborgen hatten, leider nur noch tot.

Eine andere Reise führte uns auf einen Campingplatz am Idrosee in den italienischen Alpen. Wir hatten uns dort mit Tilo und Hexi verabredet, die beide bekennende Italienliebhaber waren und sind.

Ich denke noch heute mit Begeisterung an die Harmonie dieses eher kleinen Platzes direkt am See. Der Boden bestand aus einer Wiese, und die einzelnen Zeltplätze waren durch Kopfweiden gekennzeichnet. Der Weg zum Dorf, wo wir auch unsere Einkäufe machen mussten, war etwa einen Kilometer entfernt und führte durch ein fruchtbares Tal.

Durch die Abreise von anderen Urlaubern war es uns gelungen, einen Platz in der ersten Reihe, das heißt mit Sicht auf das Wasser, zu ergattern. Hier überraschte uns ein Sturm von Seeseite, der direkt unter das Vorzelt in das eigentliche Zelt blies. Glücklicherweise war Tilo in der Nähe und half mir, das Zelt in aller Eile zu sichern. Der Sturm war kurz, aber so kräftig, dass wir uns an die Metallkonstruktion des Zeltes hängen mussten, damit es nicht hochgehoben und fortgeweht würde.

Als der Sturm vorbei war und wir die Bescherung in Augenschein nahmen, war klar: Tilo und ich hatten mit unserer Rettungsaktion mehr Schaden angerichtet, als der Sturm je geschafft hätte.

TULIPANES GEGEN SPAGHETTI

Es gab in dem Ort einen Fußballplatz, der mit viel Geschick aus dem Felsen gehauen war. Gegenüber gab es auch ein typisch italienisches Restaurant. Dort verkehrte eine Gruppe von holländischen Jazzmusikern, die hier regelmäßig ihren Sommerurlaub verbrachten. Höhepunkt ihres Urlaubs war immer ein Fußballmatch gegen eine heimische Auswahl: „Tulipanes gegen Spaghetti".

Wir gingen natürlich auch zu dem aufregenden Ereignis, viele solcher Erlebnisse waren ansonsten ja nicht im Angebot. Und ehe wir uns versahen, stand Willi im Tor der Holländer. Ihm flogen die Bälle nur so um die Ohren, und er kassierte ein Tor nach dem anderen. Nach sieben/acht Toren wurden er und seine Mutter, die heftig mit ihm mitgelitten hatte, erlöst. Willi wurde als Torwart ausgetauscht und spielte hinfort mit der holländischen Mannschaft im Angriff.

Ungeachtet des Ausganges wurde im Wirtshaus eine große Fete angesetzt mit gutem Essen und viel Bier. Jemand hatte Videoaufnahmen von dem sportlichen Großereignis gemacht, die jetzt unter dem Gejohle der Anwesenden vorgeführt wurden. Wie wenig braucht es, um Freude am Leben zu haben, und die Holländer waren Meister darin, immer das Beste aus jeder Situation zu machen.

Wie sich schnell herausstellte, war die Annahme, der Erfolg des Madeira-Projekts ließe sich beim Verkauf an Konsumenten wiederholen, als voreilig: Erstens waren Videorekorder – also die vom Fernsehen abgeleitete Funktion – fünfzig Prozent teurer als die Hauptfunktion: Fernseher. Zweitens waren die Käufer von Farbfernsehgeräten finanziell zu erschöpft, um gleich eine zweite Investition in dieser Größenordnung zu tätigen. Die ersten Käufer von Farbfernsehgeräten waren eher die niedrigen Einkommensklassen, für die Fernsehen zum Familien-Mittelpunkt gehörte, auch wenn gelästert wurde, dass der Fernseher den Familienkreis zu einem Halbkreis gemacht habe.

Drittens sollten die Videorekorder durch die Vertriebsorganisationen für Fernsehgeräte verkauft werden. Diese großen, saturierten Organisationen, die gerade den beginnenden Boom der neuen Farbfernsehgeräte genossen, waren nicht motiviert, sich der Anstrengung zu unterziehen, eine zusätzliche und innovative

Produktgruppe auf den Markt zu bringen. Erschwerend kam hinzu, dass das Produkt nicht zur eigenen Produktgruppe gehörig empfunden wurde, da es organisatorisch aus einer anderen Hauptindustriegruppe stammte.

Und das erklärte sich so: Die Hauptindustriegruppen (HIGs) bei Philips waren nicht nach Marktgebieten organisiert, sondern nach technologischen Gemeinsamkeiten gruppiert worden. So lag die Produktverantwortlichkeit für alles, was mit Ton- oder Videobändern zu tun hatte, bei der „HIG ELA". Der Verkauf aber musste sich am Vertriebskanal orientieren, und das war nun mal der Radio- und Fernsehhandel. Die Folge dieser Struktur war, dass sich Überschneidungen ergaben, die einen hohen Bedarf an Koordination erforderten und dem „ownership"-Prinzip zuwiderliefen.

Unter strategischen Gesichtspunkten hatten wir es mit dem Konkurrenten Sony zu tun. Während es Philips in Europa mit einem zersplitterten Markt von verschiedenen Fernsehstandards zu tun hatte, die unterschiedliche Geräte erforderten, war Sony stark in Japan und den USA, also einem immensen und einheitlichen Markt. Sony hatte ein eigenes Kassettensystem entwickelt, den sogenannten Betamax-Standard mit einer sehr attraktiven kleinen Kassette.

Was beiden Systemen zum Markterfolg fehlte, war eine ausreichend lange Spieldauer. Eine Stunde pro Kassette reichte nicht aus, um Spielfilme oder Sportereignisse ohne Kassettenwechsel aufzunehmen. Dieser Fehler wurde erkannt und behoben durch JVC, einen neuen, japanischen Konkurrenten. JVC spulte einfach die doppelte Menge Band in eine Kassette und erreichte damit auf einfachste Weise die erforderlichen zwei Stunden Spielzeit. Die im Vergleich zu Sony erheblich größere Kassette wurde in Kauf genommen und erwies sich nicht als der große Widerstand gegen die Akzeptanz im Markt, wie Sony bei seiner Betamax-Entwicklung angenommen hatte.

Miniaturisierung war ein konstitutives Leitbild der Marke Sony. Das lag sicher auch der Zielvorgabe für dieses Projekt zugrunde. Philips-Entwickler meinten sich zu erinnern, dass Akio Morita, der große, charismatische Chef von Sony, beim Anblick der unförmigen Philips-Kassette spontan den Entschluss fasste, die Betamax-Kassette müsse die kleinstmögliche Kassette werden.

Der weltweite Erfolg des VHS-Systems war ein Abstauber-Erfolg. JVC hatten absolut keinen technologischen Beitrag zur Aufzeichnungstechnik von Fernsehaufnahmen beigesteuert und dennoch den Sieg davongetragen. Sicher kam ihnen zugute, dass sie im Rahmen der in Japans Industrie geltenden „Cross license agreements" alle relevanten Patente kostenlos nutzen konnten. Und als Spätstarter waren sie clever genug, von den Fehlern von Sony und Philips zu lernen.

Das Ende vom Lied: Das VHS-Kassetten-System setzte sich durch und zwang Sony und Philips, trotz enormer Gegenwehr, ihre Eigenentwicklungen aufzugeben und das VHS-System zu übernehmen. Der einheitliche Standard weltweit förderte die Marktakzeptanz und Marktdurchdringung und bildete die Basis für einen Markt mit vorbespielten Kassetten, der beträchtliche Ausmaße annahm.

Philips ging davon aus, dass mit dem VHS-System noch nicht der Endpunkt in der Entwicklung erreicht sei. Mit der Entwicklung eines revolutionär neuen Systems wollte Philips wieder zurück in die technologisch führende Position gelangen. Das Projekt bekam den Namen „Video 2000". Es stellte technologisch tatsächlich einen Quantensprung dar, was auch von der japanischen Industrie anerkannt wurde.

Aber es gab keine Chance, dieses System weltweit zu standardisieren, auch deshalb nicht, weil Philips weder auf dem japanischen Markt noch in den USA eine entsprechende Marktposition hatte. Diese Märkte waren in den Händen der japanischen Industrie, die eine führende Rolle von Philips auf dem Sektor von bandbasierten Technologien nicht akzeptierten. Also wären Versuche, das Video-2000-System im Zusammenwirken mit der japanischen Industrie zu standardisieren – so sie denn unternommen worden wären – von vornherein zum Scheitern verurteilt gewesen.

REORGANISATION

Philips hatte inzwischen eine Reorganisation eingeleitet, die zur Aufgabe der bis dahin üblichen Doppelspitze führte. Außerdem wurden die Produktgruppen nach Märkten strukturiert, was auch in einer Namensänderung zum Ausdruck kam: Die „HIGs“ hießen fortan „Divisions“ und hatten statt zwei Direktoren – einem technischen und einem kommerziellen – jetzt nur noch einen gesamtverantwortlichen Direktor, der meistens aus den Reihen der vormaligen kommerziellen Direktoren stammte.

Im Zuge dieser Veränderungen wurden auch die Produktportfolios bereinigt, was dazu führte, dass die Videorekorder-Abteilung der „Produktdivision Video“ zugeschlagen wurde, und zwar mit Mann und Maus. Dass das Personal mit übernommen wurde, war weise und sicher auch eine Anerkennung für die Leistung der Abteilung und ihrer Mitarbeiter.

Die Erwartung war natürlich, dass diese Produktdivision mit ihrer Markmacht ungleich erfolgreicher operieren können müsste als die vormalige HIG ELA. Die Menschen aber und im Grunde auch die Aktivitäten blieben für lange Jahre ein Fremdkörper in der neuen Umgebung. Das äußerte sich zum Beispiel in der Bemerkung eines der Direktoren: Wir standen beide im Lift mit einem seiner Kollegen, zu dem er sagte: „Mal sehen, was die neue Gruppe zustande bringt!“ Mit anderen Worten: Er betrachtete die neue Aktivität nicht als eine, für die er auch Verantwortung zu übernehmen hätte. Im Gegenteil, er distanzierte sich und nahm die Position des interessierten Zuschauers ein, wie aus seiner Bemerkung konkludent geschlossen werden konnte.

Interessanterweise gab es eine Entsprechung auf der Philips Vorstandsebene: Diese hatte ihr ganzes Interesse und ihre Unterstützung auf die Videoplatte (VLP) gerichtet, ein anderes Videoprodukt zum Wiedergeben von Filmen und sonstigem Videomaterial.

An ihr wurde schon seit vielen Jahren geforscht und entwickelt. Man schätzte das Marktpotenzial offensichtlich bedeutend höher ein als das der Videorekorder. Es erschien auch dem Vorstand viel erfolgversprechender, wozu überdies das Geschick der Produktverantwortlichen beigetragen haben mag, mit der sie diese Technologie innerhalb des Vorstands positionierten.

Ich habe beste Erinnerungen an diese sechs Jahre. Es waren äußerst lehrreiche Jahre. Ich habe sehr unterschiedliche, aber immer starke Persönlichkeiten kennengelernt, mit denen mich teilweise bis heute eine enge Freundschaft verbindet. Projektarbeit und Integration von unterschiedlichsten Charakteren zu einem schlagkräftigen Team waren offenbar ein Talent, das ich bei mir entdeckte und das ich hier optimal einsetzen konnte.

Für mich persönlich neigte sich wieder einmal eine Phase ihrem Ende zu. Es war der geeignete Moment, um eine neue Aktivität ins Auge zu fassen.

COMPACT DISC

Bei der „Audio Division" gab es eine Projektgruppe, die sich mit der Vorentwicklung von „Compact Disc" befasste. Das Projekt war im Jahre 1974 an den Start gegangen. Die Grundidee war, dass man die optische Technologie des Video-Long-Play-Systems (VLP) auch verwenden können müsste, um ein Nachfolgesystem für die Schallplatte zu entwickeln.

Unter Leitung von Joop Sinjou arbeiteten zwei Gruppen sowohl an der Entwicklung von Geräten als auch an der Entwicklung der dazugehörigen Platte.

Die Direktion der Audio Division meinte, dass die technische Entwicklung inzwischen einen hohen Reifegrad erreicht hätte, sodass die technisch dominierte Projektgruppe um einen kommerziellen Mann ergänzt werden müsse. Und so kam ich in das Team.

Wir setzten die erfolgreiche Zusammenarbeit mit Sony fort und definierten die Größe der Platte, die Aufzeichnungsparameter für die Musik und den Raum für Zusatzinformationen, zum Beispiel zur Steuerung und Bedienung der Platte.

Joop Sinjou und ICH

Festgelegt wurde auch, dass nur eine Seite bespielt werden sollte und die andere für ein Etikett mit Informationen zum Inhalt frei bleiben sollte.

Es war bemerkenswert, wie sehr Sony und die japanische Industrie bereit waren, die Führerschaft von Philips in dieser Technologie zu akzeptieren, während sie die Bandtechnologie etwa bei Videorekordern als ihre ureigene Domäne betrachteten.

Wir trafen uns alle zwei Monate abwechselnd in Eindhoven bzw. in Tokyo bei Sony. Projektleiter bei Sony war Herr Mizushima. Später ergänzte auch Sony sein Team mit einem Marketing-Mitarbeiter, nämlich mit Herrn Suzuki.

Es war faszinierend zu erleben, wie diszipliniert die Japaner arbeiteten: Es wurden jeweils Hausaufgaben für die nächste Sitzung verabredet und dann abgearbeitet, oder wenn es noch nicht gelungen war, sie in der verabredeten Zeit zu lösen, auf das nächste Treffen verschoben. Es ging immer um technologische Fragen, nicht um die Entwicklung von Geräten. Das war Sache der beiden Firmen, und da ließ sich keine in die Karten schauen.

Alsbald wurde es notwendig, die Plattenindustrie an dem Projekt zu beteiligen. So kamen Polygram und CBS/Sony in das Projekt. Neben der Entwicklung einer Fertigungstechnologie

Joop, Herbert von Karajan, ICH und Morita

für die Platte ging es auch um einfachere Dinge, wie zum Beispiel um die Definition einer Plattenhülle. Polygram machte hierfür einen Vorschlag, den sie lizenzfrei zur Verfügung stellten und der dann von der gesamten Industrie übernommen wurde.

JOOP SINJOU

Joop Sinjou war der technische Projektleiter des Compact-Disc-Systems. Er und ich ergänzten uns auf ideale Weise: Er hatte einen „japanischen" Arbeitsstil, d. h., er war absolut apolitisch. Im kommerziellen Bereich kam man nicht ohne Taktieren aus, ein Talent, das ich einbringen konnte. Wir respektierten das Terrain des anderen, ohne je in die Zuständigkeit des anderen zu interferieren.

Joop wurde später auf Betreiben von Rhinus Gelijns in eine Adjunkt-Direktoren-Funktion promoviert, wo er sehr zu meinem Leidwesen in kürzester Zeit unterging. Dies waren Funktionen ohne operative Verantwortung, d. h., sie funktionierten nur über „networking" und Politik. Auf diesem Auge war Joop Sinjou aber absolut blind!

Wir organisierten viele Pressekonferenzen zur Vorbereitung der Markteinführung von Compact Disc: in New York, in Tokyo, in Singapur und Hongkong. Der Unterschied in Mentalität und Herangehensweise an die Lösung von Problemen in beiden Städten Hongkong und Singapur war auffallend.

Während die Ingenieure in Singapur nur die ihnen jeweils aufgetragenen Aufgaben erledigten, blieben die Projektleiter – in diesem Falle Sinjou und ich – für das anzustrebende Ergebnis verantwortlich. Wenn sich die Umstände änderten, waren wir verantwortlich dafür, die Aufträge für die zu erledigenden Aufgaben entsprechend anzupassen. Geschah dies nicht, oder hatten wir etwas vergessen oder übersehen, dann wurde dies auch nicht erledigt. Eine wahrhaft preußische Dienstauffassung!

Wie anders war die Situation in Hongkong. Dort fühlte sich jeder an dem Projekt Beteiligte verantwortlich für das zu erreichende Ergebnis. Änderungen an Teilaufgaben unter sich verändernden Umständen wurden von den Mitarbeitern automatisch vollzogen. Die Arbeitsweise wirkte zeitweilig chaotisch und auf jeden Fall für uns undurchsichtig. Aber zum Beispiel fünf Minuten vor Eintreffen der Presse stand alles, und alles funktionierte auch. Der örtliche Philips-Direktor, der die Pressekonferenz leiten sollte, wusste das offenbar ganz genau: Er ließ sich nämlich nicht von unserer Nervosität anstecken, sondern vertraute voll und ganz den einheimischen Mitarbeitern.

Joop und ich hatten vierzehn Tage lang Japan bereist und Lizenzgespräche mit Hi-Fi- und Schallplattenfirmen geführt, als uns der Anruf erreichte, wir müssten eine Pressekonferenz im Waldorf Astoria in New York organisieren. Wir schauten in den Kalender und stellten fest, dass es für eine Heimreise zeitlich nicht reichte, dass wir bestenfalls von Schiphol/Amsterdam zu Hause anrufen konnten, um mitzuteilen, dass wir keine Zeit hatten, daheim vorbeizuschauen. Also beschlossen wir, „hintenherum" nach New York zu fliegen und das Wochenende in Hawaii zu verbringen.

So überquerte ich zum ersten und einzigen Mal die Datumsgrenze. Wir flogen am Freitagabend vom Flughafen Tokyo-

Narita weg und kamen am Freitagvormittag gegen elf Uhr in Hawaii an.

Der unermüdliche Joop Sinjou schlug vor, dass wir ein Auto mieten sollten, um uns die Insel anzusehen. Ich antwortete: „Weißt du, was? Ich gebe dir frei, du schaust dir die Insel an und berichtest mir heute Abend, was du alles gesehen hast. Ich lege mich mit einem spannenden Buch an den Swimmingpool." Und so haben wir es zu beider Zufriedenheit gemacht.

Joop Sinjou konnte anstrengend sein. Er hatte eine unerschöpfliche Energie und ein viel höheres Tempo als ich. Wir waren schon zwei Wochen unterwegs gewesen, und ich jedenfalls brauchte eine kleine Erholungspause. Allgemein ist zu bemerken, dass die Zusammenarbeit mit ihm unglaublich zuverlässig und entspannt war. Er verfügte über einen wunderbaren Humor, der der beiderseitigen Verträglichkeit zugutekam. Wenn er von seiner Militärzeit erzählte, gab es viel zu lachen.

Eine seiner Anekdoten ging so: Bei einem Manöver bekam seine Gruppe den Befehl, einen Fluss zu überqueren. Als der Trupp an der Brücke ankam, war dort ein Seil gespannt mit einem daran angebrachten Schild: „Diese Brücke ist gesprengt." Der Trupp verschwand im nahe gelegenen Wäldchen, kam nach einiger Zeit wieder heraus und betrat seelenruhig die Brücke, um sie zu überqueren. Die Manöverleitung staunte nicht schlecht, zückte die Feldstecher, um zu sehen, was sich auf der Brücke tatsächlich abspielte. Und da sahen sie, dass jeder der Soldaten ein Schild um den Hals trug mit der Aufschrift: „Ich schwimme."

Der Höhepunkt dieser Phase bei „CD" war wohl eine Pressekonferenz bei den Festspielen in Salzburg, wo neben Herrn Morita, dem charismatischen Chef von Sony, auch Herbert von Karajan mit am Tisch saß. Polygram und Philips hatten bloß unbekannte Funktionäre aufzubieten, die international oder auch nur in der Industrie kein „Standing" hatten.

Wir hatten ein Konzert der Berliner Philharmoniker aufgenommen und auf Compact Disc überspielt. Wir gaben eine Vorführung dieser Aufnahme speziell für das Orchester und waren fasziniert von der Reaktion der Musiker: Sie, die immer nur für andere spielten, konnten zum ersten Mal ihr eigenes Konzert anhören.

Am Abend waren wir zu einem Fest eingeladen, das von Karajan seinen Musikern gab. Es ergaben sich die interessantesten Diskussionen mit einer Welt, die uns sonst verschlossen war. Eine heftig mit Musikkritikern diskutierte Frage betraf die Authentizität von Aufführungen etwa von Bachs Werken. Die eine Auffassung forderte absolute Werktreue, d. h., man musste die Werke so spielen, wie Bach sie gespielt hätte. Die andere Auffassung – der auch ich zuneigte – sah Spielraum für unterschiedliche Interpretationen.

DIE MARKTEINFÜHRUNG

Die nächste Phase im Compact-Disc-Projekt wurde eingeläutet: Es mussten Lizenzverhandlungen sowohl mit der Hi-Fi- wie der Plattenindustrie weltweit geführt werden. Das waren faszinierende und aufregende Herausforderungen.

Wir sprachen auch mit der stolzen Firma Telefunken. Sie hatte eine Möglichkeit gefunden, die Schreibdichte der konventionellen Platte zu erhöhen, um so zu kleineren Vinylplatten zu kommen. Ihr Erfolg als Entwickler des PAL-Fernsehstandards machte es ihnen besonders schwer, sich dem System einer anderen Firma anzuschließen. Während Besuchen bei der japanischen Industrie – und wir bereisten dafür alle Teile Japans – war bemerkenswert, mit welcher Akribie und Detailkenntnis sich die Ingenieure mit dem Thema befassten. Bei unseren Besuchen setzte sich der Chef der Entwicklungsabteilung neben Sinjou und ließ einen Fachingenieur nach dem anderen antraben. Der durfte so lange – ohne jedes Zeichen von Ungeduld – Fragen stellen, bis er die Antwort verstanden hatte bzw. merkte, dass wir nicht bereit waren, weitere Informationen preiszugeben.

Einmal geriet ich in die Lage, eine Versammlung von ca. einhundert Japanern leiten zu müssen. Mithilfe von Herrn Mizushima von Sony ging das ohne Probleme über die Bühne. Hilfreich war insbesondere auch die große Disziplin der Teilnehmer.

Ein Beispiel, wie japanische Firmen mit ihren Mitarbeitern umgingen, hat mich sehr beeindruckt: Ein Entwickler bei Sony, der an technologisch kniffligen Problemen arbeitete, hatte genaue Vorstellungen davon, wie ein Compact-Disc-Spieler auszusehen hätte. Das Management hat sich nicht auf eine kontroversielle Diskussion eingelassen, sondern beschlossen, dieses Modell nach seinen Vorstellungen bauen zu lassen. Es sollte auf Messen dem Handel und den Verbrauchern gezeigt werden. Dann würde sich herausstellen, ob das Konzept Zuspruch fand oder nicht. Im vorliegenden Fall wurde das Modell leider kein Erfolg, und auch der Ingenieur konnte jetzt das Ergebnis akzeptieren.

Hierher passt geradeso die Geschichte von Sonys „Walkman": Ein Entwicklungsingenieur, der viel reiste, vermisste eine Möglichkeit, unterwegs seine eigene Musik hören zu können. Er machte einen Lösungsvorschlag. Dieser bestand darin, dass ein Kompaktkassetten-Spieler bei höchster Klangqualität miniaturisiert werden sollte. Als Ergänzung sollte ein hochauflösender und superleichter Kopfhörer dazu entwickelt werden.

Sein Vorschlag wurde in den Gremien der dafür zuständigen Audio Division abgelehnt.

Nun gab es aber bei Sony die Möglichkeit, abgelehnte Projekte an der bestehenden Struktur vorbei, beim Präsident des Konzerns vorzustellen, also bei Akio Morita. Der fand das Konzept gut, und das Projekt wurde verwirklicht. Es wurde ein Bombenerfolg weltweit.

Philips reagierte auf seine subalterne Weise und schusterte ein Gerät aus vorhandenen Bauteilen zusammen, das dem Sony-Gerät nicht das Wasser reichen konnte und auch ein vorhersehbarer Flop wurde.

Zur Behandlung von Mitarbeitern bei Philips möge diese Begebenheit eine Illustration sein: Die Direktoren von Audio und Hi-Fi haben sich ein Stück geleistet, das mir noch heute die Zornesröte ins Gesicht treibt. Sony hatte erreicht, dass Philips und Sony von dem hoch angesehenen französischen Radio- und Fernsehverband eine Auszeichnung für die Entwicklung des Compact-Disc-Systems bekommen sollten. Der Audiochef bestimmte, dass der Hi-Fi-Chef nach Paris reisen sollte, um gemeinsam mit dem Sony-Ingenieur den Preis entgegenzunehmen. Begründung: Dieser spreche Französisch. Nur der Unnachgiebigkeit von Sony war es zu verdanken, dass der richtige Mann, nämlich Joop Sinjou, nach Paris fuhr.

Philips hatte beim Compact-Disc-Gerät auf ein Modell gesetzt, das einem verkleinerten klassischen Plattenspieler ähnelte. Dabei hatte man übersehen, dass Compact Disc ein integraler Bestandteil in einem Hi-Fi-Rack sein musste, weshalb die Platte von vorne geladen werden müsste. Dieser Fehler konnte erst nach Markteinführung bei der zweiten Gerätegeneration korrigiert werden.

Aus den Erfahrungen bei der Geschichte der Videorekorder wurde mir schnell deutlich, dass Compact Disc schnellstens in die Hi-Fi-Organisation integriert werden musste. Vielleicht war es sinnvoll, für die Systementwicklung noch eine kleine Projektgruppe beizubehalten, aber das Geschäft mit CD-Spielern musste schnellstens an die Hi-Fi-Organisation übertragen werden, und so geschah es dann auch.

LIZENZPOLITIK

Philips und Sony hatten sich darauf geeinigt, dass sie für Geräte und Platten Lizenzgebühren verlangen wollten. Die Lizenz für Geräte, 2 Cent, sollte fifty-fifty zwischen Sony und Philips geteilt werden. Für die Platte waren 3 Cent vereinbart worden, die im Verhältnis eins zu zwei zwischen Sony und Philips aufgeteilt wurden. Noch zu meiner Zeit war ein Topf mit dreihundert Millionen Gulden zusammengekommen, „De Pot van Bodt" (Der Geldtopf von Bodt). Herr Bodt war im Philips-Vorstand zuständig für Forschung und Entwicklung und kassierte die Lizenzeinnahmen.

Die Lizenz für Platten war Sony von Anfang an ein Dorn im Auge, und sie wollten sie – auch wegen ihrer Plattengesellschaft CBS/Sony – so schnell wie möglich loswerden. Ich roch den Braten und informierte den obersten Audiochef darüber.

Er flog sogleich nach New York und erreichte, dass Sony auf seinen Platten-Cent verzichtete und dafür die gesamte Lizenz für Geräte zugesprochen bekam. Da die gesamte Hi-Fi-Industrie in Japan in einem Patentpool vereinigt war, das heißt, dass alle Firmen kostenfrei die Patente der gesamten Industrie nutzen konnten, verblieben Sony so gut wie keine Lizenzeinnahmen.

DER NÄCHSTE WECHSEL

Ich wäre bei der Integration gerne mit der CD-Aktivität zur Hi-Fi-Abteilung mitgegangen, aber ich wurde wohl zu sehr als Fremdkörper erfahren, der nicht ins Team passte. Ich habe mich später immer wieder gefragt, ob es nicht auch einen intuitiven Widerstand bei mir gegeben hat.

Äußere Zeichen dafür waren: Ich kam immer wieder zu spät zu anberaumten Besprechungen und konnte mich nicht der Disziplin unterwerfen, pünktlich zu sein. Oft wusste ich nicht einmal, wo die Besprechung stattfinden sollte.

Höchst bemerkenswert fand ich übrigens in diesem Zusammenhang, dass ich nicht ein einziges Mal zurechtgewiesen wurde, was doch ohne Frage gerechtfertigt gewesen wäre. Das gilt übrigens für meine ganze Laufbahn bei Philips und bezieht sich auf alle holländischen Vorgesetzten, die ich je hatte.

So war also mal wieder der Zeitpunkt gekommen, mich nach einem neuen Job umzusehen.

DATA SYSTEMS

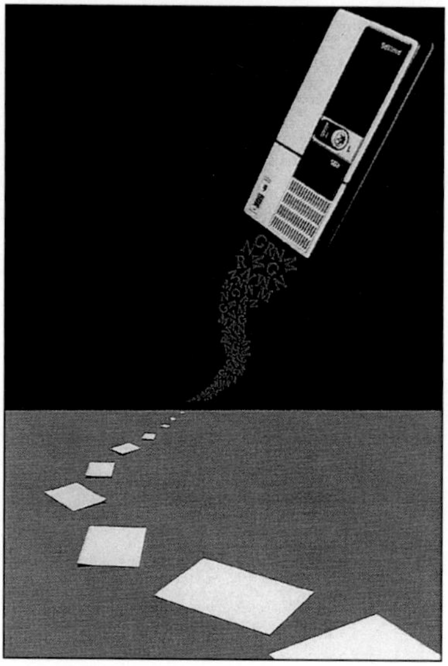

Das Logo

Zum zweiten Mal wurde mir das Angebot gemacht, die Leitung der Diktiergeräte-Abteilung zu übernehmen. Diese Aktivität war aus der alten „ELA“ (Elektro-Akustik) herausgelöst und der Division „Philips Data Systems“ (PDS) zugeschlagen worden. Da diese Division unter anderem an Wordprozessoren arbeitete, erschien es naheliegend, das Diktiergerät hinzuzufügen. Die Funktionen „diktieren“ („word input“) und „schreiben“ („word output“) schienen sich auf ideale Weise zu ergänzen. Die Geschichte der Philips Data Systems Division war in mancherlei Hinsicht bemerkenswert. Philips war sich darüber im Klaren, dass es sich bei Computern um eine Aktivität sui generis handelte, die sich fundamental von den übrigen Philips-Aktivitäten unterschied. Das betraf die Technologie, das Marketing und den Vertrieb. Um nicht eine Übertragung ungeeigneter Praktiken aus anderen Organisationen, etwa dem Unterhaltungselektronik-Sektor, zu riskieren, wurde beschlossen, mit dieser neu zu gründenden Division einen radikalen Neuanfang zu machen.

Die neue Organisation wurde auf die grüne Wiese gesetzt, und zwar in Apeldoorn, weit weg von allen übrigen Philips-Organisationen. Als Leiter wurde ein Professor angeheuert, der ein Spezialist auf dem Gebiet der Computertechnologie war. Mir ist nicht bekannt, aber ich vermute, dass er im Grunde seines Herzens Wissenschaftler war ohne Industrie- oder Managementerfahrung.

Er hatte unter anderem noch damals – also in den Siebzigerjahren – die Vorstellung, Philips könne noch ein „Main Frame System" entwickeln und mit IBM, Digital und anderen angestammten Groß-Computerherstellern konkurrieren.

Data Systems hatte ein Produktkonzept aus Wien übernommen, das zu einem „dedicated" und preiswerten Wordprozessor führen sollte. Dies war eine sozusagen „illegale" Entwicklung: Sie war auf Initiative der Fabrik in Wien gestartet worden, ohne dass es eine Zuordnung zu einer Division gegeben hätte. Das Projekt wurde legalisiert, indem es nach langen Diskussionen der widerstrebenden Division Data Systems zugewiesen wurde.

Nachdem sich inzwischen herausgestellt hatte, dass Wordprozessoren als eigenständiges Produkt passé waren, wurde die Entwicklung umgesteuert in eine PC-Entwicklung. Dazu musste auch ein spezielles, für dieses Produkt konzipiertes Betriebssystem entwickelt werden. Inzwischen hatte sich aber IBM mit Microsoft zusammengetan und sein Betriebssystem „MS Dos" als Industriestandard etabliert. Das ausschlaggebende Zauberwort lautete von nun an „IBM-compatible". Ein Newcomer im PC-Geschäft mit einem Nischenprodukt hatte offensichtlich keine Chance, in dieser Industrie Fuß zu fassen.

Typisch für die Abgehobenheit der Division war auch die Verachtung für das Diktiergeräte-Geschäft. Verglichen mit den Ambitionen der Division hatte die Diktiergeräte-Aktivität zwei gravierende Fehler: Sie war klein und verwendete analoge Technologie. Dass sie hochprofitabel war, zählte offenbar nicht!

Zur Untermauerung des eigenen Standpunktes hatte man Ende der Siebzigerjahre eine „strategische" Studie anfertigen lassen, die das Ende von Diktiergeräten vorhersagte. Diese Funktion würde von den Wordprozessoren übernommen, und überhaupt würden Texte nicht mehr geschrieben, sondern aus vorhandenen Textbausteinen zusammengesetzt.

Für das Computergeschäft hatte man sich bemüht, Fachkräfte aus anderen Computerfirmen zu gewinnen. Da Philips aber auf diesem Sektor ein „No-Name" war, kamen natürlich nicht die

Topleute. Die Schwierigkeit lag auch darin, Menschen, die aus unterschiedlichen Firmenkulturen kamen, in die Philips-Welt zu integrieren. Ein Slogan, der damals unter den Neuankömmlingen im Schwang war, lautete so: „Bei Philips werden keine Entscheidungen getroffen, sondern Gerüchte verdichten sich zur herrschenden Meinung, und jeder richte sich danach.“ Das traf den Nagel auf den Kopf!

Eine andere Anekdote, die damals die Runde machte, ging so: Beim Gebäude VH, in dem der Vorstand residierte, gab es viele streunende Katzen. Eines Tages rief die Oberkatze alle Katzen zusammen. Sie hatte nämlich von einer Philips-Vorstandsentscheidung erfahren, dass allen Katzen das fünfte Bein abgeschnitten werden sollte. Da sagte ein Schlauberger unter den Katzen: „Das betrifft uns aber gar nicht, denn wir haben nur vier Beine.“ Darauf die Oberkatze: „Das Problem ist, dass sie zuerst schneiden und dann erst zählen.“

DICTATION SYSTEMS

Schon bevor ich bei Compact Disc angeheuert hatte, wurde mir das Angebot gemacht, zu „Dictation Systems“ zu wechseln. Ein Grund, das damals abzulehnen, lag darin, dass ich nicht unter dem übergeordneten Chef arbeiten wollte.

Er war zu dem Zeitpunkt noch Chef der Diktiergeräte-Aktivität.

Ton van Geenhuizen und ICH bei
der Lösung der Weltprobleme

Er glaubte sich vor einem Karrieresprung: Er hatte sich ausbedungen und wohl auch Zusagen dahingehend erhalten, dass er die Leitung über alle Handelsgeschäfte der Division erhalten solle. Dazu hätten Personal Computer sowie Wordprozessoren gehört und eben auch Diktiergeräte.

Er war Österreicher aus Baden bei Wien. Er war hochintelligent und ließ das auch jeden merken. Sein größtes Manko bestand in seiner Rolle als „People Manager". Seine Mitarbeiter hassten ihn mit einer solchen Intensität, wie ich sie in meinem ganzen Berufsleben nicht vorher und nicht nachher erlebt habe. In einem persönlichen Gespräch rechtfertigte er diesen Zustand damit, dass Stress eben zum Berufsleben dazugehöre. In Wirklichkeit handelte es sich um einen Charakterzug, den er nicht unterdrücken konnte.

Jetzt kam das Angebot, die Diktiergeräte-Aktivität verantwortlich zu leiten, noch einmal auf mich zu. Diesmal sollte er allerdings an mich berichten mit der Maßgabe, dass er die

Organisation in drei Monaten zu verlassen habe. Darüber hinaus sollte die Organisation den Status einer „Business Unit" bekommen und ihren Sitz in Wien haben.

SCHWERE ENTSCHEIDUNG

Das war keine ganz einfache Entscheidung. Wien, der neue Standort, erschien der übrigen Familie nicht wirklich attraktiv. Carsten hatte gerade sein Abitur gemacht und wollte sowieso nicht mitkommen. Er wusste zwar noch nicht, was er studieren würde, er wusste aber, dass das in Deutschland geschehen sollte.

Willi fühlte sich in der Europäischen Schule in Mol/Belgien sehr wohl. Er hatte mit seinen fünfzehn Jahren seinen ersten engen Freund gefunden. Zum ersten Mal hatte er auch eine Freundin, die sympathische Manuela. Er hatte verständlicherweise überhaupt keine Meinung, diese Umgebung zu verlassen, zumal Eltern von Freunden in Belgien angeboten hatten, er könne bei ihnen wohnen. Das ausschlaggebende Wort kam von Carsten, der meinte: „Wenn Willi ernsthafte Probleme bekommen sollte, dann ist es besser, er ist bei euch, und ihr könnt das rechtzeitig erkennen und eingreifen." Im Übrigen wurde auch deutlich, dass es einen Unterschied macht, ob man ein Wochenende bei Freunden logiert oder auf einer mehr oder weniger permanenten Basis dort lebt.

Bei dieser Entscheidung spielte noch ein anderer Aspekt eine Rolle: Hat eine Familie eine demokratische oder eine hierarchische Struktur? Anders gesagt: Kann, darf Willi selbst entscheiden, ob er nach Wien mitkommt oder in Belgien bleibt, oder ist das die Verantwortung der Eltern, von der sie sich nicht lossagen können/dürfen?

Nach einer nicht ganz einfachen Diskussion der Aspekte, die bei einem Umzug nach Wien berücksichtigt werden mussten, sagte ich mit einem Unbehagen in der Magengegend zu. Jutta und Willi waren nicht gerade begeistert von den neuen Aussichten!

Nach langem Hin und Her entschieden wir uns, Willi mitzunehmen, was nicht nur ihm sehr schwerfiel. Wir Eltern waren uns dessen bewusst, dass das ein tiefer Eingriff in die Entwicklung des Jungen war und dass dieser zu einem äußerst ungünstigen Moment stattfand.

DER JOB

„Business Unit" bedeutete, dass ein Leiter für Entwicklung, Produktion und weltweites Marketing sowie den Vertrieb zuständig ist. Dictation Systems war die erste Organisation im Konzern, die diese neue Struktur verpasst bekam. Mir wurde gesprächsweise auch gesagt, dass wir ein Versuchskaninchen waren, mit dem das Funktionieren der neuen Struktur ausprobiert werden sollte.

In der Nachgründer-Generation gab es zwei Brüder, die sich die Leitung des Unternehmens teilten; der eine war ein Tüftler und übernahm die Leitung der Forschung, Entwicklung und der Fabriken. Der andere konnte wohl gut reden, und er übernahm das Marketing sowie den weltweiten Vertrieb mit den dazugehörigen „Nationalen Organisationen" (NOs).

Das hat mit den beiden Brüdern wohl so gut geklappt, dass man diese Zweiteilung aus den Anfangsjahren als Organisationsprinzip beibehielt. Das heißt, dass jede „Hauptindustriegruppe" (HIG) von zwei Direktoren geführt wurde, und zwar von einem „Technischen Direktor", der für Forschung, Entwicklung und die Fabriken zuständig war, und einem „kommerziellen" Direktor, der für Marketing und den weltweiten Vertrieb verantwortlich war. Das Besondere an der konkreten Lösung war, dass beide gleichrangig und gleichberechtigt nebeneinanderstanden. Der Dritte im Bunde, der Finanzdirektor, hatte einen niedrigeren Status, er berichtete aber an den Finanzdirektor im Konzernvorstand. Das verschaffte ihm natürlich ein gewisses Maß an Unabhängigkeit, den die meisten „Controller" gut zu nutzen wussten.

Man hatte im Lauf der Jahre eingesehen, dass diese Struktur nicht mehr zeitgemäß war, und führte anstelle der HIGs Divisions ein. Der Unterschied bestand darin, dass nun ein Direktor zum Gesamtverantwortlichen einer Aktivität bestimmt wurde mit der Folge, dass der Technische Direktor sowie der Finanzdirektor an diesen berichteten. Die Agenden des Marketings und Vertriebs übernahm in aller Regel der Vorsitzende des Direktoriums.

Der Sitz einer Business Unit im Ausland war auch neu. Wien als Standort machte aber Sinn, da man gerne alle Funktionen einer Aktivität an einem Standort zusammenführen wollte. Die Entwicklung und Fertigung der Diktiergeräte war seit Gründung der Aktivität in der „Wiener Radiofabrik", kurz WIRAG genannt, untergebracht. Das lag daran, dass sie sich auf Systeme und Technologien spezialisiert hatte, die alle auf ein Ton- oder ein Videoband basiert waren.

DAS HAUS

Ich bekam von Jutta freie Hand, um eine Wohnung zu suchen, und wurde fündig am Tirolerhof, einer Siedlung im Süden Wiens am Anfang des Wienerwalds. Das Haus war eher klein, aber gemütlich mit einem kleinen Garten. In dem aufgelassenen, nahe gelegenen Steinbruch gab es einen gepflegten Tennisplatz mit wundervollem Ausblick auf Wien. Wir spielten alle drei gerne Tennis und machten reichlich Gebrauch von der schönen Anlage, auch wenn der Anschluss an die anderen Mitglieder nicht leichtfiel: Es spielten noch immer die Gründungsmitglieder die Hauptrolle, die einen mehr oder weniger geschlossenen Kreis, eine Clique bildeten, die nur schwer zugänglich war.

Man muss überhaupt sagen, dass der große Nachteil dieser Siedlung darin lag, dass es sich hauptsächlich um Ferienhäuser wohlhabender Wiener handelte, die nur teilweise das ganze Jahr in der Siedlung wohnten. Es gab daher keine Infrastruktur, also kein Restaurant oder Café, nicht einmal einen Kiosk. So war es schwierig, unverbindlich in Kontakt mit den Bewohnern zu kommen, die auch kein Interesse an uns Neuankömmlingen hatten. Sie ahnten, dass wir in aller Regel nur kurze Zeit bleiben würden.

Ein anderes Problem war die Verkehrsanbindung, die uns, das heißt Willi, zunehmend zu schaffen machte. Wenn er mit Freunden etwas unternehmen wollte, gab es kaum eine Möglichkeit, mit öffentlichen Verkehrsmitteln nach Hause zu kommen. Wir holten ihn dann auf Anruf mit dem Auto ab. Schließlich gaben wir aber unseren Grundsatz auf, den Kindern kein Moped zu kaufen, und erwarben für Willi eine 50-ccm-Puch.

Für uns blieben als Bekannte oder später auch Freunde nur Expatriates wie wir selbst. Die gab es mehr und mehr im Tirolerhof. Die Fertigstellung und Eröffnung der Allander Autobahn, einer südliche Umfahrung Wiens, machte den Tirolerhof attraktiv, denn jetzt waren die südlichen Bezirke Wiens bis hin zum Zentrum gut zu erreichen. Das war auch für mich sehr praktisch, da das „Philips-Haus“ an der südlichen Einfahrt der Stadt lag.

DIE KINDER

Carsten, der sich in Hamburg und in Berlin um einen Studienplatz für das Fach Betriebswirtschaft beworben hatte, landete schließlich in Berlin an der Technischen Universität. Er war zufrieden mit diesem Ergebnis und bemühte sich mit Erfolg, das Studium in der Mindestzeit zu absolvieren. Da ihm die Dinge schon in der Schule nicht zuflogen, hatte er zu planen und systematisch zu arbeiten gelernt.

Willi hatte es schlechter getroffen: Die Schulen in Österreich waren sehr rückschrittlich, nicht nur im Vergleich zu der modernen, offenen und international orientierten Europäischen Schule in Mol. Das galt leider auch für die „Allgemeine Höhere Schule Perchtoldsdorf“, die Willi besuchen sollte. Das Schlimmste war, dass der Klassenlehrer, ein Mathematiklehrer, einen zynischen Charakter hatte, was Kinder allgemein denkbar schlecht vertragen. Aber für ein Kind, das sich durch den Umzug in einer vorübergehend labilen Verfassung befindet, war es das Schlimmste, was ihm passieren konnte.

Willi wollte daher die Schule wechseln. Der Direktor der ausgespähten Schule durchschaute unser Motiv und sagte, er habe keinen freien Platz. Er wollte wahrscheinlich erreichen, dass Willi nicht vor dem Problem davonlaufen, sondern es lösen sollte. Willi verlor schließlich ein Jahr, biss sich aber durch und beendete die Schule mit Abitur oder Matura, wie es in Österreich heißt.

Er beschloss dann, doch in Österreich zu bleiben und ein Studium an der „Schmelz" aufzunehmen: Sportmanagement sollte es sein. Inhaltlich handelte es sich um eine Kombination von Sport und Wirtschaftswissenschaften. Wir kannten diese Kombination nicht und fragten daher einen Tennisfreund von Willi, der dasselbe Studium absolvierte, was man denn später mit diesem Studium beruflich anfangen könne. Die verblüffende Antwort: „Man kann zum Beispiel Sportminister werden." Auf die Vorhaltung, dass es so einen Minister in Österreich gar nicht gäbe, kam die prompte Antwort: „Sehen Sie!"

Am Tirolerhof wohnte auch eine deutsche Familie, die Familie Ritter. Dem Hausherrn begegneten wir immer mal wieder beim Rundgang mit den Hunden. Jutta erzählte von unseren Zweifeln hinsichtlich der Studienwahl unseres Sohnes. Darauf erzählte der ältere Herr seine Geschichte: „Ich wollte immer Bauer werden, musste aber auf Drängen meiner Eltern studieren: ‚Der Junge soll es einmal besser haben.' Jetzt bin ich Leiter der Pass-Abteilung bei der Deutschen Botschaft und bin todunglücklich mit meinem Beruf. Lassen Sie den Jungen studieren, was ihm Spaß macht!"

SEGELN

Apropos Spaß: Kurz bevor wir nach Wien übersiedelten, hatten wir beschlossen, uns ein Kajütboot anzuschaffen. Segeln war das Hobby aller Familienmitglieder, und so ließ sich eine solche Anschaffung rechtfertigen. Mit dem ins Auge gefassten Umzug in das Binnenland Österreich waren diese Überlegungen obsolet, dachten wir. Gott sei Dank hält das Leben auch positive Überra-

schungen bereit: Wir erfuhren, dass Österreich nicht nur einen Seehafen besessen hatte, nämlich Triest, sondern dass die Adria ein von Wien aus gut erreichbares Segelrevier war.

Die Tourismus-Organisationen in Kroatien hatten eingesehen, dass mit den anspruchslosen FKK-Touristen kein Geld zu verdienen war, und ein eindrucksvolles Ausbauprogramm für Segler realisiert. Der Staat hatte fünfzehn neue, moderne Jachthäfen gebaut und die Seezeichen wie Leuchttürme, Tonnen usw. auf Letztstand gebracht. Eine Vielzahl von lokalen, aber auch internationalen Bootsvercharterern boten ihre Dienste an. Man konnte Motorboote und Segelboote chartern, wobei das Mengenverhältnis etwa bei eins zu zehn lag.

Unser Gewährsmann war der Personalchef bei Philips Data Systems in Österreich. Er war selber ein begeisterter Segler und hatte sich zeitweise als Segellehrer verdingt. Er war verbunden mit der Segelschule Mondsee, die – wie die anderen Segelschulen auch – größere Jachten auf der Adria bereithielten.

Wir ventilierten mit ihm, welche Möglichkeiten sich für uns boten, den ersten Schritt in diese neue Welt zu tun. Wie es der Zufall wollte, hatte er einen vierzehntägigen Törn mit dem Schulschiff der Segelschule Mondsee geplant, auf einer „Feeling 1100“. Dieses Boot sollte im Sommer eine längere Reise machen, wobei die Crews von Zeit zu Zeit wechseln würden. Er hatte den Anfang für sich reserviert. Die Strecke ging von Portoro auf Istrien die ganze jugoslawische Küste entlang bis Dubrovnik. Dort würde er übersetzen nach Brindisi in Italien und das Boot dann in Otranto an die nächste Crew übergeben. Die Rückreise sollte mit der Bahn absolviert werden.

Da bislang neben ihm nur noch seine Frau, seine Tochter und eine Freundin der Tochter auf dem Boot angeheuert hatten, bliebe Platz für uns, das hieß für Jutta, Carsten und mich. Willi wollte wegen seiner schwachen schulischen Leistung zu Hause bleiben und lernen. Es ehrte ihn, dass er diese Entscheidung selber getroffen hatte. Weniger ehrenvoll war, dass er letzten Endes die Zeit doch nicht für den geplanten Zweck genutzt hatte. Wir bedauerten auf das Lebhafteste, dass er dieses einmalige Segel-Erlebnis unnötig versäumt hatte.

Dies war der Anfang von vielen Segeltörns unserer Familie, oft genug ergänzt durch Freunde der Kinder. Nachdem wir die Kornaten und andere, wunderbare Reviere Kroatiens erschöpft hatten, zogen wir weiter ins Ionische Meer mit Ausgangspunkt Korfu. Die nächste Etappe war dann die Ägäis mit Ausgangspunkt Athen. Die weiteste Entfernung führte uns nach Rhodos, wo wir schon die türkische Küste vor Augen, aber nicht berührt haben.

Auf dem Rückflug hatten wir dann ein Erlebnis der anderen Art: Jutta saß neben einem jungen Pärchen, das seinen Urlaub auf Rhodos verbracht hatte und jetzt auf dem Rückflug war. Sie sprachen dem Bier eifrig zu und studierten dabei den Flugbegleiter. Bei den Seiten mit den Landkarten kam plötzlich ein Aufschrei: „Ach, da liegt Rhodos! Ich dachte, das läge bei Mallorca!" So viel zu „Reisen bildet"!

Alle Törns mit Ausnahme eines waren voller Harmonie und Entdeckerlust verlaufen. Alle hatten ihre Freude an anderen Ländern, anderen Sitten, anderen Gerichten und an der entspannten Atmosphäre, die auf allen Törns herrschte. Teilweise hatten wir kleine Gruppen mit uns bekannten Seglern gebildet, waren aber nie mit mehr als drei Schiffen unterwegs.

Einmal kam ein Mädchen von einem der anderen Boote zu uns an Bord. Sie konnte sich gar nicht genugtun, dass unsere doch schon größeren Kinder immer noch mit uns mitsegeln wollten: „Worüber redet ihr eigentlich den ganzen Tag? Habt ihr denn genug Themen dafür?" Hatte die eine Ahnung!!

CARSTEN

Carsten oder Pumpus, wie wir ihn nannten und nennen, hat nach Beendigung seines Betriebswirtschaftstudiums an der Technischen Universität in Berlin das Fernweh ergriffen. Er bewarb sich erfolgreich im Rahmen eines Studienaustausches für ein Projekt in Costa Rica. Er sollte in fünf Monaten herausfinden, ob für getrocknete Produkte des Landes ein Markt in Europa entwickelt werden könne. Nach fünf Monaten war das Projekt zu Ende und das Ergebnis leider negativ.

Da Carsten nun schon einmal unterwegs war und so viel Spaß in der Fremde erlebt hatte, wollte er aus seinem Aufenthalt in Costa Rica eine „Weltreise" machen. Er fragte also bei uns an, ob wir damit einverstanden wären und ob wir dieses Projekt mit einer kleinen Summe Geldes unterstützen wollten. Die Antwort auf beide Fragen war ja. Das Geld wollte er als zinsloses Darlehen. Jutta und ich betrachteten die Reise aber als Teil seiner Ausbildung und waren gerne bereit, den bescheidenen Betrag zur Verfügung zu stellen.

Seine Reise führte ihn in Länder wie Südafrika, ein Land, zu dem er zeitlebens eine innige Verbindung behielt. Er war in Australien, in Vietnam und anderen asiatischen Ländern. Er ließ auch Länder Südamerikas nicht aus. Dabei kamen ihm seine guten Spanischkenntnisse sehr zupass.

Wie schon als Kind war er sehr zuverlässig, und wir machten uns keine konkreten Sorgen über sein Wohlergehen. Er lernte Menschen kennen und spielte seinen Charme und sein Talent aus, sich kleine Gefälligkeiten aufdrängen zu lassen. So deponierte er am anderen Ende der Welt einen Koffer mit Sachen, die ihn auf der Reise nur behindert hätten. Die betreffende Familie war gerne bereit, diesen bei ihrer nächsten Reise nach Europa zu befördern.

Wir hatten – Teil der Zuverlässigkeit – immer Kontakt mit ihm. Er meldete sich regelmäßig und berichtete von seiner Reise: alles mit Fax. Die Telekommunikationsindustrie war noch nicht so weit wie heute: Es gab keine Internetcafés, keine Smartphones oder andere Kommunikationsmittel, die uns heute selbstverständlich geworden sind!

Seine Berichte von unterwegs hatten nicht nur die Funktion, uns zu beruhigen. Carsten gehört zu den seltenen Menschen, die ihr Glück mit anderen teilen wollen. Konkret wurde das noch einmal deutlich sichtbar, als er Ellen, seiner lieben Frau, all die schönen Länder und Gegenden zeigte, die er auf dieser ersten Reise kennengelernt hatte. Während die meisten Menschen anrufen, wenn es ihnen schlecht geht, ruft Carsten immer dann an, wenn es ihm gut geht. Und er ruft oft an!

Zurück in Deutschland machte er sich auf die Suche nach einem Job. Da er dem internationalen Glamour nicht abgeneigt war, heuerte er bei der Lufthansa an. Frank Berweger, sein bester Freund schon aus Schulzeiten in Mol, hatte keine Weltreise gemacht und arbeitete bereits bei der Frachtabteilung der Lufthansa. Man war dabei, für diesen wichtigen Geschäftszweig eine Marketing-Organisation aufzubauen. Es gab noch eine offene Stelle in Stuttgart, und Frank konnte ihm behilflich sein, diese Stelle zu ergattern.

Carsten pendelte dann zwischen Stuttgart und Nürnberg: Die langhaarige, blonde und schöne Anja arbeitete auch bei Lufthansa, lebte aber in Nürnberg. Jutta bemerkte einmal über die schöne Anja: „Das ist die typische Blondine, auf die Männer reinfallen!“ Wie recht sie damit hatte!

Das Management von Lufthansa legte größten Wert auf korrekte Kleidung. Es durfte auch „chic“ sein. Es gab also bei den Männern viele Hemden zu bügeln. Carsten machte Anja also das Angebot, seine Hemden zu bügeln. Er wollte ihr pro Hemd 2 DM geben. Anja fiel aber nicht darauf herein, und so musste Carsten die Arbeit selber erledigen. Er beklagte sich bitterlich: „Jetzt bügele ich die Hemden schon selber. Meinst du, die Anja würde mir 2 DM pro gebügeltem Hemd geben?“

Die Frachtabteilung war ja schön und gut, zumal die Marketing-Abteilung noch im Aufbau war. Erst einmal musste eine Datenbasis erarbeitet werden. Carsten war also permanent damit beschäftigt, Studien anzufertigen und die Ergebnisse einem illustren Kreis von Lufthansa-Frachtmanagern zu präsentieren. Aber in Wirklichkeit galt seine Leidenschaft der „Passage“. Geschickt und ausdauernd, wie er war, hat er den Sprung dorthin auch tatsächlich geschafft.

Er landete im Qualitätsmanagement und da in der Abteilung, die Kundenklagen – und Reklamationen – bearbeitete. Diese Gruppe, die in Köln angesiedelt war, sollte er verantwortlich leiten.

Zwei Aspekte verleideten ihm den Job: Die Mitarbeiter der Gruppe machten den Job schon länger und waren Carsten wissensmäßig überlegen. Er hätte das im Prinzip durch entsprechendes Führungstalent und/oder durch praktische Erfahrung im Führen von Mitarbeitern ausgleichen können.

Ein wichtiger zweiter Punkt betraf seine – modern ausgedrückt – „Work-Life-Balance“. Übersetzt: Er wollte nicht die Probleme aus der Arbeit mit nach Hause nehmen. Er wollte nach der Arbeit die Tür hinter sich schließen und die ganze Lufthansa vergessen.

Und da er schon einmal dabei war, sich sehr prinzipielle Gedanken über sein weiteres Leben zu machen, meinte er: „Ich will mehr Freizeit haben, als ich jetzt habe, und gleichzeitig mehr Geld verdienen!“ Ich warnte ihn und sagte: „Das ist ein erstrebenswertes Ziel, wird aber nicht ganz leicht zu realisieren sein.“

Es gab Momente, in denen er ausbrechen und die Firma verlassen wollte. Wir alle, die wir in großen Konzernen gearbeitet haben, kennen diese Situation nur allzu gut: Es geht nichts weiter, man hat das Gefühl, man steht an und hofft, bei einem Firmenwechsel, auf einen Neuanfang, der neue Herausforderungen, aber auch neue Perspektiven eröffnet. Da Carsten von den Möglichkeiten, die die Lufthansa ihren Mitarbeitern bot, so ausgiebig Gebrauch machte, wies ich ihn darauf hin, dass gerade er bei einem Wechsel viel, sehr viel einbüßen würde. Wenn er all die Reisen, die er privat zu niedrigsten Kosten machte, zu normalen Tarifen bezahlen müsste, wäre sein Reisebudget in kürzester Zeit erschöpft. Dass auch seine Familie und wir als seine Angehörigen von den Möglichkeiten der Lufthansa profitierten und profitieren, ist eine Tatsache, hat die Empfehlung an ihn, bei der Lufthansa zu bleiben, aber nicht beeinflusst.

Jedenfalls wechselte er vom Qualitätsmanagement zu den Flugbegleitern. Ich war skeptisch, wie lange er das durchhalten würde. Er war mir bis dahin nicht als jemand aufgefallen, der andere gerne bedient. Ein glatter Irrtum! Er macht den Job jetzt schon seit über zehn Jahren, und das ohne Probleme. Ich habe allerdings auch bemerkt, dass der Job ihn stark zu seinen Gunsten verändert hat.

DIE FRAU FÜRS LEBEN

Mit der Minne hatte er seine liebe Not. Er hatte eine Beziehung mit einer groß gewachsenen Blondine, mit Karin. Karin war ein höchst komplizierter Mensch und passte rein gar nicht zum lebensfrohen Carsten. Er wollte aber nicht so ohne Weiteres aufgeben, bis dann doch der Zeitpunkt gekommen war, an dem er die Beziehung beendete.

Carsten lebte zu dieser Zeit in Wiesbaden, erst im dritten Stock einer wunderschönen Jugendstilvilla. Er war Teil einer Art Wohngemeinschaft, wobei er und der andere Mieter sich das nette Mädchen in der Mitte brüderlich teilten. Dreierbeziehungen sind im Allgemeinen instabil, so auch hier. Als Carsten eine adäquate Wohnung in einer modernen Villa im Sonnbergviertel finden konnte, zog er aus. Er war jetzt Nachbar von Prominenz, wie z. B. von den Sekt-Henkells oder von Hans Eichel, dem früheren Ministerpräsidenten von Hessen.

Dann kam der Anruf: „Jetzt habe ich die Frau meines Lebens gefunden!" Darauf seine Mutter: „Wie ist sie denn? Dass sie blond ist, brauchst du nicht besonders zu betonen!" Carsten: „Sie heißt Ellen Kunna und kommt aus Nieder-Erlenbach. Sie ist übrigens gar nicht blond!" Als wir nach einiger Zeit hörten, dass Carsten sein geliebtes Wiesbaden aufgab, um zu ihr auf das Dorf Nieder-Erlenbach zu ziehen, wussten wir, dass es jetzt ernst wurde.

Wir hatten Gelegenheit, Ellen im August 2001 kennenzulernen. Carsten hatte sie zur Geburtstagsfeier von Juttas sechzigstem Geburtstag mit nach Wien gebracht. Schon zur Hochzeitsfeier van Basti, dem Sohn von Tilo und Hexi in Rosenheim, kam sie ohne Carsten, der diese Einladung nicht wahrnehmen konnte. Ellen, die außer uns niemanden auf dem Hochzeitsfest kannte, mischte sich ohne Scheu oder Verlegenheit unter das junge Volk und wäre noch in der Lage gewesen, mit ihrer nachdrücklichen Präsenz, die Braut auszustechen. Wir waren beeindruckt und begeistert von ihr.

Carsten war ein Junge zum Ausgehen, zum Verreisen, zum Partyfeiern. War er auch ein junger Mann zum Heiraten? Nun, Ellen hatte es in der Zeit der „Verlobung" nicht immer ganz leicht mit Carsten. Sie lernte in dem engeren Zusammenleben auch die schwierigeren Seiten seines Charakters kennen. Wir wollten Ellen unbedingt in unserer Familie halten, und in dieser Hinsicht tat sich insbesondere Willi hervor. Immer wieder bekniete er Ellen: „Halte durch, gib nicht auf!" Und es hat gewirkt!

Am 27. Februar 2004 sollte die Hochzeit sein, angekündigt ein Jahr vor dem Vollzug. Und in Kapstadt sollte es sein!

Wir dachten, geht es nicht ein bisschen einfacher nach dem Motto der Holländer: „Doe eens gewoon, dan doe je al gek genoeg!" (Nicht übersetzbar.) Wir gewöhnten uns jedoch an die Idee; denn da es noch ein Jahr bis dahin war, wollten wir die Gelegenheit nutzen, um über den Hochzeitsanlass hinaus Ferien in Südafrika zu machen. Wir kannten das Land ja schon und freuten uns auf ein Wiedersehen.

Die Hochzeit war ein rauschendes Fest mit Sport und Spiel. Das Besondere war aber, dass die Standesbeamtin bereit war, die Hochzeitszeremonie zu wiederholen, und zwar am Strand von Llandudno. Auch dieser Teil der Feierlichkeiten war ein voller Erfolg: Das Wetter spielte mit, und alle hatten Freude, an dem Glück der Jungvermählten teilzuhaben. Unter den Freunden von Carsten gab es genug Filmer und Fotografen, die die wunderbaren Lichtverhältnisse nutzten, um in einmaligen Fotoaufnahmen und Filmsequenzen die wesentlichen Ereignisse und die wunderbare Stimmung einzufangen.

Mieze hatte Gelegenheit, aus der Distanz an der Hochzeit teilzuhaben, unter anderem dadurch, dass sie ein detailliertes Programm vom Ablauf der Festivitäten bekommen hatte. Wir hatten regelmäßig telefonischen Kontakt mit ihr, um ihr auch inhaltliche Möglichkeiten der Teilnahme zu bieten. Eines Tages, nach dem Bericht der vergangenen Stunden, teilte Jutta ihr mit, dass wir gleich zu einem Cocktail in Pumpus' und Ellens Wohnung mussten. Darauf sie: „Ist das nicht euer freier Abend?" Dies war der beste Beweis dafür, dass sie intensiv an den Festivitäten teilnahm und dass die soziale Kontrolle bestens funktionierte.

Familie Kunna ist sehr religiös eingestellt, insbesondere Vater Herbert, aber auch Mutter Ilse, und so sollte ein halbes Jahr später eine kirchliche Trauung stattfinden. Ein zweiter Grund war, dass diejenigen, die keine Gelegenheit hatten, nach Kapstadt zu fahren, die Hochzeit in der Kirche miterleben konnten.

Auch das war ein gelungenes Fest, und wir konnten uns davon überzeugen, dass nicht nur Carsten einen großen Freundeskreis hatte, sondern auch Ellen. Wie wir zu unserer Freude sehen konnten, harmonierten die beiden Freundeskreise auf das Trefflichste.

Was den beiden und uns zum Glück noch fehlte, war ein Sohn bzw. ein Enkelchen. Und tatsächlich fing der Bauch von Ellen an sich zu runden, und am 21. März 2005 erblickte Tim oder Timmi, wie wir ihn nennen, das Licht der Welt. Ellen hatte die Schwangerschaft ohne Beschwerden hinter sich gebracht. Da der junge Mann sich aber über Gebühr viel Zeit ließ, wurde er im Krankenhaus in Bad Homburg kurzerhand per Kaiserschnitt an die Luft befördert.

Timmi

Timmi ist die Freude seiner Eltern, die ihn nach Strich und Faden verwöhnen. Großmutter Ilse kümmert sich um die Erziehung und ist darin höchst erfolgreich. Wir sahen Timmi in den ersten fünf Jahren alle vier bis sechs Wochen, auf dem Weg nach Spanien oder auf dem Rückweg von Spanien. Gelegentlich wurden wir auch zum Babysitten angefordert und ergriffen die Gelegenheit gerne, Zeit mit unserem Enkelchen zu verbringen. Wenn es keinen Anlass gab, sind wir halt ohne Anlass nach Niedererlenbach gereist.

Wir hatten immer den Eindruck, dass wir zur Familie gehörten und stets willkommen waren. Das erstreckte sich auch auf Familie Kunna und die weitere Verwandtschaft. Sie hätten es sogar gerne gesehen, wenn wir in ihre Nähe gezogen wären. Wir haben den Gedanken durchaus erwogen, ihn zuletzt aber doch verworfen.

JÖRG

Jörg, genannt Willi, hatte Sportmanagement studiert mit der Absicht, bei einer Sportartikel-Firma anzuheuern. Bei der Jobsuche stellte sich aber sehr schnell heraus, dass die Firmen in Österreich überwiegend Filialen ausländischer, vor allem auch deutscher Firmen sind. Das gilt etwa für Adidas, Puma, Wilson und viele andere. Sie waren also, soweit sie überhaupt eine eigene Niederlassung hatten, Befehlsempfänger der Hauptverwaltungen im Ausland. Das war nicht attraktiv und entsprach nicht Willis Vorstellungen.

Er setzte sich also auf den Hosenboden und begann, sich bei anderen Firmen zu bewerben. Er handelte sich nur Absagen ein. Oft wurde er nicht einmal zu einem persönlichen Gespräch eingeladen. Ohne persönliche Gespräche bekam er aber auch kein Feedback, aus dem er hätte ableiten können, woran es eigentlich lag, dass die in Betracht gezogenen Firmen so abweisend reagierten.

Noch war sein Selbstbewusstsein intakt. Nach Bewerbungsgesprächen, zu denen er vereinzelt eingeladen wurde, wiederholte er immer wieder: „Wenn ich die wäre, ich würde mich nehmen!“

Guido, der Sohn eines holländischen Kollegen, hatte ein Talent in Computerprogrammierung. Guido arbeitete damals bei IBM in Wien. Er informierte uns auf Befragen, dass es bei IBM zurzeit einen Aufnahmestopp gäbe. Er wollte uns aber informieren, sobald IBM wieder Personal einstellte.

Und tatsächlich erreichte uns nach einigen Wochen die Mitteilung: Es ist so weit. IBM suche vor allem Mitarbeiter mit guten kommunikativen Eigenschaften, die mit unterschiedlichen Kulturen in Berührung gekommen waren und mehrere Sprachen beherrschten. „Fachidioten haben wir selber“, meinten sie.

Hintergrund war die Übernahme einer neuen, weltweiten Funktion: Die österreichische Organisation bekam die Verantwortung dafür, alle IBM-Produkte in einen Datenpool einzugeben und zu verwalten, auf den alle IBM-Organisationen weltweit zugreifen konnten.

Er wurde dreimal zu einem Gespräch eingeladen. Nach Strich und Faden ausgefragt und persönlich begutachtet. Schließlich kamen sie zu der Schlussfolgerung, dass Willi zu dem vorgegebenen Profil passte, und stellten ihn ein.

Er hat dann, wie das bei großen Konzernen üblich ist, auch andere als die Eingangsfunktion bekleidet. Das erlöste ihn auch von dem schwierigen, psychologisierenden ersten Chef.

Er ist zurzeit im IBM-Softwarebereich tätig und ein höchst angesehener und beliebter Großkundenbetreuer. Das wird auch durchaus anerkannt und deutlich zum Ausdruck gebracht: vom Kunden Raiffeisen und auch von IBM selbst.

Trotzdem überfielen ihn von Zeit zu Zeit Zweifel, ob es nicht etwas Besseres für ihn gäbe. Doch er ist im Grunde seines Herzens kein Karrierist und entdeckte einen Weg, die fehlende Zufriedenheit im Job in seinem privaten Umfeld zu finden. Das gelang vortrefflich mit den beiden entzückenden Kindern, unseren geliebten Enkelkindern Nico und Tina, und so ging diese Manifestation einer Midlife-Crisis wieder vorbei. Letzten Endes beschloss Willi, bei IBM zu bleiben. Eine gute Entscheidung, wie ich finde.

Willi hatte sich nach bestandener Matura mit seiner Zeichenlehrerin zusammengetan. Er wohnte bei ihr und führte ihren Haushalt. Mitunter traf er seine Mutter im Supermarkt, und beide tauschten Kochrezepte aus. Wir machten uns Sorgen, weil er so antriebslos war und nicht „in die Puschen" kam. Ich sagte ihm: „Du bist alt genug, um die Verantwortung für dein Leben zu übernehmen. Wir finanzieren dich, bis du fünfundzwanzig Jahre alt bist, das ist eine großzügig bemessene Studiendauer. Dann hast du eine Ausbildung oder auch nicht!" Das Problem war, dass Willi in dem damaligen Alter so bescheiden und anspruchslos war, dass man ihn nicht mit entsprechenden Angeboten locken konnte.

Schließlich hat er doch noch die Kurve gekriegt, und sein Hobby zur Grundlage seines Studiums gemacht. Er spielte nämlich leidenschaftlich gerne Tennis, knüpfte dort neue Freundschaften und gab auch Unterricht. Damit verdiente er sich ein nicht zu verachtendes Zubrot. Er arbeitete gerne mit Kindern und trainierte zeitweilig eine der besten Rollstuhl-Tennisspielerinnen Österreichs.

Willi war durchaus beliebt bei der Damenwelt. Da wir immer ein offenes Haus hatten, lernten wir sie auch alle kennen. Jutta „versammelte" dann die abgelegten Freundinnen, das heißt, diese besuchten Jutta auch dann noch, wenn die Beziehung zu Willi bereits beendet war.

Aus dem Kreis der Blondinen ragt eine Nicht-Blondine heraus: Nini! Sie war eine Ausnahmeerscheinung. Willi war bis über beide Ohren in sie verliebt, und auch Jutta hatte sie ins Herz geschlossen, wo sie noch heute ist. Dennoch kam es nicht zu einer dauerhaften Verbindung, da Nini ihre überbordende Eifersucht nicht in den Griff bekam. Es war so schlimm, dass Willi weinend und tieftraurig die Verbindung beenden musste.

Nun trat Eveline Wareka, genannt Evi, in Willis Leben. Sie hatte einen rassereinen, groß gewachsenen, schwarzen Labrador, den prächtigen Dino. Und der war, nach uns vorliegenden Berichten, der Anlass für eine erste Gesprächsaufnahme zwischen Evi und Willi. Das war im Jahre des Herrn 1992.

Evi war als Grafikerin in der Werbebranche beschäftigt. Später wechselte sie die Fronten und arbeitete in führender Position in Werbeabteilungen von großen Firmen. Etwa bei der Österreichischen Post oder auch bei Quester, einem der größten Baumärkte in Österreich, mit Filialen, die über das ganze Land verstreut sind.

Willi hatte „wohnungsmäßig" ein unstetes Leben geführt. Immer mal wieder tauchte er zu Hause auf und bezog aufs Neue bei uns Quartier. Dann hatte er sich in der Gumpendorfer Straße eine eigene Mietwohnung genommen, übrigens seine erste eigene Wohnung. Evi aber hatte eine Gemeindewohnung im 9. Wiener Gemeindebezirk, und schwuppdiwupp zog Willi bei ihr ein.

Die Wohnung war nur vierzig Quadratmeter groß, lag aber sehr günstig zu seinem Studienort, der Schmelz. Der neunte Bezirk hatte noch andere Vorzüge: eine wunderbare, für Wien überraschend freundliche Ausstrahlung. Zum Donaukanal war es nur ein paar Schritte: Dort konnte man am Ufer joggen, Rad fahren oder einfach mit Dino spazieren gehen. Nach Gründung der sogenannten „Summerstage", einer Freizeiteinrichtung für junge Leute, konnte man sich mit Gleichaltrigen bei einem Glas Wein und Livemusik zum abendlichen Plausch treffen.

Wien war und ist eine überalterte Stadt, in der es wenig Angebote für junge Leute gab. Bürgermeister Zilk hatte sich vorgenommen, das zu ändern, und er hatte einen sensationellen Erfolg. Die neu geschaffenen Möglichkeiten brachten Leben in die Stadt und wurden von der Jugend mit Begeisterung angenommen.

Im Vordergrund hätte eigentlich Willis Studium stehen müssen. Er war zwar ein hochintelligenter Junge mit einem phänomenalen Gedächtnis, aber auch sehr antriebsschwach. Jutta und ich sind der festen Überzeugung, dass Evi einen wesentlichen Anteil daran hat, dass Willi sein Studium doch noch erfolgreich zu Ende brachte.

Wir lernten Evi kennen und luden sie ein, mit uns zu einem geplanten Segeltörn auf der Adria mitzukommen. Sie sagte zu und nahm teil an einer der gefährlichsten Unternehmungen meines Lebens.

Das ausreichend große Schiff, eine relativ neue Bavaria, war voll besetzt. Neben Evi waren auf dem Boot: Willi, Jutta, Carsten, ein befreundeter Segler aus Österreich und ich als Skipper. Wie sich leider zu spät herausstellte, war ich meiner Funktion nicht gewachsen. Ich hatte versäumt, mich vor dem Auslaufen über die Wetterverhältnisse zu informieren, und reagierte auch nicht, als der Wind immer stärker wehte.

Wir waren von Veruda, einem Hafen auf Istrien südlich von Pula, aufgebrochen und hätten da schon beobachten können, dass die meisten Boote im Hafen blieben. Die, die ausgelaufen waren, kehrten alsbald zurück, sodass wir mit einem anderen Boot die Einzigen waren, die sich der Kvarner-Bucht näherten.

Den letzten Leuchtturm, den „Porer", hinter uns lassend, erfasste uns die Bora, der gefürchtete Sturm mit den Fallwinden, mit aller Wucht. Willi und Carsten waren erfahrene Segler, und so konnten wir die Genua reffen und eine Sturmfock hissen. Da die Rolle beim Vorsegel sich verhakt hatte, musste jemand aufs Vorschiff. Carsten übernahm diese Aufgabe. Er schnallte sich die „Lifeline" um und hakte sich an der Reling fest. Dann rutschte er auf dem Bauch zur Rolle. Ich stand Todesangst aus, die mir heute noch in den Gliedern sitzt, obwohl Carsten die Rolle freibekam und ohne Zwischenfall wieder das Cockpit erreichte.

Wir umrundeten „Susak", das keinen brauchbaren Hafen für uns hatte, und bei leicht abnehmendem Wind erreichten wir von der Gischt völlig durchnässt und aufgelöst Mali-Lošinj. Und wer war da schon vor uns eingelaufen? Fritz Hödl, unser alter Segelkumpan, der uns in das Segelrevier Adria eingeführt hatte. Er war außer uns der Einzige, der die Überfahrt gewagt hatte, aber unter Land in etwas günstigeren Umständen gesegelt war. Es war das Boot, das wir unterwegs gesehen hatten. Seine Anerkennung war uns gewiss, so wie unsere Anerkennung für Evi gewiss war. Sie hatte tapfer durchgehalten und war außer mir die Einzige, die nicht seekrank geworden war.

Also: Evi hatte die Bewährungsprobe bestanden, und die Planung der Hochzeit konnte beginnen! Sie fand dann am 19. Juli 1996 statt. Das Fest war auf dem Michelsberg organisiert worden. Warum auf dem Michelsberg? Evis Großeltern stammten aus Haselbach, einem kleinen charmanten Dorf am Fuße des Michelsbergs. Evi und Willi hatten sich in dem großelterlichen Haus niedergelassen und planten im Prinzip, dort auch dauerhaft wohnen zu bleiben. Evi hatte Teile ihrer Jugend dort verbracht. Sie hatte eine unglaublich starke Affinität nicht nur zu dem Dorf, sondern zu der ganzen, landwirtschaftlich geprägten Landschaft.

Ein zweiter Grund für die Wahl des Ortes lag darin, dass Evi und Willi sich mit einem jungen Pärchen angefreundet hatten, die auf dem Michelsberg eine Restauration betrieben. Es befand sich auf dreiviertel Höhe des Michelsberges und bot unter Bäumen einen Platz, der sich optimal zu Feiern im Freien eignete. Man konnte sich vorstellen, dass schon die alten Germanen, oder wer immer die Gegend bewohnte, den Platz in gleicher Weise genutzt hatten.

Es war ein herrlicher Sonnentag, Evi sah in ihrem weißen Hochzeitskleid bestechend aus, und alle waren fröhlich und glücklich, wie man auf den prachtvollen Fotos sehen kann, die auf der Spitze des Berges neben der St. Michelskapelle gemacht worden sind.

DAS HAUS

Willi und Evi lebten immer noch in einem Teil des großelterlichen Anwesens. Da der Onkel, der diesen Teil des Anwesens geerbt hatte, unentschlossen, war, was er damit anfangen wollte, machten die beiden sich auf die Suche nach einem geeigneten Objekt. In Haselbach sollte es sein. Es fand sich aber nichts, trotz intensiver Suche. Schließlich kauften sie ein Häuschen mit einem romantischen, großen Garten in Niederhollabrunn, einige Kilometer weiter nördlich, aber immer noch angelehnt an den Höhenzug des Michelsbergs.

Wenn ich sage sie kauften, dann muss gesagt werden, dass mit den Ersparnissen von Evi gekauft wurde. Sie ist eine hervorragende Wirtschafterin und hatte die Basis für diesen Kauf angespart. Niederhollabrunn ist ein Bauerndorf mit einer imposanten Kirche und einer Klosteranlage. Da die Einwohner überwiegend Bauern waren, die hoch zu Traktor an uns Fußgängern vorüberzogen, war eine Kontaktaufnahme schwierig, von der Gewinnung neuer Freunde ganz zu schweigen.

An dem 80 qm großen Haus war einiges umzubauen. Da die Mittel fehlten, sollte vieles im Eigenbau erledigt werden. Die Kinder lebten vier Jahre lang auf einer Baustelle, was ihrem Verhältnis zueinander nicht gut bekam. Die Isolation in einem abweisenden Milieu tat ein Übriges. Vielleicht hat noch etwas ganz anderes eine wichtige Rolle gespielt: Es wollte sich kein Nachwuchs einstellen.

NACHWUCHS

Evi und Willi hatten alles versucht, aber auf „natürlichem Wege“ wollte sich keine Schwangerschaft einstellen. Willi wollte auch Kinder, aber nicht mit der gleichen Intensität wie Evi.

Da griff der Zufall ein! Evi hatte eine Freundin, Robin, die in Amerika lebte und arbeitete. Es war die Zeit der Sommerolympiade in Athen, und Robin war als Kontaktperson für die englischsprachige Presse ernannt worden. Sie hatte Marat, einen kleinen Jungen aus Kasachstan, adoptiert und wollte ihn mit nach Athen bringen. Die beiden Frauen verabredeten, dass Evi die vier Wochen, um die es ging, in Athen bei Robin leben und den dreijährigen Marat betreuen sollte.

Nach Ende der Olympiade blieb Robin weitere vier Wochen in Athen, Evi aber schnappte sich Klein Marat und flog zurück

nach Wien. Und hier vollzog sich das Wunder: Willi gefiel der Junge so gut, dass er ihn richtig lieb gewann. Und plötzlich konnte er sich vorstellen, wie schön es ist, Kinder zu haben.

In Wien gab es einen Adoptionsverein mit Namen „Family for you", der adoptionswillige Eltern bei behördlichen und juristischen Formalitäten unterstützte und durch das ganze Adoptionsverfahren führte.

Evi und Willi hatten sich Südafrika als Herkunftsland ausgesucht, weil beide zu diesem Land eine innere Beziehung hatten. Das konnte bei späteren Besuchen, wenn die Kinder „ihr" Land kennenlernen wollten, von Vorteil sein. Und tatsächlich, nach einer überschaubaren Wartezeit, wurde in Johannesburg ein Baby zur Adoption freigegeben. Der Junge war dreieinhalb Monate alt.

Die Kinder sagten zu, flogen nach Johannesburg und kamen zwei Wochen später mit Klein Nico zurück. Jetzt wollten sie aber noch ein zweites Baby, ein Mädchen sollte es sein. Sie standen auf der Liste der Bewerber, aber es zog und zog sich in die Länge. Mehrere Deadlines waren schon überschritten worden, denn der Altersunterschied zwischen den beiden Kindern sollte nicht zu groß sein.

Nach zermürbendem Warten meldete sich Tina. Wieder flogen Evi und Willi zusammen mit Nico nach Johannesburg und kamen überglücklich mit Klein Tina zurück.

Beide Kinder entwickeln sich prächtig und lieben sich heiß und innig. Nico geht seit September bereits in die zweite Klasse Volksschule. Tina geht noch in den Kindergarten und wird aller Voraussicht nach übernächstes Jahr eingeschult.

Nun traf es sich gut, dass Evi und Willi inzwischen ein größeres Haus besaßen. Sie hatten sich auf der Südseite der Donau, in der Nähe von Tulln, ein ca. 1000 qm großes Grundstück gekauft und darauf ein schönes und geräumiges Fertighaus mit Blick auf den Wienerwald stellen lassen. Die bürgerlichen Nachbarn, von denen die meisten in Tulln oder in Wien arbeiten, bieten eine Atmosphäre, in dem sich die nicht mehr ganz so kleine Familie wohlfühlt. Für uns ist dieser Ort namens Wilfersdorf auch besser erreichbar, und wir sind glücklich, dass wir ein so enges Verhältnis zu den Kindern haben und ebenso zu den beiden entzückenden und gut geratenen Enkelchen, die wir so oft, wie wir wollen, besuchen dürfen. Manchmal übernachten Nico und Tina auch schon einmal bei uns, vor allem wenn auch Timmi bei uns auf Besuch ist.

TIERE

Über Juju habe ich schon teilweise berichtet. Er folgte unseren Spuren seit seinem Eintreten in unsere Familie. In Barcelona und noch im Aalst-Waalre setzten wir ihn einfach vor die Türe, und er musste alleine spazieren gehen.

In Aalst verfolgte ihn einmal ein Täubchen und versuchte auf seinem Kopf zu landen. Der spanische Stiesel wies die Annäherungsversuche aber brüsk zurück. Später stellte sich heraus, dass die Taube Leuten auf der Straßenecke der Prinz Claus Laan gehörte. Sie hatten eine Voliere, aus der die Taube entschlüpft war. Die Menschen, die wir nicht kannten, hatten auch einen Hund, den die Taube innig liebte. Dass sie versuchte, fremdzugehen, war moralisch verwerflich, aber nicht so unerklärlich, wie es sich zuerst darstellte.

Juju begleitete uns auch nach Österreich an den Tirolerhof. Hier lebten wir am Waldesrand, und er liebte es, allein durch die Bäume zu streifen. Er war schon ein älterer Herr, als wir ihn noch einmal zum Haareschneiden brachten. Diese wollten aber nicht mehr so recht nachwachsen, ein Zeichen, dass Juju irgendein Gebrechen im Leibe trug. Und irgendwann war es dann so weit: Die Leiden überwogen die Lebensfreude. Ich bekam den ehrenvollen Auftrag, ihn auf seinem letzten Weg zum Tierarzt zu begleiten. Er saß unter der Sitzbank im Wartezimmer und wusste genau, was auf ihn zukam. Er war sehr tapfer, tapferer als Jutta und ich.

SCHLAPPI UND BONNI

Wir hörten von einem Klavierspieler, der zwei Labrador-Mischlinge zu vergeben hatte. Die Daubecks wollten auch einen Hund, und so schlugen wir gemeinsam zu. Die Idee hinter dem Doppelkauf war, dass es leichter wäre, die beiden Hunde gemeinsam zu betreuen, wenn eine der Familien auf Reisen ging. Das war eine vorhersehbare Illusion; denn wie im wirklichen Leben gab es nur Zank und Streit zwischen den ungleichen Brüdern.

Der eine bekam den Namen „Moritz“, der andere den Namen „Schlappi“. Jutta hatte erst Moritz, der ein wolliges Fell hatte, für uns ausgewählt. Ich aber hatte eine eindeutige, wenn auch unerklärliche Präferenz für Schlappi. Jutta war bereit, zu tauschen. Wie schon Juju wurde auch Schlappi sehr alt und sprengte die Statistiken der Tierärzte. Er war nicht nur ein gesunder Hund, sondern auch ein schöner, glatthaariger, schwarzer Rüde, mit einer prächtig geschwungenen Rute.

Auf der negativen Seite bleibt zu erwähnen, dass er unmusikalisch war. Er war zwar in einen Pianisten-Haushalt geboren worden, aalte sich aber auch auf dem Rücken, wenn Jutta ihre „zweifelhaften“ Pianokünste zu Gehör brachte.

Schlappi bekam Gesellschaft: Ein Holländer aus der Gruppe „Wenen Zuid“ hatte einen dicken, echten Labrador, der die meiste Zeit im Auto verbrachte. Maarten Horsmann arbeitete bei einem Versicherungskonzern und war viel unterwegs. Seine Frau und seine Tochter waren Norwegerinnen und konnten sich lange nicht dazu entschließen, ihrem Mann bzw. ihrem Vater nach Wien zu folgen.

Jutta bot also an, „Bonni“ in Pension zu nehmen unter dem Motto: „Ob ich mit einem Hund spazieren gehe oder mit zweien, macht keinen Flaus aus!“ Labradore neigen zur Fülle, Bonni hatte allerdings übertrieben. Jutta liebte ihn über alles, und auch

Schlappi war ganz zufrieden mit dieser Familienerweiterung. Bonni strahlte eine unglaubliche Gemütlichkeit aus, war schon etwas altersweise und entsprechend milde. Man konnte sich des Gefühls nicht erwehren, dass er genau wusste, wie das alles miteinander zusammenhing.

Schlappi war der letzte Hund in unserer Familie; denn wir fingen an – auch wegen des Ferienhauses in Spanien, das wir inzwischen erworben hatten – ein unstetes Leben zu führen, in das kein Hund passte. Jutta vermisst einen solchen Hausfreund sehr, sieht aber ein, dass sich die beiden Welten nicht miteinander vereinbaren lassen.

PIEPSI UND DIE ANDEREN

Wir hatten auch immer Katzen, meistens grau-weiß gefleckte Tiger. Das war ein Entgegenkommen an Carsten und mich; denn Jutta ist keine besondere Katzenfreundin. Einmal hatten wir einen pechschwarzen Kater, der vom Land in Holland stammte. Der Besitzer, der ein Bistro betrieb, hatte einen Wurf, und wir hatten uns rechtzeitig ein Exemplar reserviert. Wir lernten viel über Katzen: Diese „Piepsi" war eine „Hauskatze" im Unterschied zu „Menschenkatzen". Sie wollte nicht gestreichelt werden, und wenn Mieze es dennoch tat, bekam sie spätestens nach dem dritten Strich eines mit der Pfote verpasst. Es war aber keineswegs so, dass sie uns nicht bemerkt hätte: Jedes Mal, wenn wir von einer

Reise zurückkamen, machte sie ihrem Unmut Luft, indem sie ein Protesthäufchen auf Juttas Bett platzierte. Dabei hatte sie keinen Grund zur Klage: Durch die Katzenklappe konnte sie aus- und eingehen und wurde liebevoll von netten Nachbarn mit Speisen und Getränken versorgt.

Als wir vom Tirolerhof nach Maria Enzersdorf umzogen, hat Piepsi die Beine genommen und war von einem Tag auf den anderen verschwunden. Jutta vermutete, sie ginge zu unserem vorherigen Haus zurück. Auf Anraten des Tierarztes nahm sie einen Karton Brekkies mit und klapperte damit nächtens in der Nähe des Hauses, um die Katze anzulocken. Sie tauchte aber nicht auf!

Jutta hatte für alle Fälle die Nachmieter, eine englische Familie, informiert, und tatsächlich: Nach drei Monaten riefen diese wirklich an, um mitzuteilen, ein schwarzer Kater sei bei ihnen einpassiert. Jutta machte sich auf den Weg und fand Piepsi, wohlig schnurrend, auf dem englischen Sofa. Sie tat so, als kenne sie Jutta nicht. Die Engländer erzählten, dass sie über die Terrasse und durch die offene Terrassentür ins Haus marschiert sei, als wäre sie nie weg gewesen.

Die anderen Katzen waren alles Menschenkatzen, das heißt, dass sie in frühester Kindheit eng mit Menschen in Berührung gekommen waren. Sie liebten es, zu Menschen zu kommen, sich auf deren Schoß zu legen und ließen sich willig kraulen und streicheln. Das größte Vergnügen war, wenn sie auf dem Rücken liegend mit der Bürste bearbeitet wurden.

Eine andere Mär konnten wir auch entsorgen, nämlich die, dass Hund und Katze sich nicht vertragen. Juju, Schlappi und Bonni waren alle drei ausgesprochene Katzenliebhaber.

LEBEN IN ÖSTERREICH

GUY UND GERDA

Ich trat meinen Dienst am 1.12.1982 an und verbrachte die ersten vier Wochen im Hotel. Am 5.1.1983 kamen der Umzugswagen und Gerda van Mogh. Sie war Belgierin und hatte den Umzugswagen mit holländischer Beschriftung entdeckt. Sie kam herein und erzählte uns, wie sehr sie sich freue, holländische Nachbarn zu bekommen. Die Enttäuschung war erst einmal groß, obwohl wir uns dann sehr anfreundeten.

Gerda war ganz verzweifelt, da sie keinen Anschluss finden konnte. Sie erzählte von einem Nachmittag, an dem sie ihre Nachbarinnen zu Kaffee und Kuchen eingeladen hatte. Während der Unterhaltung stieg der Frust in ihr immer höher, und zum Schluss brach das ganze Unglück aus ihr heraus. Nach einer ausgiebigen Schimpfkanonade auf Österreich und auf die unfreundlichen Menschen sah sie keinen der Gäste je wieder. Und nun hoffte sie, dass mit dem holländischen Umzugswagen die Erlösung nahte und die Neuankömmlinge die Lücke füllen könnten.

Guy, Gerdas Mann, war ein geselliger Typ und ein Gourmet: Ihm verdanken wir manchen Tipp für ein gutes, oft auch verstecktes Restaurant. Er kochte zudem vortrefflich.

So waren wir eines Abends bei ihnen eingeladen, und Guy verschwand in der Küche. Wir tranken einen Aperitif und unterhielten uns angeregt mit Gerda und den beiden halbwüchsigen Töchtern, Lisa und Edith.

Guy brachte die Fischsuppe herein, und wir konnten uns nicht genugtun, um Guys Kochkünste zu loben. Unbemerkt war Edith aufgestanden und in die Küche gegangen. Sie kam mit zwei Konservendosen zurück, auf denen „Gourmet-Fischsuppe" stand. So gehen die besten Reputationen dahin.

ANNE UND RAINER

Wir kannten die Familie Gross aus Eindhoven. Uli arbeitete in der Vorentwicklung Compact Disc. Wir hatten keinen besonders engen Kontakt, aber wie es so geht: Im Ausland trifft man sich immer wieder auf Festen, beim Tennis und anderen gemeinschaftlichen Unternehmen. So hatten wir auch Uli und Linde kennengelernt.

Die „Grossens" nun brachten uns in Kontakt mit Familie Daubeck, Anne und Rainer. Beide hatten auch in Eindhoven gelebt und waren später für Rank Xerox in den USA gewesen. Rainer war aus beruflichen Gründen nach Österreich zurückgekommen und zu der Zeit, als wir ihn kennenlernten, Budgetdirektor bei „Steyr-Daimler-Puch", dem damals mit 13 000 Beschäftigten größten privaten Arbeitgeber in Österreich.

Zwischen uns bahnte sich eine dauerhafte Beziehung an, die bis auf den heutigen Tag anhält. Vor allem Jutta und Anne teilen manches Hobby und einige Charakterzüge, die ihnen einen befriedigenden Umgang erlauben: Literatur, Reisen, Wandern, Schwimmen etc.

Rainer und ich tauschen uns hauptsächlich über wirtschaftliche und politische Fragen aus. Ich glaube zwar, dass Rainer trotz seines Status politisch eine andere Einstellung hat als ich, aber auf beiden Seiten gibt es genug Toleranz, um eine andere Meinung gelten zu lassen. Und da ist noch das gemeinsame Wissen über Fragen der Wirtschaft oder der Geldanlage an der Börse, das wir teilen.

Wir fanden das Haus am Tirolerhof, Ulmenweg 2, auf die Dauer doch zu klein. Es gab keine Möglichkeit, Besucher adäquat unterzubringen, und Wien war natürlich eine Attraktion, die sich viele Freunde nicht entgehen lassen wollten. Der Andrang, uns in Holland zu besuchen, war zu Unrecht deutlich geringer gewesen. Außerdem erwies sich der Tirolerhof doch als eine Art Getto, dem wir entkommen wollten. Über Freunde wurden wir schließlich fündig, und zwar in der Karl-Huber-Gasse 18 in Maria Enzersdorf. Jutta hatte sich Haus und Garten angesehen und war hell begeistert. Es ist ein altes Haus aus der Zeit der Wende 19./20. Jahrhundert. Möglicherweise war es ursprünglich ein Weinhauer-Haus, das offenbar immer wieder erweitert worden ist. Durch das viele verbaute Holz und die verschachtelten Räume stellt sich eine Gemütlichkeit ein, die in Neubauten nie und nimmer herstellbar ist.

Der ca. 1000 qm große Garten ist in drei Teile aufgeteilt: in einen ersten Teil, der mit Bachkieselsteinen ausgelegt ist und die Gartenmöbel aufnimmt. Daran anschließend kommt ein ca. 200 qm großer Rosengarten. Dahinter liegt eine große Wiese mit Obstbäumen: einem ausladenden Nussbaum, einem großen Apfel- und einem Zwetschgenbaum. Aufgelockert wird das Ganze durch drei strategisch platzierte Spalierbäume, die altmodische Äpfel reifen lassen. Die Übergänge zwischen den einzelnen Teilen bestehen aus Rund- bzw. Spitzbögen und geben dem Garten – auch wegen seines ausgiebigen Bewuchses mit Efeu – das Aussehen eines italienischen Gartens in der Toskana.

Wir mieteten das Haus, in dem wir inzwischen fünfundzwanzig Jahre zur größten Zufriedenheit wohnen. Die uns gegenüber wohnenden Eigentümer, Familie Stingl, hat uns inzwischen lebenslanges Wohnrecht eingeräumt.

Bei einem so langen Aufenthalt in einem Haus ist natürlich die Umgebung von größter Wichtigkeit. Die erste Bemerkung Juttas bezog sich auf den Umstand, dass wir jetzt in einer gewachsenen Gemeinde lebten, die eine entsprechende Infrastruktur hatte und einfach auch Lebenszeichen von sich gab. Der nächste Punkt waren die Nachbarn. Wie schon die Holländer sagten: „Een goede Buurman is meer waard dan een vere vriend!" (Ein guter Nachbar ist mehr wert, als ein [räumlich] entfernter Freund.) Und hier haben wir es bestens getroffen.

Mit Familie Stingl, mit Krista und Walter oder den Kindern Peter und Bernhard, ist in fünfundzwanzig Jahren kein einziges böses Wort gefallen. Es sind großzügig denkende und sozial handelnde Menschen. Das kontrastiert scharf mit dem Image, das wohlhabende Familien im Allgemeinen haben.

Da beide Familien – sie und wir – viel unterwegs sind, trifft es sich gut, dass die Frauen in Abwesenheit des Nachbarn die jeweilige Pflege des „vakanten" Hauses übernehmen: Postkästchen ausräumen, Pflanzen gießen, die Katze versorgen. Seltener, und nur für kurze Zeit, übernehmen wir auch den Scottish Terrier „Chico". Leider liegen unsere Interessen ansonsten so weit auseinander, dass sich keine wirkliche Freundschaft entwickeln wollte.

Zur sozialen Seite will ich anmerken, dass Familie Stingl in jüngeren Jahren einen Pflegesohn ins Haus nahmen, der leider bei einem Autounfall in Mallorca ums Leben kam. Während des Bosnienkrieges nahmen sie eine Bosnierin mit ihren beiden Töchtern bei sich auf und gaben nicht eher Ruhe, bis auch der Mann ausfindig gemacht worden war. Er zog ebenfalls bei ihnen ein.

Es könnte eine Anekdote sein, es ist aber wirklich so passiert: Als die beiden intelligenten Mädchen schulreif waren, beklagte sich Krista Stingl über die hohen Schulgebühren. Auf Juttas Frage, warum sie die Mädchen nicht statt in eine Privatschule in eine öffentliche Schule schickte, kam die Antwort: „Da sind zu viele Ausländer!"

Ich glaube zwar nicht, dass es damals schon weise Voraussicht war: Jedenfalls hat der Stingl-Sohn Peter die ältere der beiden intelligenten und akademisch ausgebildeten bosnischen Mädchen geheiratet.

Nachdem sich die Familie auf diese Weise konsolidiert hatte, entstand ein Kontakt mit einem afghanischen Jungen mit Namen Ali. Er hatte eine Odyssee hinter sich: Mit fünfzehn Jahren war er geflüchtet und hatte schreckliche Zeiten in den unvorstellbar grausamen Lagern in Griechenland verbracht, bis ihm die Flucht gelang. Er hatte sich auf den Weg nach Österreich gemacht. Er reiste in dem Gestänge unter einem Lastwagen, und immer wenn der Chauffeur tanken musste, sprang er ins Freie, trank Wasser und benutzte die Toilette. Und schon ging es in derselben Weise wie zuvor weiter, bis er schließlich Wien erreichte.

Er hatte das Glück, dass er Krista Stingl kennenlernte, die ihn unter ihre Fittiche nahm. Ihr ist es zu verdanken, dass der Analphabet Ali sowohl die Hauptschule als auch eine Uhrmacherlehre mit Erfolg abschließen konnte. Heute ist er voll integriert, hat eine feste Beziehung, eine Wohnung und einen dauerhaften Job.

Direkt neben uns, auf der Nordseite lebt Familie Wölflinger. Sie betreiben einen Heurigen in Perchtoldsdorf. Mit ihnen haben wir den geringsten persönlichen Kontakt, sie leben in einer anderen Welt. Sie waren anfänglich und im Sommer recht lästig, da Frau Wölflinger uns mit ihrer schrillen Stimme an ihren Erziehungsbemühungen teilhaben ließ. Wir sagten oft zueinander: „Wenn die Jungs größer sind, werden sie ihrer Mutter große Schwierigkeiten machen.“ Und wieder einmal zeigt sich, dass „Erziehung“ nicht wirklich wirkt: Aus den beiden Jungs sind höfliche, zuvorkommende und wohlerzogene Erwachsene geworden!

Gang an Gang, zur Südseite unseres Hauses, lebt Familie Sulzer. Walter war bis vor Kurzem bei der Gemeinde, bei den Wasserwerken, beschäftigt. Er ist ein geschickter und fleißiger Handwerker, der permanent beschäftigt sein muss.

Ihr großes Haus hat er nach seinen Vorstellungen ausgebaut. Dann hat er den Swimmingpool und den Garten saniert. Gerade als er in Pension ging, hat seine Tochter mit ihrem Mann beschlossen, aus Hamburg nach Kaltenleutgeben zu übersiedeln. Sie haben dort ein ziemlich verfallenes Anwesen gekauft, das Papa Sulzer wieder überreichlich Gelegenheit bietet, seine Fähigkeiten als Baumeister zu demonstrieren.

Weil er ein bisschen bärbeißig ist, hat er von uns den Spitznamen „Sulzbär" bekommen. Seine hübsche und charmante Frau Gerti ist der Kontrapunkt, sie vervollständigt das Ensemble.

Vollständigkeitshalber muss ich noch Familie Panek erwähnen. Sie wohnen schräg gegenüber, also neben den Stingls. Das Garagentor befindet sich direkt unter meinem Schlafzimmerfenster und ist immer offen. Dort kann man all die Werkzeuge und Materialien bewundern, die sich im Laufe eines Lebens ansammelten. Wir profitieren manchmal von den Anglererfolgen des Herrn Panek. Die Familie hat einen Sohn Peter und eine Tochter Susi. Peter kann man ohne Übertreibung ein arbeitsscheues Element nennen. Er arbeitet immer nur so lange, bis er in den Genuss der Arbeitslosenunterstützung kommt. Wie er seine Autos und seine wunderschönen Motorräder finanziert, nicht zu reden von seiner hübschen Freundin, ist mir ein Rätsel. Immerhin kann ich im Sommer den sonoren Klang des Motorrads beim Wegfahren mitgenießen.

In meiner Organisation der „Business Unit Dictation Systems" gab es vergleichsweise viele Holländer, die bei der Übersiedlung der Aktivität von Holland nach Wien mitgekommen waren. Diese hatten natürlich wieder Kontakt zu anderen Holländern, die bei Shell, Unilever und weiteren holländischen Konzernen arbeiteten. Die meisten waren sogenannte „Expatriates", das heißt, dass sie nur für eine Reihe von Jahren in Wien sein sollten, um dann wieder nach Holland zurückzukehren.

Mit vielen dieser Menschen, vor allem mit jenen, die bei Philips arbeiteten, ergab sich ein reges gesellschaftliches Leben. Die meisten hatten, wegen der guten Erreichbarkeit des Philips-Hauses, das am Südeingang von Wien liegt, wie wir ein Domizil im Süden der Stadt gesucht und gefunden. Es gab Tage, an denen zwei oder mehr Veranstaltungen gleichzeitig stattfanden. Obwohl – wie bei den Holländern üblich – keine teuren Geschenke und Mitbringsel üblich waren, ergab ein Kassensturz, dass erheblich mehr in diese Kategorie floss, als wir erwartet hatten.

Nicht zu vergessen sind die Heurigenbesuche, die manchmal schon nachmittags um 16.00 Uhr begannen. Erstaunlich war immer wieder, dass bei diesen Treffen doch überwiegend über Philips und das „Business" gesprochen wurde. Auch hier zeigte sich, dass es einen riesengroßen Unterschied macht, ob man in einer profitablen oder in einer Verlust bringenden Aktivität beschäftigt ist. Diese Lockerheit wäre bei Verlusten nicht möglich gewesen. Wichtig ist auch, dass es in unserem Falle nie zu Übertreibungen, geschweige denn zu Exzessen gekommen ist.

IN DER FIRMA

HELMUTH

Helmuth Ebner erläuterte mir in einem persönlichen Gespräch, dass er sich der Stresssituation, die er verursachte, durchaus bewusst war. Er meinte aber, das gehöre in einer kommerziellen Organisation dazu. Er hatte mir gleich zu Anfang gesagt, er könne jetzt wegen seiner Ausbootung opponieren. Er habe aber beschlossen, gute Miene zum bösen Spiel zu machen. Daran hat er sich gehalten. Ich habe auch weiter keinen Druck auf ihn ausgeübt. So ist er länger in unserer Organisation geblieben als ursprünglich vorgesehen.

INGEBORG UND PABLO

Ingeborg Parmet, meine Sekretärin, hatte ich von Helmuth Ebner, der vor mir in Wien angekommen war, übernommen. Das bedeutete auch, dass sie in der Zeit, in der Helmuth Ebner noch in der Organisation war, für uns beide arbeitete. Ingeborg war ein zierliches, junges Mädchen von vielleicht zwanzig Jahren. Sie war unglaublich schnell, zuverlässig und von einer gut entwickelten sozialen Intelligenz. Das kam mir vor allem bei Kontakten mit der Hauptverwaltung in Apeldoorn zugute. Sie wusste eine persönliche Beziehung zu der Sekretärin von Herrn Pelgrom, dem „Grand Chef" aufzubauen, was uns sehr nützlich war, wenn es darum ging, den richtigen Augenblick für die Mitteilung von eher unangenehmen Botschaften zu finden. Nicht, dass es derer allzu viele gegeben hätte. Aber ich kam nicht aus der „Division" und kannte natürlich weder die Atmosphäre, noch die Netzwerke oder die Charaktere und Vorlieben des Führungspersonals, mit denen ich zu tun hatte.

Pablo Geurten (Pablo, weil er als Sohn eines holländischen Diplomaten lange in Südamerika gelebt hatte), Pablo also himmelte Ingeborg an, die es nicht bemerkte, oder wenn sie es bemerkte, eher unwirsch darauf reagierte. Ich setzte mein bisher unentdecktes Talent als Kuppler ein mit dem Ergebnis, dass die beiden heirateten und seither – soweit man das von außen beurteilen kann – eine glückliche Ehe führen. Sie haben zwei wohlerzogene Söhne und leben seit vielen Jahren wieder in Holland, in der schicken Gegend am Ijsselmeer.

YVONNE

Als Ingeborg wegzog, ließ sie es sich nicht nehmen, mir persönlich die geeignete Nachfolgerin zu suchen. Das gelang, und so trat Yvonne Wilminck auf den Plan. Sie war größer, fraulicher, erwachsener als Ingeborg und als Sekretärin ebenso tüchtig. Sie hatte mehr Charme und Humor als Ingeborg, was gut mit ihrem Äußeren harmonierte. Sie war verheiratet mit Wibo, der in Wien Subdirektor im Hilton Hotel war. So gewannen wir noch Einblicke in das Hotelwesen, über die Klassifikation von Hotels, die Hauptfunktionen im Management und die Arbeitsweise.

Da amerikanische Firmen, auch Hotels, ihr Führungspersonal ca. alle drei Jahre an einen anderen Standort versetzen und der Betroffene anders als ein Philips-Angestellter keine Wahl hat, war Yvonnes Bleiben von beschränkter Dauer. Ich muss hinzufügen, dass sie mir diese Eventualität bei der Einstellung angekündigt hatte.

PETRA

Jetzt kam mit Petra Lawender die erste Österreicherin zum Einsatz. Eine mindestens ebenso tüchtige junge Frau wie die beiden Vorgängerinnen. Der persönliche Kontakt war eng, aber nicht vergleichbar mit der Lockerheit der Holländerinnen. Bei ihnen gab es kein Element von hierarchischer Über- oder Unterordnung. Auch mit dem Chef war die Beziehung eine auf Augenhöhe, ohne dass die jeweiligen Rollen je undeutlich geworden wären. Ich tat mich mit dieser Art der Beziehung leichter, da ich – wie die ganze Familie – in Holland sozialisiert worden bin.

Einiges davon konnte ich in unserer Organisation „heimisch" machen. Es gab keine der in Österreich so beliebten „Titelsucht". Wir duzten uns alle, auch während der Geschäftszeiten. Privater Umgang miteinander – etwas Unmögliches in Deutschland – war über alle Hierarchiestufen möglich und wurde auch gepflegt.

HENK UND NETTIE SCHURINK

Henk und Nettie Schurink gehörten zu dem Kreis, mit denen uns eine enge Freundschaft verband und verbindet. Ihre Devise: „Niets moet, alles kann." (Sinngemäß etwa: Kein Zwang, alles ist erlaubt.) Die Freundschaft mit den Eltern schließt auch in gleicher Weise ihre drei Kinder: Benno, Tjierd und Judith mit ein. Ein Beispiel möge das illustrieren:

Benno hat in Nymwegen studiert und in Zutphen eine Zahnarztpraxis übernommen. Er wusste, dass wir sehnsüchtig auf Enkelkinder warteten, und so wurde die Lösung gefunden, dass wir für die drei entzückenden, typisch holländischen Töchterchen die Position von „Vizegroßeltern" übernehmen durften. Wir verbrachten mit der Großfamilie – Henk und Benno sind

Freunde der Berge – gemeinsame Ferien in Österreich. Als die Eltern Schurink nach Holland, genauer nach Eindhoven repatriiert wurden, besuchten wir sie immer wieder. Wir waren fast zu Tränen gerührt, dass Benno es sich nicht nehmen ließ, mit den Kindern vom Norden Hollands die 150 km nach Eindhoven zu fahren, damit wir „unsere" Enkelchen" und ihre Fortschritte in Augenschein nehmen konnten. So wichtig wurde unsere Rolle als „Vizegroßeltern" gesehen!

TON UND MARIAN VAN GEENHUIZEN

Ich brauchte einen Produktmanager und konnte dafür Ton van Geenhuizen gewinnen. Er hatte dieselbe Funktion schon bei „Videorecorder" inne, war bei der „Video Division" aber wegen seiner unorthodoxen Art „ausgemustert" worden. Dort legte man Wert auf blaue Anzüge, eine dezente Krawatte und einen Bürstenhaarschnitt, ganz wie Frans Tielens, der große Fernseh-Chef in Holland, sich zu präsentieren pflegte.

Ton kannte und liebte Österreich aus seiner früheren Funktion. Das schloss durchaus auch die sehr komplizierten Wiener mit ein. Er brachte seine Frau Marian und zwei Kinder, Jan und Mieke, mit. Die Familie van Geenhuizen war ohne Zweifel eine Bereicherung für unsere Gemeinschaft. Obwohl chaotisch, strahlte die Familie eine Ruhe und ein „easy going" aus, vor dem man mit Neid erblassen konnte.

Jos Aarts kaufte seinen Wein bei Walter Wenzel im Weinviertel. Der Wein schmeckte uns allen so gut, dass wir nach und nach alle Kunden von ihm wurden.

Herr Wenzel wollte uns etwas Gutes tun und lud die gesamte Kundschaft zu einem Weinfest bei sich zu Hause ein. Wir versammelten uns – wie das so üblich ist – im Presshaus, wo Herr Wenzel Heurigentische und -bänke aufgestellt hatte. Von der nahe gelegenen Hähnchen-Braterei wurden knusprige Grillhähnchen geholt, den Wein stiftete der Gastgeber.

Wir wunderten uns schon auf der Fahrt nach Rohrdorf nicht schlecht, warum die Gegend Weinviertel hieß. Wir hatten auf der ganzen Fahrt keinen einzigen Weinstock gesehen, nur Getreide- und Kartoffelfelder. Herr Wenzel ließ sich nicht lange bitten, stellte die Tische und Bänke auf einen Anhänger und spannte seinen Traktor davor. Wir wurden auf den Anhänger komplimentiert, aus Platzgründen fuhren einige auch mit ihrem Auto hinterher.

Bald waren wir auf der Höhe angelangt, und hier war alles bedeckt mit Weinstöcken. Tische und Bänke wurden abgeladen, wir nahmen Platz, und weiter ging das Fest.

„Miekje", die kleine Tochter von Ton und Marian, hatte ihre Windel genutzt, und diese musste durch eine neue ersetzt werden. Wasser wäre jetzt sehr hilfreich gewesen, hier oben in den Weinbergen gab es so etwas aber nicht. Marian hatte den rettenden Einfall: Sie eilte zu ihrem Auto, setzte die Scheibenwaschanlage in Gang und reinigte so den Popo von Klein Miekje. Alle schauten mit offenen Mündern zu, wie Marian dieses Problem auf genial einfache Weise gelöst hatte.

Ton ist ein paar Jahre älter als ich, Marian, seine zweite Frau, viel jünger als er. Leider sehen wir sie nur selten, da der Abstand nach Holland immer länger wird. Trotzdem zählen wir sie zu unseren besten Freunden. Im Sinne von intellektueller Auseinandersetzung ist Ton sicher einer der anregendsten Gesprächspartner, die ich kenne. Ich habe viel von ihm gelernt, privat und geschäftlich! Er verband Flexibilität mit an Starrheit grenzender Ausdauer. „Mein halsstarriges Volk", wie schon der „Herr" im Alten Testament sagte.

ROBERT KOFLER

Unser Controller war Robert Kofler, ein sehr kundiger, fleißiger und loyaler Mann, Alter ca. 45 Jahre. Er war ehrgeizig und hoffte, im Marketingbereich bessere Chancen auf ein Weiterkommen zu haben. Ich konnte ihn davon überzeugen, dass er in dem Fach, in dem er anerkanntermaßen gut war, bessere Chancen auf eine positive Karriere habe als in einem Fach, für das er keine ausbildungsmäßigen Voraussetzungen mitbrachte.

Er war auch einfach zu teuer, um jetzt noch in die Jacke eines Lehrlings zu schlüpfen.

Einer seiner unvergesslichen Sprüche nach langwierigen Diskussionen eines Problems lautete: „I am still confused, but now on a higher level." Robert Kofler, ein starker Raucher, ist in Paris gestorben. Er hatte seine Frau auf dieser Reise begleitet und ist, ohne jede Vorankündigung, morgens nicht mehr aufgewacht. Wir alle haben sein Hinscheiden schmerzlich erfahren und vermissen ihn noch heute.

HANS SCHUSCHU

Durch günstige Umstände stand ein Heimkehrer aus dem Ausland auf der Matte und suchte einen Job. Hans Schuschu war ein typischer Wiener, obwohl er aus Kärnten stammte. Wir haben nie vorher oder nachher einen Menschen getroffen, den längere Auslandsaufenthalte in verschiedenen Ländern so wenig verändert hätten.

Hans war ein exzellenter Fachmann, mit allen Wassern gewaschen. Er kannte den Konzern in- und auswendig, was uns in den Kontakten mit der Zentrale sehr zugutekam. Ich kann mich nicht erinnern, dass ich ihn je bei einem Fehler ertappt hätte.

Im persönlichen Umgang mussten wir uns aneinander gewöhnen. Hans' Methode, ein Problem zu diskutieren, war die Kontroverse. Konfrontative Auseinandersetzungen liegen mir absolut nicht, obwohl mich meine Ehefrau seit Jahrzehnten in dieser Kunstform trainiert. Ich sagte also gewöhnlich zu Hans: „Mach nicht meinen Vorschlag kaputt! Komm mit einem besseren. Ich bestehe nicht auf meinem." Es gab auch Gelegenheiten, bei denen ich Hans sagte und auch sagen konnte: „Hans, lass uns morgen weiterdiskutieren. Heute halte ich dich nicht mehr aus."

Bemerkenswert ist überdies, dass Hans mit seinem Auftreten in der Abteilung als sehr hart galt. Wenn es aber um persönliche Probleme seiner Mitarbeiter ging, hatte er die größte Mühe, Deutlichkeit walten zu lassen.

Hans rechne ich auch heute noch zu meinen Freunden. Wir sehen uns in unregelmäßigen Abständen im Kaffeehaus, wo wir die Weltprobleme zu lösen versuchen.

HOLDE UND WALTER DRAHANOWSKY

Unser Fabrikdirektor war Walter Drahanowsky. Er leitete die Entwicklungsabteilung und die Produktion. Auch er war ein gestandener Mann, der fachlich und menschlich hervorstach. Er war ein bisschen technikverliebt und förderte seinen Entwicklungschef Heinz Lothak. Wir hielten uns schadlos, indem wir feststellten, dass jedes Mal, wenn Heinz Lothak eine Frage beantwortet hatte, wir nicht mehr wussten, was wir gefragt hatten.

Beim Umzug seiner Organisation hatte Walter alle Abteilungsleiter ihre Zimmer wählen lassen und das genommen, was übrig blieb. Es war besonders wertvoll, jedenfalls in meinen Augen; denn an einer der Scheiben, die den Raum abteilten, hing ein gelber, vergilbter Zettel mit dem einmaligen Leitspruch: „Nimm die Menschen, wie sie sind. Andere gibt es nicht!"

Walter faselte immer wieder davon, dass er pünktlich in Pension gehen wollte. Ich drohte ihm: „Walter, ich werde dafür sorgen, dass du so viel Spaß in der Arbeit hast, dass du gar nicht in Pension gehen willst!" Nach der Erfahrung einiger Jahre sagte er dann in Gegenwart des Generaldirektors: „Ich habe in meiner ganzen Laufbahn nicht mit so viel Freude gearbeitet wie jetzt. Dennoch möchte ich zum vorgesehenen Zeitpunkt in Pension gehen." Und so geschah es dann. Leider.

Zu Hause gab es aber Probleme: „Die Holde redet so viel, eigentlich ununterbrochen. Das ginge ja noch, aber dann will sie immer auch noch eine Antwort!"

Beide Familien, sie und wir, sind Italienfans. Holde fährt, seit wir denken können, jedes Jahr nach Ischia. Wegen der Gesundheit, aber auch wegen des gutes Essens. Sie ist in ihrer Pension Kind im Haus. Und das will was heißen; denn Holde ist sehr anspruchsvoll und tritt entsprechend auf. Ich denke, dass der

Eigentümer und das Personal oft genug hinter der Türe weinen, wenn sie es nicht sieht.

Wir haben auch gemeinsame Reisen gemacht, eine auf der Donau bis nach Budapest, wobei die Rückreise per Bus erfolgte. Wir waren mit ihnen auch in der Toskana, in der Emilia Romagna, und zwar alles mit dem Kulturverein „Kristallisationsgitter".

Frau König, eine ältere, resolute Dame organisierte die Busreisen, und ein Herr Magister Auer machte die Führungen. Er hatte einen unerschöpflichen Fundus an Daten. Wenn wir dann wieder in einer der vielen Kirchen standen, setzte er seine Äugelchen auf Halbmast und begann Namen und Jahreszahlen herunterzubeten, dass einem Hören und Sehen verging!

Leider erfuhren wir nichts über Zusammenhänge oder Entwicklungen, die erklären konnten, wie das eine aus dem anderen entstanden ist. Das ist eben der Unterschied zwischen Information und Wissen.

Bei einer unserer gemeinsamen Reisen – oder war es ein Ausflug? – kamen wir auf das Heiraten zu sprechen. In kürzester Frist lagen Walter und Holde sich in den Haaren: Walter war bei ihrer Hochzeit vor fünfzig Jahren zu früh von der Feier aufgebrochen! Beide mussten – so fand Holde damals, und so fand Holde es nach fünfzig Jahren immer noch – ungebührlich lange auf die Ankunft des Omnibusses warten, der sie in die Hochzeitsreise entführen sollte.

Wir blieben weiter enge Freunde mit ihm und Holde. Wir kannten und kennen auch den Sohn Wolfgang und die beiden Enkelsöhne. Sehr zu unserem Leidwesen ist Walter vor drei Jahren von uns gegangen, ein herber Verlust! Er war wohl der Mensch mit den höchsten ethischen Standards, den ich in meinem ganzen Leben kennengelernt habe.

DAS GESCHÄFT

Der Geschäftsumfang war für Philips-Begriffe klein: Wir realisierten einen Jahresumsatz von 120 Millionen Gulden. Das Geschäft war aber immer hochprofitabel und machte in der ganzen Zeit meiner Zuständigkeiten nie Verluste. Das war natürlich sehr angenehm. Jeder, der in einer verlustträchtigen Firma oder Abteilung gearbeitet hat, weiß das: Monatliche Präsentation der schlechten Ergebnisse, Erklärung der Ursachen und Vorstellung des Maßnahmenpakets, um aus der misslichen Situation herauszukommen, blieben mir erspart!

Unser Ziel war es, gute Ergebnisse zu produzieren und das Vertrauen der Division zu gewinnen, damit sie uns unter all ihren Problemen vergessen würden. Sie vergaßen uns aber nicht: Jedes Mal, wenn ich in Apeldoorn im „Head Office" war, sagte Herr Pelgrom, der „Big Chief" zu seiner Begleitung: „Hier kommt der Mann, der das Geld der ‚Product Division' verdient." Und oft genug war unser Ergebnis tatsächlich höher als das der Division insgesamt. Wir waren trotzdem alle auch peinlichst darauf bedacht, das entstandene, geradezu grenzenlose Vertrauen nicht zu missbrauchen.

Trotz meines bescheidenen Auftretens wurde meine Leistung erkannt und gewürdigt. Mein direkter Vorgesetzter Rudi Tensen bekam den Auftrag, meine Beförderung zum Direktor (holländisch Adjunkt-Direktor) zu betreiben. Das gelang ihm erstaunlich schnell, und so wurde ich alsbald zum vollzähligen Philips-Vorstand nach Eindhoven eingeladen. Wie sich herausstellte, war ich nicht der Einzige, dem an diesem Tage die Ehre widerfuhr. Die Ernennung zum Direktor ging dann nüchtern und schmucklos über die Bühne.

In einem Jahr machten wir sensationelle Gewinne. Wir verkauften die zu erwartenden Dollareinkünfte – unsere amerikanische Organisation zahlte unsere Lieferungen in Dollar – und erwirtschafteten so in diesem Jahr einen Extragewinn von fünf Millionen Gulden.

Ich nutzte also die gute Gelegenheit, um beim Management der Division anzufragen, ob wir – d. h. unser gesamtes Head-Office-Personal und der Leitungsstab der Fabrik – einen Wochenendausflug nach Athen machen dürften, auf Geschäftskosten, versteht sich. Der Ausflug wurde doch tatsächlich genehmigt, sicherlich ein einmaliger Vorgang im gesamten Philips-Konzern.

Das größte Problem, das sich während des Übergangs nach Wien in die Aktivität eingeschlichen hatte, betraf die Produktqualität. Das galt vor allem für das Zubehör, die Mikrofone und die Kopfhörer sowie die Fußpedale. Das war insofern überraschend, als in der Fabrik ein Qualitätsdenken herrschte, das alle Grenzen sprengte.

Die Lebensdauer der Geräte war berechnet auf 15 000 Stunden Gebrauch. Eine Untersuchung ergab, dass die tatsächliche Nutzung während der ökonomischen Lebensdauer der Geräte eher bei 2000 Stunden lag, mit hier und da einem Ausreißer auf 5000 Stunden. Dieses Wissen erlaubte uns, billigere Komponenten einzusetzen und die Herstellkosten der Geräte zu senken.

Bei Philips war es üblich, dass die Fabriken ihre Produkte zu Herstellungskosten an den Vertrieb ablieferten. Das haben wir aus zwei Gründen geändert:

1. Ich fand es wenig motivierend, dass eine Fabrik auch bei bester Leistung nur ein Nullergebnis produzieren konnte.
2. Wir hatten bei Lieferpreisen nach dem oben beschriebenen System in den Vertriebsorganisationen Gewinnmargen erreicht, die viel zu hoch waren. Die Gefahr bestand, dass sich eine Bequemlichkeit und eine Saturiertheit breitmachen könnten, die kontraproduktiv gewesen wären.

Die aus den oben ausgeführten Überlegungen gesuchte und gefundene Regelung bestand darin, dass die Vertriebsorganisationen und die Fabrik sich die Gewinnmarge teilten. Ein erwünschter Zusatzeffekt bestand darin, dass die Gewinnmargen in den Nationalen Verkaufsorganisationen nicht so spektakulär hoch ausfielen und damit die Gefahr, dass uns unberechtigte Kosten der übergeordneten Organisationen zugeschoben würden, entfiel.

Walter Drahanowsky hatte in der Entwicklungsabteilung eine Vorentwicklungsgruppe mit drei Mitarbeitern gegründet, die sich mit Spracherkennung befasste. Leiter der Gruppe war Werner Höllerbauer, ein studierter Physiker.

Es wurde in der Entwicklung ein Stadium erreicht, das man herzeigen konnte, und so wurde die PC-Gruppe aus Apeldoorn eingeladen, um sich das einmal anzusehen, mit dem Hintergedanken natürlich, dass sie diese neue und revolutionäre Technologie zu ihrer Sache machen würde. Das war eine Fehlspekulation, und die Vorentwicklungsgruppe und ihre Ergebnisse blieben erst einmal dem Status quo verhaftet. Bis, ja, bis wir uns dazu entschlossen, Spracherkennung zu unserem Thema zu machen. Da die imaginierte Anwendung eine Textproduktion sein sollte, sprach eine gewisse Logik für diese Lösung.

Plötzlich bekam ich es mit Menschen zu tun, die zirkulär dachten, nicht linear von Punkt links unten zu Punkt rechts oben. Die Softwareleute hatten größte Probleme, beim „Apropos" zu bleiben. Die Diskussionen drehten sich im Kreise, alles war gleich wichtig. Eine Struktur war nicht zu erkennen, das Ziel der Diskussion auch nicht.

Analoge Diktiergeräte, das Antiquierteste, was man sich vorstellen konnte, setzten sich plötzlich mit der avanciertesten Technologie auseinander. Mitspieler in diesem Teich waren renommierte Firmen wie IBM, hauptsächlich handelte es sich aber um amerikanische „Venture Capital"-Gesellschaften wie „Dragon Systems", „Kurzweil", um die wichtigsten zu nennen. In Belgien gab es die Gesellschaft „Lernout and Houspie", die sich mit diesem Thema befasste.

Alle strategischen Aussagen unserer konzernstrategischen Abteilung erwiesen sich in diesem Fall als falsch: Es gab keine Adaption dieser neuen Technologie, der Entwicklungszyklus ging nicht so schnell wie bei digitalen Systemen allgemein unterstellt usw. Weder IBM noch die amerikanischen Firmen noch wir konnten einen kommerziellen Erfolg produzieren. Wir waren auch nicht in der Lage, einen solchen für die nächsten zwei Jahre vorherzusagen.

Das vorläufige Ende vom Lied war, dass IBM komplett aus diesem Thema ausstieg und alle anderen bei „Nuance

Communications“ landeten. Dort gibt es offenbar einen Eigentümer, der an diese Sache glaubt und mit unglaublicher Zähigkeit alle „Know-how-Träger“ unter seinen Fittichen versammelt hat mit der Erwartung, dass der Erfolg sich irgendwann doch noch einstellen wird.

Für mich nahte der Zeitpunkt der Pensionierung, und in Anbetracht der technologischen Akzentverschiebung der Aktivität schlug ich vor, einen Nachfolger zu suchen, der gute Kenntnisse im digitalen Computergeschäft vorweisen konnte. So ein Mann wurde gefunden, und ich arbeitete noch einige Monate an einem Projekt der Division mit, was mir einen schrittweisen „fade out“ erlaubte, also ein Hinübergleiten in die Nicht-Aktivität.

DIE FINALE ENTSCHEIDUNG

Jutta und ich hatten eine wichtige Entscheidung zu fällen, nachdem ich im Juli 1998 in Pension gegangen war: Wo würden wir unseren Altersruhesitz nehmen? Ich hatte zwar zugesagt, dass Jutta – nachdem sie immer meinen beruflichen Ortsveränderungen hinterhergezogen war –diese letzte Entscheidung fällen dürfe und ich ihr folgen würde.

Ich konnte mich aber nicht dazu entschließen, nach 15 Jahren Wien zurück nach Eindhoven zu ziehen, wohin sie am liebsten wollte. Der Hauptgrund war wohl die immer noch latent vorhandene Ablehnung der Deutschen in Holland. Außerdem war ich der Enge, die mich dort erwartete, entwachsen. Jutta hatte offensichtlich mit beiden Aspekten kein Problem. Für sie überwog die menschliche Nähe und Wärme der „Brabander", der Menschen im Süden Hollands. Wir hatten immer noch viele Freunde dort und haben sie heute noch.

Wir haben auch Alternativen betrachtet, sie aber letzten Endes verworfen. Rosenheim, in der Nähe von Tilo und Hexi, war ein naheliegender Gedanke. Aber so schön wir die Gegend fanden, wir hatten nicht wirklich eine Affinität zu ihr. Immer wenn wir dort sind, kommen keine heimatlichen Gefühle auf. Es bleibt ein schöner, aber stets ferienhafter Ausflug. Außerdem wollten wir uns nicht von Menschen abhängig machen, selbst nicht von Tilo und Hexi.

Der Kompromiss, auf den wir uns einigen konnten, war, dass wir in Wien blieben, aber ein Ferienhaus in Spanien kaufen würden. Und so haben wir es gemacht. Mich plagt immer noch ein schlechtes Gewissen, dass ich meine Zusage nicht eingehalten habe.

Wir kamen später noch einmal in Versuchung, einen Wohnsitz in Deutschland zu nehmen. Die Familie von Ellen hätte sich das gut vorstellen können, und als Timmi sein fröhliches Gesicht der Sonne entgegenstreckte, machten wir uns auf die Suche. Wir hatten schon eine höchst charmante Wohnung in Bad

Homburg, direkt neben dem Kasino ausgespäht: Wir konnten uns dann aber doch nicht dazu entschließen. Dabei spielte auch eine Rolle, dass Bad Homburg ein nettes Städtchen mit den meisten Millionären in Deutschland ist. Meine Motivation, um nach Deutschland zu ziehen, wäre die Nähe zu Carsten, Ellen, Timmi und der Verwandtschaft von Ellen gewesen. Jutta hatte aber panische Angst, als fünftes Rad am Wagen zu enden. Und das wollte sie unter keinen Umständen riskieren.

So schien nach allem der Kompromiss mit Maria Enzersdorf und einem Haus in Andalusien der am wenigsten schlechte zu sein. Wie so oft im Leben: Wenn dann die Entscheidung gefallen ist, richtet man sich darin ein. Man konzentriert sich auf die positiven Seiten, und derer gibt es durchaus viele: das schöne Haus, in dem wir leben, das Klima, die Landschaft, die Nachbarn, die Freunde. Auch sind Holland und Deutschland leicht zu erreichen, wann immer uns die Sehnsucht packt.

So leben wir also im schönen Österreich und erfreuen uns an den Aufgeregtheiten, die hier „Politik" genannt werden. Wir erleben auch die kleinen Enttäuschungen und Erfolge, wie sie zu diesem Alter dazugehören. Über Fragen der Gesundheit reden wir nicht: Henk Schurink hatte Jutta vorgeschlagen, das Thema bis zum fünfundsechzigsten Geburtstag aufzusparen. Dann wollten die beiden zusammenkommen und ein ganzes Wochenende lang ihre Wehwehchen besprechen. Aber dieses Wochenende fand nie statt. Sie haben es auch verabsäumt, ein neues Datum festzusetzen.

Wir hatten aber seit meiner Pensionierung auch Erfolgserlebnisse, von denen ich noch berichten will.

FAMILIE GHOURBANDI

Familie Stingl kannte eine deutsche Ärztin mit Namen Wyskacil, die in Österreich lebt. Sie fuhr immer wieder in notleidende Gebiete, um dort Wochen oder Monate pro Deo als Ärztin zu wirken. Ihre Beschäftigung in Österreich bezog sich auf das Flüchtlingslager in Traiskirchen, wo sie junge Asylbewerber psychologisch betreute.

Walter Stingl rief uns eines Tages an und erzählte, dass Frau „Wyskutschil" mit einem Problem in Holland befasst war und um Unterstützung ansuchte. Beim Wörtchen Holland leuchtete sogleich der Name Huber auf, und so verabredeten wir, uns bei Familie Stingl zu treffen: Jutta und ich, Frau Wyskacil und Herr Ghourbandi, ein afghanischer Flüchtling.

Der jüngere Bruder von Herrn Ghourbandi lebte in Breda in Holland und war mit seiner Frau und seinem zweijährigen Sohn Chabir auf dem Rückweg von Rotterdam bei einem Autounfall ums Leben gekommen. Der ältere Sohn, Jawied, war nicht mitgefahren und geschockt vom Tod seiner Eltern und den Problemen seines Bruders. Ich habe es dann übernommen, als Vermittler zwischen der Familie Ghourbandi in Österreich und den Behörden in Holland zu fungieren.

Chabir war nicht so lange wie seine Eltern, aber doch zu lange unter Wasser gewesen; das Auto war nämlich durch Aquaplaning in einem Kanal gelandet. Nachdem sich die Ärzte ein Jahr lang bemüht hatten, dem Jungen das Überleben zu ermöglichen, ist er schließlich in den Armen des behandelnden Arztes gestorben.

Herr Ghourbandi wollte Jawied adoptieren, ein Gedanke, den wir aber verworfen haben; denn damit hätte er die Waisenrente, auf die er Anspruch hat, verloren. Er kam also als Pflegekind in die Familie. Er lernte in kürzester Zeit Deutsch und integrierte sich schnell in der Familie und in der Schule.

Es war die Vormundschaft mit dem Vormundschaftsgericht in Rotterdam zu regeln. Weiters die Waisenrente und die Übertragung der Krankenversicherung, die mit der Waisenrente verbunden war, nach Österreich zu organisieren.

Dann musste die Wohnung in Breda geräumt und das Inventar verkauft werden. Die Geldbeträge inklusive der Ansprüche aus dem Angestelltenverhältnis von Jawieds Vater wurden auf ein Sparkonto nach Österreich transferiert, das bis zur Vollendung des achtzehnten Lebensjahrs von Jawied gesperrt bleibt. Erleichtert wurden diese ganzen Transaktionen dadurch, dass Jawied, wie sein Vater, bereits die holländische Staatsbürgerschaft hatte.

Ich war positiv überrascht, wie konstruktiv alle involvierten Instanzen in Holland und in Österreich an der Lösung des Problems mitarbeiteten und auch die Flexibilität aufbrachten, über formale Hürden hinwegzusehen, wenn das zur praktischen Lösung eines Problems nötig war.

Für Familie Ghourbandi in Österreich konnte ich auch Hilfestellung geben: Es gelang mir, Herrn Ghourbandi, der ein studierter Augenarzt ist, bei einer großen, renomierten Optiker-Kette unterzubringen, wo er noch heute angestellt ist. Es gelang mir weiter, für die Familie eine Fünfzimmerwohnung in einem Wiener Gemeindebau zu ergattern. Schließlich konnte ich dabei behilflich sein, ihm und den vier eigenen Kindern die österreichische Staatsbürgerschaft zuerkennen zu lassen. Frau Ghourbandi, die später nach Österreich gekommen war, bemüht sich ebenfalls, die Staatsbürgerschaft zu bekommen, aber immer, wenn sie die Erfordernisse erfüllen konnte, waren diese schon wieder erschwert worden. Eines Tages wird es sicher klappen.

SHAFIQ

Jutta und Shafiq

Bei einem der Meetings hat Frau Wyskacil Shafiq mitgebracht, einen jungen afghanischen Flüchtling von 17 Jahren. Ihre Hoffnung war, dass er sich vielleicht mit den Ghourbandi-Kindern anfreunden würde, woraus aber nichts wurde.

Im Weggehen sagte Jutta zu Shafiq: „Wenn du Hilfe brauchst, ruf mich an." Am nächsten Morgen war er schon am Telefon.

Jutta half ihm beim Lernen: Er war nämlich dabei, die Hauptschule zu absolvieren. Dank ihrer Unterstützung schloss er die Schule mit einem exzellenten Zeugnis ab: mit acht Einsen und zwei Zweien.

Die Berufswahl war ein schwieriger Prozess. Der Versuch, auch noch das Gymnasium zu schaffen, erwies sich als aussichtslos. Also suchten wir nach einer Lehrstelle. Was war aber geeignet für ihn, und wer würde ihm einen Lehrvertrag geben?

Versuche bei einem Installateur führten nicht zu dem gewünschten Ergebnis, ebenso wenig bei einer Autowerkstatt.

Eine Tischlerwerkstätte nahm ihn zwar, aber mangels Aufträgen wurde Shafiq gemobbt und gab auf.

Er vertrieb sich die Zeit mit Ausbildungen über den AMS, was sicher gut gemeint, in der Praxis aber ziemlich nutzlos war: Er hat zum Beispiel zweimal die Ausbildung zum Gabelstaplerfahrer gemacht und mehrere Male immer denselben Computerkurs besucht, eigentlich besuchen müssen; denn seine Bezahlung aus der Sozialversicherung hing davon ab, dass er sich regelmäßig bewarb und diese Kurse besuchte.

Hier nun kam uns wieder einmal der Zufall zu Hilfe: Tilo, unser Freund aus Rosenheim, hatte sich einen Gewerbeschein beschafft und arbeitete jetzt bei Tischlern, die zeitweilige Aushilfskräfte benötigten. Ihm wurde bewilligt, bei den Arbeiten im Westbahnhof in Wien Shafiq als Assistenten zu beschäftigen. Dieser war so geschickt und so fleißig, dass das nicht nur Tilo, sondern auch der Firmenleitung, die dieses Projekt ausführte, auffiel.

Die Firma machte ihm ein Angebot: „Warum kommst du nicht zu uns nach Feldkirchen und wirst Lehrling bei uns?“ Shafiq und wir hatten Bedenken; denn er hatte alle seine Freunde in Wien, war liiert mit einer Freundin, und Jutta und ich befürchteten, dass er dort als einziger Ausländer sehr einsam sein würde.

Ein halbes Jahr später wiederholte die Firma ihr Angebot, und diesmal sagte Shafiq zu: Er war erwachsener geworden, die Aussichten in Wien waren schlecht, und er hatte Vertrauen in Herrn Herrman gefasst: Dieser ist Miteigentümer der Tischlerfirma und war bereit, Shafiq persönlich zu betreuen.

Shafiq hat gerade (im Juli 2013) sein zweites Lehrjahr erfolgreich abgeschlossen. Die vielen Überstunden am Abend bzw. an den Wochenenden bekommt er vergütet, und zwar mit zehn Euro pro Stunde, was sein bescheidenes Lehrlingsgehalt nicht unwesentlich auffettet.

Shafiq ist uns – das heißt Jutta – treu geblieben. Er ruft wenigstens einmal die Woche an, um sich zu erkundigen, wie es uns geht, und um zu berichten, dass es ihm so gut gehe. Ich bleibe, wie bei meinen eigenen Kindern, im Hintergrund. In Summe haben wir einen lieben, tüchtigen und erfolgreichen Sohn dazubekommen.

EPILOG

Heute, am 20. September, ist unser Hochzeitstag, der fünfzigste. Jutta bekam eine weiße Torte mit der Aufschrift: „Zur goldenen Hochzeit" und einen großen, fröhlichen Blumenstrauß. Ich bekam ein „Billett" mit der Gegenüberstellung des Ehepaars bei der Heirat und bei der goldenen Hochzeit.

Für das „festliche" Diner habe ich uns eine leckere Mahlzeit beim Take-away-Chinesen geholt, die wir in unserer Küche vergnügt genossen.

DANKSAGUNG

Zu großem Dank verpflichtet bin ich Jutta, meiner Frau, die mit Geduld und Ausdauer die erste, bruchstückhafte Fassung korrigiert hat, dabei vor allem auf Grammatik und Syntax achtend. Meinem Bruder Albert verdanke ich wertvolle inhaltliche und stilistische Hinweise, und meiner Schwägerin Heide verdanke ich die Ermunterung, durchzuhalten und einen größeren Kreis von Lesern ins Auge zu fassen. Schwiegertochter Evi hat all ihr Können – und das ist nicht gering – für die Realisierung dieses Buches eingesetzt. Sie ging so weit, sich einen Apple zu besorgen und einen nagelneuen Drucker/Scanner anzuschaffen. Ohne sie wäre dieses Buch nur ein schwacher Abglanz dessen, was es tatsächlich geworden ist.

Maria Enzersdorf, den 20. September 2013

Die mitwirkenden Familienmitglieder
Willi, Nico, Pumpus, Timmi, Evi, Tina, Jutta,
Ellen und ICH im August 2012 in Holland

Der Autor

Robert Huber wurde 1938 in Páprád-Puszta (Ungarn) geboren. 1944 erfolgte die Flucht über mehrere Stationen in Österreich nach Deutschland. In Mannheim, München und Berlin absolvierte er ein Studium der Betriebswirtschaftslehre und trat anschließend bei der Firma Philips in Hamburg ins Berufsleben ein. Versetzungen innerhalb der Firma führten ihn nach Eindhoven/Holland, nach Madrid und Barcelona in Spanien und schließlich nach Wien. Zuletzt war er dort als Direktor für den Diktiergeräte-Bereich verantwortlich. 1998 verabschiedete er sich in den Ruhestand. Robert Huber ist verheiratet, hat zwei Söhne und lebt in Österreich. Zu seinen Interessen gehören das Lesen, das Kochen und die Politik.